*Reinventando o **Corpo**,
Reanimando a **Alma***

Conheça também:

O Livro dos Segredos

A Sabedoria dos Cães

O Poder da Consciência

Outras obras de Deepak Chopra

Criando Saúde
O Retorno de Rishi
A Cura Quântica
Saúde Perfeita
Vida Incondicional
Corpo Sem Idade, Mente Sem Fronteiras
O Caminho da Cura
O Caminho da Prosperidade
Peso Perfeito
Uma Boa Noite de Sono
As Sete Leis Espirituais do Sucesso
O Retorno de Merlim
Energia Ilimitada
Digestão Perfeita
O Caminho do Mago
Dominando o Vício
Raid on the Inarticulate
O Caminho para o Amor
The Seven Spiritual Laws for Parents
Poemas de Amor de Rumi
    (*editado por Deepak Chopra; traduzido por Deepak Chopra e Fereydoun Kia*)
Healing the Heart
Imortalidade Diária
Senhores de Luz
On the Shores of Eternity
Como Conhecer Deus
The Soul in Love
The Chopra Center Herbal Handbook
    (*coautor David Simon*)

Torne-se mais Jovem, Viva por Mais Tempo
   (*coautor David Simon*)

The Deeper Wound

Você Tem Fome de Quê?
   (*coautores David Simon e Leanne Backer*)

O Anjo Está Perto

O Mundo Sutil do Amor: Uma Aventura do Coração

Golfe: Sete Lições para o Jogo da Vida

Alma Gêmea

The Spontaneous Fulfillment of Desire

A Paz é o Caminho

Fire in the Heart

The Seven Spiritual Laws of Yoga
(coautor David Simon)

Origens Mágicas - Vidas Encantadas
   (*coautores David Simon e Vicki Abrams*)

Vida Após a Morte

Buddha

O Essencial: Como conhecer Deus

O Essencial: A Realização Espontânea do Desejo

The Essential Ageless Body, Timeless Mind

The Third Jesus

Why Is God Laughing?

Jesus

DEEPAK CHOPRA

Reinventando o **Corpo**, Reanimando a **Alma**

COMO CRIAR UM NOVO VOCÊ

Rio de Janeiro, 2021

Reinventando o Corpo, Reanimando a Alma

Copyright © 2021 da Starlin Alta Editora e Consultoria Eireli. ISBN: 978-85-5081-401-8

Translated from original Reinventing the Body, Resurrecting the Soul. Copyright © 2009 by Deepak Chopra. ISBN 978-0-307-45298-6. This translation is published and sold by permission of Harmony Books, an imprint of the Crown Publishing Group, a division of Random House, Inc., the owner of all rights to publish and sell the same. PORTUGUESE language edition published by Starlin Alta Editora e Consultoria Eireli, Copyright © 2021 by Starlin Alta Editora e Consultoria Eireli.

Todos os direitos estão reservados e protegidos por Lei. Nenhuma parte deste livro, sem autorização prévia por escrito da editora, poderá ser reproduzida ou transmitida. A violação dos Direitos Autorais é crime estabelecido na Lei nº 9.610/98 e com punição de acordo com o artigo 184 do Código Penal.

A editora não se responsabiliza pelo conteúdo da obra, formulada exclusivamente pelo(s) autor(es).

Marcas Registradas: Todos os termos mencionados e reconhecidos como Marca Registrada e/ou Comercial são de responsabilidade de seus proprietários. A editora informa não estar associada a nenhum produto e/ou fornecedor apresentado no livro.

Impresso no Brasil — 1a Edição, 2021 — Edição revisada conforme o Acordo Ortográfico da Língua Portuguesa de 2009.

Erratas e arquivos de apoio: No site da editora relatamos, com a devida correção, qualquer erro encontrado em nossos livros, bem como disponibilizamos arquivos de apoio se aplicáveis à obra em questão.
Acesse o site www.altabooks.com.br e procure pelo título do livro desejado para ter acesso às erratas, aos arquivos de apoio e/ou a outros conteúdos aplicáveis à obra.

Suporte Técnico: A obra é comercializada na forma em que está, sem direito a suporte técnico ou orientação pessoal/exclusiva ao leitor.
A editora não se responsabiliza pela manutenção, atualização e idioma dos sites referidos pelos autores nesta obra.

Produção Editorial
Editora Alta Books

Gerência Comercial
Daniele Fonseca

Editor de Aquisição
José Rugeri
acquisition@altabooks.com.br

Produtores Editoriais
Ian Verçosa
Illysabelle Trajano
Larissa Lima
Maria de Lourdes Borges
Paulo Gomes
Thiê Alves
Thales Silva

Marketing Editorial
Livia Carvalho
Gabriela Carvalho
Thiago Brito
marketing@altabooks.com.br

Diretor Editorial
Anderson Vieira

Coordenação Financeira
Solange Souza

Equipe Comercial
Adriana Baricelli
Daiana Costa
Kaique Luiz
Tairone Oliveira
Victor Hugo Morais

Equipe Ass. Editorial
Brenda Rodrigues
Caroline David
Luana Goulart
Marcelli Ferreira
Mariana Portugal
Raquel Porto

Atuaram na edição desta obra:

Tradução
Claudio Somogyi

Revisão Gramatical
Lívia Rodrigues
Marcella Sarubi

Diagramação
Lucia Quaresma

Capa
Larissa Lima

Ouvidoria: ouvidoria@altabooks.com.br

Dados Internacionais de Catalogação na Publicação (CIP) de acordo com ISBD

C549r   Chopra, Deepak
          Reinventando o Corpo, Reanimando a Alma: Como criar um novo você / Deepak Chopra ; traduzido por Claudio Somogyi. - Rio de Janeiro : Alta Books, 2021.
          304 p. ; 14cm x 21cm.

          Tradução de: Reinventing the Body, Resurrecting the Soul
          Inclui índice.
          ISBN: 978-65-5520-297-7

          1. Autoconhecimento. 2. Corpo. 3. Alma. 4. Vida. I. Somogyi, Claudio.
          II. Título.

2021-2552   CDD 158.4
                                                  CDU 159.947

Elaborado por Vagner Rodolfo da Silva - CRB-8/9410

Editora afiliada à:

Rua Viúva Cláudio, 291 — Bairro Industrial do Jacaré
CEP: 20.970-031 — Rio de Janeiro (RJ)
Tels.: (21) 3278-8069 / 3278-8419
www.altabooks.com.br — altabooks@altabooks.com.br

Para meus amados netos Tara, Leela e Krishan

SUMÁRIO

Introdução

"O milagre esquecido" — 1

REINVENTAR SEU CORPO — 5

DO COLAPSO À RUPTURA — 7

Ruptura nº 1

Seu corpo físico é uma ficção — 21

Ruptura nº 2

Seu verdadeiro corpo é energia — 37

Ruptura nº 3

A consciência tem magia — 53

Ruptura nº 4

Você pode aprimorar seus genes — 75

Ruptura nº 5

O tempo não é seu inimigo — 91

REANIMAR SUA ALMA — 107
A ALMA É SEU CORPO ESPIRITUAL — 109

Ruptura nº 1
Existe um modo mais fácil de se viver — 129

Ruptura nº 2
O amor desperta a alma — 153

Ruptura nº 3
Seja tão ilimitado quanto sua alma — 173

Ruptura nº 4
O fruto da rendição é a graça — 193

Ruptura nº 5
O universo evolui através de você — 213

DEZ PASSOS PARA A PLENITUDE — 231
PROMESSAS QUE VOCÊ PODE MANTER — 233

Conclusão
"Quem me fez?" — 273

Agradecimentos — 277

Índice — 279

Reinventando o **Corpo**, Reanimando a **Alma**

INTRODUÇÃO

O MILAGRE ESQUECIDO

Em meu primeiro semestre na faculdade de medicina, entrei em uma abafada sala de dissecação e me deparei com um corpo esticado sob um lençol. Descobrir aquele corpo foi uma experiência marcante — e, também, um tanto excitante. Peguei o bisturi e fiz um corte bem fino sobre a pele acima do esterno. O mistério do corpo humano estava prestes a ser revelado.

Também naquele momento, despojei o corpo de sua origem sagrada. Atravessei uma fronteira de onde o retorno seria quase impossível. Graças à ciência, adquiriu-se um volume enorme de efetivo conhecimento, mas em contrapartida perdeu-se uma grande quantidade de riqueza espiritual.

Por que não podemos possuir as duas coisas?

Seria necessário uma mudança brusca de pensamento criativo, uma ruptura. Estou denominando essa ruptura de reinvenção do corpo. Você pode não perceber, mas seu corpo é uma invenção, para começar. Consulte qualquer revista médica e você encontrará uma série de conceitos puramente criados pelo homem. Certo dia sentei-me à mesa e listei os artigos de fé que aprendi na faculdade de medicina. Cheguei a uma longa lista de asserções duvidosas, como as que se seguem:

O corpo é uma máquina composta de partes móveis e, como qualquer máquina, desgasta-se com o tempo.

O corpo mantém-se sob risco constante de contaminação e doença; em um ambiente hostil proliferam germes invasores e vírus que esperam esmagar as defesas imunológicas.

Células e órgãos funcionam independentemente e deveriam ser estudados separadamente.

> Reações químicas aleatórias são responsáveis por tudo o que acontece no corpo.
>
> O cérebro cria a mente por meio de uma tempestade de impulsos elétricos combinados a respostas bioquímicas que podem ser manipuladas para alterar a mente.
>
> Memórias são armazenadas em células cerebrais embora ninguém jamais tenha descoberto como ou onde isso acontece.
>
> Nenhum fenômeno metafísico é real; a realidade se traduz em átomos e moléculas.
>
> Os genes determinam nosso comportamento; assim como microchips, eles são programados para avisar ao corpo o que fazer.
>
> Tudo o que diz respeito ao corpo evoluiu em função da sobrevivência tendo como meta final a procura de um semelhante para reprodução.

Eu costumava achar essa lista bastante convincente. Os corpos que pude examinar e tratar em minha profissão de médico ajustavam-se a esses conceitos. Pacientes chegavam a mim com partes que se desgastavam. Eu podia reduzir seus sintomas a problemas curáveis. Prescrevia antibióticos para criar resistência contra bactérias invasoras e por aí afora. E, no entanto, cada uma dessas pessoas vivia uma vida que nada tinha a ver com máquinas que quebravam e precisavam de reparo. Essas vidas eram repletas de sentido e esperança, emoções e aspirações, amor e sofrimento. Máquinas não vivem dessa forma. Tampouco o fazem coleções de órgãos. Logo comecei a perceber que o corpo, como era visto pelas lentes da ciência, era uma representação inadequada e artificial da totalidade.

Sem sombra de dúvida, o corpo precisa ser reinventado. Para dar sentido à vida, você precisa usar seu corpo — não é possível experimentar coisa alguma sem ele — e por isso ele deve ser importante também. O que mais poderia dar ao corpo um sentido mais amplo, um propósito, inteligência e criatividade? Somente o aspecto sagrado de nossa natureza. Essa ideia me levou à expressão "ressuscitar a alma". Fico hesitante em usar termos religiosos porque são carregados de conteúdo emocional, mas a palavra *"alma"* é inevitável. Noventa por cento das pessoas acreditam ter uma alma e que esta proporciona a suas vidas um sentido mais profundo. A alma é de origem divina; ela nos conecta com Deus. Considerando que a vida contém o amor, a verdade e a beleza, atribuímos à nossa alma a origem dessas qualidades; não é por acaso que um amor perfeito é reconhecido como alma gêmea.

Há uma troca constante entre alma e o corpo. Nós inventamos a separação entre os dois e acabamos acreditando que essa separação era real.

Você pode discordar alegando que nunca vivenciou um êxtase ou sentiu a presença de Deus. Tais argumentos refletem apenas nossa estreita concepção a respeito da alma, restringindo-a à religião. Se atentarmos para a sabedoria de outras culturas veremos que a alma possui outro significado. Ela é a fonte da vida, a centelha que anima a matéria morta. Ela é a criadora da mente e das emoções. Em outras palavras, a alma é o alicerce da experiência. Ela atua como canal para a criação, desdobrando-se e expandindo-se a cada segundo. O que torna importante essas ideias grandiosas é que tudo o que a alma faz é traduzido por um processamento no corpo. Você é literalmente incapaz de possuir um corpo sem alma. Esse é o milagre esquecido, que a alma — aparentemente invisível, distante e separada do mundo material — na verdade, é a criadora do corpo. Cada um de nós é alma tornada carne.

Quero lhe provar que seu corpo precisa ser reinventado e que você tem o poder de realizar essa tarefa. Cada geração tem contribuído com uma reforma no corpo, por mais estranho que isso possa soar. Durante a era pré-científica o corpo era visto com profunda desconfiança, a higiene era precária, a comida, péssima, e quase não se tinha proteção contra os elementos da natureza. Assim sendo, era natural que houvesse uma curta expectativa de vida, acompanhada de miséria, dor e doença.

E era exatamente sob essa perspectiva que o corpo se comportava. As pessoas viviam 30 anos em média e ficavam marcadas por toda a vida pelas doenças da infância. Você e eu nos beneficiamos enormemente quando essa forma de viver foi ultrapassada. A medicina chegou a um nível impressionante no controle das doenças. Como passamos a esperar mais de nossos corpos, paramos de maltratá-lo. Agora seu corpo está preparado para a próxima ruptura, aquela que lhe dará significado, reconectando-o com os valores mais profundos da alma. Não há razão para privar seu corpo de amor, beleza, criatividade e inspiração. Você tem a capacidade de experimentar o êxtase tanto quanto qualquer santo e, quando o fizer, todas as suas células participarão.

A vida deve ser percebida como uma experiência completa. As pessoas estão sempre lutando com problemas tanto físicos como mentais, nunca dando-se conta da causa principal: que o elo entre corpo e alma foi cortado. Escrevi este livro na esperança de restaurar esse elo. Sinto-me tão ansioso e otimista como no primeiro dia em que usei meu bisturi para desvendar os mistérios que se ocultavam sob a pele, e agora, meu otimismo estende-se também ao espírito. O mundo precisa de cura. Na medida em que desperta sua alma, a humanidade também encontra-se despertando a alma do mundo. Pode ser que uma onda de cura apareça como uma varredura sobre nós; uma onda pequena no início, mas que poderia avolumar-se além de todas as expectativas em apenas uma única geração.

REINVENTAR SEU CORPO

DO COLAPSO À RUPTURA

Para você e para mim, o corpo parece apresentar problemas que só piorarão com o tempo. Quando crianças, amávamos nosso corpo e raramente pensávamos nele. À medida que crescemos, fomos perdendo esse amor, e com boa razão. Bilhões de dólares são gastos com a finalidade de curar o corpo de suas doenças, angústias e aflições. Muitos bilhões a mais são desperdiçados em cosméticos, que têm como objetivo principal enganar a nós mesmos para termos a impressão de exibir uma aparência melhor do que a que temos. Aparentemente, o corpo humano é inadequado e assim tem sido por muito tempo. Não se pode confiar nele, haja vista que doenças surgem sempre sem aviso. Ele deteriora-se com o tempo e finalmente morre. Abordaremos esse problema com seriedade. Em vez de se aborrecer com a forma física que lhe foi destinada ao nascer, por que não buscar uma ruptura, um jeito inteiramente novo de abordar o corpo?

Rupturas acontecem quando você começa a pensar em um problema de maneira inteiramente nova. As maiores rupturas ocorrem quando você começa a pensar de forma solta, irrestrita. Desvie os olhos daquilo que vê no espelho. Se você viesse de um outro planeta e jamais tivesse visto como o corpo envelhece e declina com o tempo, seria até capaz de acreditar que o processo ocorre de forma inversa. Do ponto de vista biológico não há razão para que o corpo torne-se defeituoso. Portanto, comece por aí. Ao apagar da mente qualquer avaliação antiquada, você encontra-se livre para nutrir alguns conceitos sobre ruptura que alteram totalmente a situação:

Seu corpo não tem limites. Ele canaliza a energia, criatividade e inteligência de todo o universo.

Neste exato momento, o universo está ouvindo por meio de seus ouvidos, enxergando com seus olhos, adquirindo conhecimento por meio de seu cérebro.

Seu objetivo de estar aqui é permitir que o universo evolua.

Nada disso é estranho. O corpo humano já é o mais avançado experimento laboratorial do universo. Você e eu somos a vanguarda da vida. Nossa melhor chance de sobrevivência é reconhecer esse fato. Uma evolução rápida, mais veloz do que a de qualquer outra forma de vida no planeta nos trouxe ao estado atual, que nos proporciona uma saúde cada vez melhor, maior longevidade, uma criatividade explosiva e mais uma gama de possibilidades por onde a ciência avança cada vez com maior rapidez. Nossa evolução física estacionou há cerca de 200 mil anos. Seu fígado, pulmões, coração e rins não diferem em nada dos de um homem das cavernas. Na verdade, você compartilha 60% dos seus genes com uma banana, 90% com um rato e mais de 99% com um chimpanzé. Em outras palavras, tudo que nos qualifica como humanos esteve subordinado a uma evolução de caráter muito mais não-físico do que propriamente físico. Nós inventamos a nós mesmos e, ao fazer isso, trouxemos junto nosso corpo para a jornada.

Como você inventou a si mesmo

Você vem reinventando seu corpo desde o dia em que nasceu e o motivo pelo qual não percebe é que o processo ocorre de forma extremamente natural. É fácil não lhe dar valor, e aí reside o problema. As imperfeições que você percebe em seu corpo hoje não são inatas. Não são coisas ruins descarregadas por seus genes ou erros da natureza. Cada escolha sua exerceu influência sobre o corpo que você criou, seja de forma consciente ou inconsciente.

Aqui temos uma lista das alterações físicas que você provocou e continua realizando. É uma lista bem simples, absolutamente válida sob o ponto de vista médico, e ainda assim praticamente nenhuma parte do corpo foi excluída.

Qualquer habilidade que você adquire cria uma nova rede de atividade nervosa em seu cérebro.

Qualquer pensamento novo cria um padrão único de atividade cerebral.

> Toda mudança no humor é transmitida por meio de "moléculas mensageiras" a todas as partes do corpo, alterando a atividade química primordial de cada célula.
>
> Toda vez que se exercita, você altera seu esqueleto e seus músculos.
>
> Cada mordida em um alimento que você ingere altera seu metabolismo diário, o balanço eletrolítico e a proporção entre gordura e musculatura.
>
> Sua atividade sexual e a decisão de reproduzir-se afeta seu balanço hormonal.
>
> O nível de estresse a que você se sujeita aumenta ou diminui a capacidade de seu sistema imunológico.
>
> Cada hora de absoluta inatividade provoca atrofia muscular.
>
> Seus genes sintonizam-se com seus pensamentos e emoções e misteriosamente entram em atividade ou desligam-se de acordo com seus desejos.
>
> Seu sistema imunológico se fortalece ou enfraquece em resposta a um relacionamento amoroso ou desarmonioso.
>
> Crises de sofrimento, perdas e solidão aumentam o risco de doenças e abreviam a longevidade.
>
> Mantendo a mente em atividade, seu cérebro permanece jovem; a ausência de atividade cerebral conduz ao declínio.

Utilizando-se dessas ferramentas, você inventou seu corpo e pode reinventá-lo a qualquer hora que quiser. Agora a questão é: por que ainda não o reinventamos? Nossos problemas certamente nos desafiam há muito tempo. A resposta é que solucionar pequenas partes do enigma tem sido bem mais fácil do que visualizá-lo por inteiro. A medicina é praticada por especialidades. Se você se apaixona, um endocrinologista pode relatar uma diminuição dos hormônios do estresse em seu sistema endócrino. Um psiquiatra perceberia uma melhora no humor, o que poderia ser confirmado pelo neurologista por meio de um exame cerebral. Um nutricionista pode preocupar-se com sua perda de apetite; por outro lado, o que você come pode ser melhor digerido. E assim por diante. Ninguém tem a capacidade de lhe fornecer um quadro completo.

Para tornar as coisas ainda mais complexas, em razão do corpo ser tão fluido e tão extraordinariamente prolífico, fica difícil imaginar um novo passo que propicie a transformação. Neste exato momento, você pode estar vivendo uma paixão, estar grávida, correndo na mata, fazendo uma nova dieta, dormindo pouco ou recuperando o sono, sendo mais eficiente no trabalho ou produzindo menos. Seu corpo nada mais é que um universo em movimento.

Reinventar o corpo significa modificar todo o universo.

Tentar reformar seu corpo é prestar atenção aos detalhes e esquecer do todo.

Uma pessoa tem fixação com seu peso, outra treina para uma maratona e uma terceira adota a dieta vegetariana enquanto sua amiga se preocupa com a menopausa. Thomas Edison não perdeu tempo construindo um lampião a querosene melhor; ele abandonou o uso do fogo — a única fonte geradora de luz conhecida pelo homem desde os tempos pré-históricos — e abriu caminho para um novo manancial. Um salto importante no plano da criatividade. Sendo você o criador de seu próprio corpo, que salto o aguarda?

De volta à fonte

Se tomarmos Edison por modelo, a última grande reinvenção do corpo seguiu certos princípios:

O corpo é um objeto.

Ele se regula como uma máquina complicada.

A máquina se estraga com o tempo.

A maquinaria do corpo é constantemente atacada por germes e outros micróbios, que também são máquinas em escala molecular.

Mas todas essas são ideias ultrapassadas. Se alguma dessas suposições fosse verdadeira, seria impossível o aparecimento de uma nova síndrome denominada *eletrossensitividade*, na qual certas pessoas reclamam que a simples proximidade de atividade elétrica lhes causa desconforto e dor. A eletrossensitividade vem sendo levada tão a sério que em, pelo menos, um país, a Suécia, o governo paga para blindar uma casa de seu campo magnético, caso o dono seja diagnosticado como eletrossensitivo.

O medo tão difundido de que os telefones celulares são prejudiciais ao corpo não levaram a nenhuma conclusão definitiva, mas parece ter sido bem mais fácil testar a existência dessa tal eletrossensitividade. Em uma experiência, foram colocados indivíduos dentro de um campo eletromagnético (estamos cercados por eles todos os dias sob a forma de microondas, sinais de rádio e televisão, transmissões de telefones celulares e cabos de energia), e à medida que o campo ia sendo acionado ou desligado, eles eram questionados sobre o que sentiam. O resultado foi inteiramente aleatório. As pessoas que afirmavam serem eletrossensitivas não mostraram nenhuma diferença em relação às outras, ou seja, nada além de respostas aleatórias.

No entanto os testes não pararam por aí. Em uma experiência subsequente, foram distribuídos telefones celulares a várias pessoas que eram questionadas se sentiam alguma dor ou mal estar quando encostavam o aparelho na cabeça. As pessoas eletrossensitivas descreveram uma gama de incômodos, incluindo dores agudas e dor de cabeça e, examinando seus cérebros por meio de imagens de ressonância magnética podia-se ver que diziam a verdade. Os centros da dor em seus cérebros tinham sido ativados. A questão é que os aparelhos estavam mudos, sem emitir qualquer tipo de sinal. Portanto, a mera expectativa de que sentiriam dor era suficiente para produzi-la em certas pessoas, as quais sofreriam a síndrome na próxima vez em que usassem um telefone celular.

Antes de interpretá-la como efeito psicossomático, pare e considere. Se alguém afirma ser eletrossensitivo e seu cérebro age como se ele fosse eletrossensitivo, a situação é real — ao menos para ele. Condições psicossomáticas são sempre reais para quem as experimenta. É igualmente verdadeiro, porém, afirmar que foram elas mesmas que criaram essas condições. Na verdade existe um fenômeno muito mais abrangente aqui presente — o aparecimento e desaparecimento de novas doenças que podem ter sido recém-criadas. Um outro exemplo é a anorexia e várias outras desordens relacionadas à alimentação, como a bulimia. Há não mais que uma geração, era raro presenciar esses tipos de desordens que atualmente parecem endêmicas, principalmente entre meninas adolescentes. A tensão pré-menstrual, ou TPM, já teve seu apogeu, mas agora parece ter ficado em segundo plano. Provocar cortes, uma forma de automutilação na qual a paciente, geralmente mulher jovem, secretamente se fere com cortes superficiais sobre a pele por meio de uma lâmina de barbear ou à faca, parece estar em alta após um período de quase total obscuridade.

Quando novos transtornos como esses aparecem, a primeira reação é sempre de que as vítimas tenham criado uma síndrome de caráter essencialmente imaginário ou psicótico. No entanto, quando o transtorno alastra-se, e os médicos descobrem que o paciente é incapaz de frear os sintomas que provocaram a doença, só é possível chegar a uma conclusão: sintomas autógenos, não obstante, são reais.

Máquinas não podem criar novos defeitos. Quando eles aparecem é porque a máquina, já de início, era de um modelo imperfeito. As máquinas desgastam-se com o tempo. Quando você usa um carro por muito tempo, as partes móveis acabam moídas pela fricção. Mas se usar um músculo, ele fica mais forte. A falta de uso, que pode manter a máquina em condições imaculadas, em nosso corpo leva à atrofia. A artrite parece ser um exemplo perfeito para ilustrar o desgaste de algumas partes móveis do corpo que envelheceram, a artrite é, na verdade, causada por uma gama de complexas desordens, não apenas por uma fricção.

Ao longo de toda sua vida esse modelo desgastado do corpo não se alterou, mas foi de certa forma sendo reformado. Então, o que é seu corpo se não uma máquina? O corpo todo é um processo holístico, dinâmico, com o intuito de manter a sobrevivência. Você está no comando desse processo e, no entanto, ninguém lhe passou informação alguma sobre como você deve fazer o seu trabalho. Talvez por isso a tarefa tenha assumido tamanha dimensão: ela cobre tudo e não para nunca.

O processo da vida

Neste exato momento, seu corpo é como um rio em constante movimento, uma corrente contínua produzindo centenas de milhares de variações no nível celular. Tais variações não ocorrem a esmo; elas estão sempre servindo ao propósito de conduzir a vida para diante e preservar o que ficou de melhor do passado. Seu DNA é como uma enciclopédia que guarda toda a história da evolução. Antes de você nascer, seu DNA percorreu todas as páginas para conferir se cada item do conhecimento estava em seu devido lugar. No útero, o embrião começa a desenvolver-se a partir de uma única célula, a forma mais elementar de vida. Ele progride até chegar a um aglomerado de células. A partir daí, passo a passo, o embrião percorre os estágios evolucionários do peixe, do anfíbio, do mamífero primário. Guelras primitivas aparecem e desaparecem para dar espaço aos pulmões.

No momento em que um bebê chega ao mundo, a evolução ultrapassa o próprio limite. Seu cérebro é complexo demais para um recém-nascido, com milhões de neurônios conectados desnecessariamente, como uma rede de telefonia com excesso de fios. Você passou seus primeiros anos de vida podando milhões de conexões excedentes, descartando as que não precisava e mantendo aquelas que funcionavam para que se tornasse exatamente quem você era. Nesse ponto, porém, a evolução física alcançou um campo desconhecido. Escolhas que não estavam automaticamente agregadas aos seus genes tiveram de ser feitas.

Um bebê encontra-se na fronteira do desconhecido e seus genes já estão formados. Você teve de escrever a página seguinte por si próprio. Ao fazer isso, começando o processo de dar forma a uma vida inteiramente distinta, seu corpo manteve o passo: seus genes adaptaram-se à sua forma de pensar, sentir e agir. Talvez você não saiba que gêmeos idênticos, nascidos exatamente com o mesmo DNA, são muito diferentes geneticamente depois que crescem: alguns genes foram estimulados, outros reprimidos. Esse processo é conhecido como manifestação e supressão de um gene. Aos 70 anos, imagens tiradas dos cromossomos de dois gêmeos não possuem semelhança alguma. À medida que a vida toma rumos diferentes, os genes se adaptam.

Analisemos o simples ato de andar. A cada passo desajeitado, a criança começa a alterar seu cérebro. Os centros nervosos responsáveis pelo equilíbrio, conhecidos como sistema vestibular, começam a despertar e mostrar atividade; essa é uma parte do cérebro que não tem como desenvolver-se no interior do útero. A partir do momento em que a criança começa a dominar seus passos, o sistema vestibular terá completado essa etapa de sua função.

Futuramente, porém, após o crescimento, talvez queira aprender a dirigir um automóvel, pilotar uma moto ou caminhar sobre uma corda bamba. O cérebro, embora já maduro, não para por aí. Ao contrário, quando você decide aprender uma nova prática, seu cérebro se adapta segundo seu desejo. Uma função básica como o equilíbrio pode entrar em sintonia fina e ser treinado para funcionar muito além do nível básico. Esse é o milagre da conexão mente-corpo. Você não é estático. Seu cérebro é fluido e flexível, apto a criar novas conexões até uma idade bem avançada. Ao contrário de decadente, o cérebro é uma máquina em evolução. Onde a evolução física parece estancar, na verdade deixa uma porta aberta.

Quero conduzi-lo por essa porta, onde você encontrará muito mais do que já foi capaz de imaginar. Você foi planejado para explorar possibilidades ocultas que permaneceriam escondidas sem você. Uma imagem me ocorre, talvez do maior desafio de equilíbrio já encenado por um ser humano. Você talvez tenha tido a oportunidade de ver em fotos. No dia 7 de agosto de 1974, um acrobata francês chamado Philippe Petit rompeu a segurança do World Trade Center. Ele subiu até o topo do prédio e, com a ajuda de colaboradores, fixou um cabo de aço de 200 quilos entre as duas torres. Petit equilibrou-se com o auxílio de uma vara de oito metros e atravessou uma distância de quase 50 metros. Ambas as torres oscilavam; o vento estava forte, a altura era de 104 andares, aproximadamente 400 metros. Petit era um equilibrista profissional de altura (conforme se autodenominava), e tinha desenvolvido uma habilidade básica do corpo, o equilíbrio, a um novo estágio.

O que normalmente aterrorizaria uma pessoa comum tornou-se normal para ele. Essencialmente, Petit encontrava-se em um certo limite da evolução. Ele executou oito travessias sobre o cabo, que só tinha dois centímetros de diâmetro. Em um determinado momento, Petit sentou-se no cabo e chegou a deitar-se sobre ele. Ele sabia que aquela era mais do que uma proeza física. Devido à firme concentração exigida, Petit desenvolveu um respeito místico pelo que fazia. Sua atenção tinha de ser absoluta para evitar o medo ou qualquer distração por um segundo que fosse. Normalmente, o cérebro é incapaz de focar com tanta intensidade; a mente se distrai com facilidade; ao primeiro sinal de perigo, responde automaticamente com medo. No entanto a clara intenção desse homem era suficiente: cérebro e corpo se adaptaram; a evolução prosseguiu rumo ao desconhecido.

Nada de colapsos, somente rupturas

Você também se encontra na extremidade ascendente da evolução. A próxima ideia que tiver, a próxima atitude que tomar abrirá novas possibilidades para você, ou fará com que o passado se repita. As áreas disponíveis ao desenvolvimento são enormes, mas ainda bastante negligenciadas. Vale a pena escrever uma lista para examinar esse vasto território a nossa frente. Peguei um pedaço de papel e escrevi o mais rápido possível todos os aspectos de minha vida que estavam carentes de evolução. Não me limitei. Tudo o que queria experimentar, qualquer obstáculo que me criasse impedimento, todos os ideais que busco foram escritos nessa lista. Eis aqui onde cheguei:

Amor	Culpa	Eternidade
Morte	Esperança	Atemporalidade
Transformação	Carência	Ação
Pós-morte	Fé	Desejo
Inocência	Intenção	Motivação
Graça	Visão	Carma
Renovação	Egoísmo	Escolha
Perda	Inspiração	Vulnerabilidade
Insegurança	Poder	Ilusão
Medo	Controle	Liberdade
Intuição	Renúncia	Presença
Crise	Perdão	Desapego
Energia	Rejeição	Atenção
Confiança	Diversão	Silêncio
Resistência	Gratidão	Ser

Se quer saber para onde o universo quer que você siga, essa lista oferece uma ampla variedade de escolhas. Sua alma converge energia e inteligência que podem ser aplicadas em qualquer uma dessas áreas. Tomemos o sentimento do amor como exemplo. Hoje, ou você está amando, ou vivendo sem amor, pensando a respeito do amor, tentando receber mais amor, espalhando seu amor ou lamentando a perda de um amor. Todas essas atividades mentais, tanto conscientes quanto inconscientes, têm consequências para o corpo. A fisiologia de uma viúva que sofre a morte do marido vitimado por um ataque cardíaco é muito diferente daquela de uma jovem que acaba de se apaixonar. Podemos medir grosseiramente as diferenças retirando uma amostra de sangue e examinando os níveis hormonais, a resposta imune e o nível das várias moléculas mensageiras das quais o cérebro se utiliza para enviar informação ao corpo. Podemos chegar a níveis mais precisos por meio de uma ressonância magnética, observando quais áreas do cérebro são estimuladas quando uma emoção em particular é sentida. É óbvio, no entanto, que sofrimento e amor equivalem a mundos distintos, e cada célula de seu corpo tem consciência disso.

Quando se der conta de quantas rupturas gostaria de provocar, a parte mais difícil será decidir por onde começar. É por isso que a humanidade deposita tão cegamente sua confiança em grandes guias espirituais, para que possamos adquirir um senso de direção. Imagine que você tenha ido consultar-se com um médico e descobre que ele é Jesus ou Buda. Se você chegasse com cólicas estomacais, Jesus lhe diria:

— É só uma gripe. O problema principal é que você ainda não encontrou o reino de Deus em seu interior.

Após um teste de esforço para avaliação das funções cardíacas, Buda poderia lhe diagnosticar:

— Você está com um entupimento leve na artéria coronária, mas o que quero que realmente faça é livrar-se da ilusão do ego.

Na vida real isso nunca acontece. Médicos são treinados para tornarem-se técnicos. Eles não se importam com sua alma, muito menos trabalham para curá-la. Uma consulta a um médico é um ritual não muito diferente de levar um carro a uma oficina mecânica e perguntar por que ele não está funcionando bem.

Jesus e Buda não deixaram pendentes nenhum aspecto relativo à vida. Eles diagnosticaram a totalidade do ser — físico, mental, emocional e social — com fantástica exatidão. Sua alma pode assumir a função do médico ideal porque ela se situa no ponto de junção entre você e o universo. Talvez você consiga ir ao lugar de onde vieram Jesus e Buda. O segredo é abrir-se e permitir que sua vida se desenrole. Você nunca sabe de onde a próxima ruptura virá. A porta se abre e daquele momento em diante sua vida está transformada.

Teste: você está preparado para a mudança?

Apesar de termos todos vivido com ideias antiquadas a respeito do corpo, a cinética da mudança vem amadurecendo. O modelo antigo apresenta muitas falhas. Você já tomou parte nessa mudança? O teste a seguir é para analisar o quanto você é receptivo a uma mudança pessoal. Nós todos podemos nos tornar mais abertos, mas é melhor encontrar um ponto de partida antes do começo da jornada.

Responda às seguintes perguntas:

Sim .... Não .... Acredito que a mente influencia o corpo.

Sim .... Não .... Acredito que algumas pessoas conseguiram curas fantásticas para doenças que seus médicos não conseguem explicar.

Sim .... Não .... Quando sintomas físicos aparecem, procuro tratamento alternativo.

Sim .... Não .... A cura por meio do contato com as mãos é um fenômeno real.

Sim .... Não .... As pessoas podem ficar doentes independente de uma causa física.

Sim .... Não .... Não preciso ver uma cura para saber que ela existe.

Sim .... Não .... A medicina tradicional sabe de coisas que a medicina científica ainda não descobriu.

Sim .... Não .... Posso alterar meus genes de acordo com o que penso.

Sim .... Não .... A longevidade humana não é determinada pelos genes.

Sim .... Não .... Os cientistas não encontrarão um único gene do envelhecimento — o processo é tremendamente mais complexo.

Sim .... Não .... O uso de seu cérebro o manterá livre do envelhecimento.

Sim .... Não .... Tenho o poder de interferir caso adquira câncer.

Sim .... Não .... Meu corpo responde às minhas emoções: quando elas mudam, meu corpo também muda.

Sim .... Não .... O processo de envelhecimento possui um componente mental principal. A mente pode provocar sua aceleração ou desaceleração.

Sim .... Não .... Estou feliz com meu corpo em geral.

Sim .... Não .... Não sinto que meu corpo vá me trair.

Sim .... Não .... Sou cuidadoso com a higiene, porém a questão dos germes não é o mais importante para mim.

Sim .... Não .... Já curei a mim mesmo pelo menos uma vez.

Sim .... Não .... Já tive pelo menos uma experiência com medicina oriental (acupuntura, ayurveda, reiki, etc.)

Sim .... Não .... Já usei ervas medicinais que foram eficazes.

Sim .... Não .... Já experimentei a meditação ou outras técnicas de redução do estresse.

Sim .... Não .... A oração tem poder de cura.

Sim .... Não .... Curas miraculosas são possíveis e verdadeiras.

Sim .... Não .... Meu corpo tem uma boa chance de estar tão saudável daqui a dez anos quanto está hoje.

Sim .... Não .... Apesar das pessoas idosas tomarem em média sete medicamentos indicados por prescrição, eu antevejo alcançar os 70 anos sem necessidade de remédio algum.

Total de respostas afirmativas: ....

Avaliação de seu resultado

De 0 a 10 respostas afirmativas. Você concorda com a ideia convencional de que o corpo é basicamente estático, seja em função dos genes ou de processos mecânicos de decadência e envelhecimento. Você tem a expectativa de se desgastar com o tempo à medida que envelhece. Seu otimismo quanto à medicina alternativa é claramente limitado e pode ser totalmente eliminado pelo ceticismo. Você jamais confiará em curandeiros e acredita que as chamadas curas miraculosas ou são fraudes ou são decepções pessoais. Por um lado, você confia na ciência da medicina e espera que os médicos cuidem de você, mas, por outro, não presta muita atenção ao corpo e se considera fatalista a respeito de coisas que podem não dar certo com ele.

Quanto à possibilidade de uma ruptura significativa, você se sente cauteloso diante de qualquer mudança mais séria em sua vida.

De 11 a 20 respostas afirmativas. Sua vivência provocou um afastamento da forma convencional de se lidar com os conceitos acerca do corpo. Você está aberto a mudanças e ampliou suas ideias sobre a questão da cura. Tanto você como alguns de seus amigos já experimentaram alguma forma de tratamento alternativo com sucesso e você já não acredita mais que a tendência atual da medicina seja a única resposta. Ainda assim, as reivindicações de cura efetuada por meio das mãos provavelmente o tornam cético. No fundo você não encontrou um meio de compreender o corpo de uma forma mais satisfatória do que a do modelo científico ocidental, embora esteja ciente de que abordagens não convencionais podem ser válidas.

Você está atraído pela possibilidade de efetuar uma mudança significativa em sua vida, embora não tenha ainda decidido qual o melhor caminho para você.

De 21 a 25 respostas afirmativas. Você fez um esforço consciente para se afastar do antigo paradigma. Aceita terapias alternativas com convicção. Procura tratamento convencional somente depois de ter tentado a medicina holística e tornou-se cauteloso em relação a medicamentos e cirurgias. Sua concepção do corpo está muito provavelmente ligada a uma jornada espiritual que você considera com bastante seriedade. Você se identifica com pessoas que buscam um nível mais alto de consciência. Você acredita firmemente na cura por meio das mãos. Você questiona se alguma forma de materialismo pode realmente avaliar os mistérios mais profundos da vida.

Você aceitou a transformação pessoal como objetivo principal em sua vida e deseja mudar o mais rapidamente possível.

RUPTURA Nº 1

SEU CORPO FÍSICO É UMA FICÇÃO

Rupturas dependem de ideias ousadas e por isso começaremos com a mais ousada de todas. Seu corpo físico, que você sempre aceitou como real, na verdade é uma ficção. Se conseguisse ver que seu corpo físico é uma ideia à qual sua mente se agarra com teimosia, ocorreria uma enorme ruptura. Você não se veria mais aprisionado em uma massa de matéria. E, principalmente, ficaria livre para adotar uma concepção muito melhor em relação a seu corpo.

Certamente os cinco sentidos parecem confirmar nossa estrutura física. Seria perturbador pensar que o toque da pele morna e macia não passa de uma ideia. Mas assim é. Outras culturas sugeriram ideias muito diferentes. Para os primeiros cristãos, o corpo era espírito tornado carne, a parte carnal sendo uma ilusão. Tocar na pele morna era tocar na tentação. Para os índios hopis, todo o universo é um fluxo de energia e espírito e, consequentemente, o corpo é um elemento transitório nesse fluxo. Tocar na pele morna era como tocar em um sopro de vento. Os budistas combinam as noções de transitoriedade e ilusão; para eles o corpo é um como um rio fantasmagórico e apegar-se a ele é a causa de todos os sofrimentos. Tocar a pele morna é como mergulhar fundo na ilusão.

Tais ideias são tão válidas quanto a de que você é dono de um corpo — uma coisa, um objeto — e elas apontam para um fato simples: sempre houve algo suspeito acerca de seres humanos adequando-se ao mundo material. Rochas são feitas de matéria, mas não têm emoções. Árvores são matéria, mas não possuem vontade própria. Cada célula é feita de matéria, mas células não escrevem música ou fazem arte. O universo conduziu a evolução humana muito além do plano físico. Pense em como seria estranho se você considerasse um livro meramente como um objeto físico. Você poderia queimá-lo para usar como combustível ou utilizá-lo como calço de porta. Poderia amassar as páginas e usá-las para praticar basquete na lata de lixo. Se o livro fosse grande o suficiente, você poderia arremessá-lo contra alguém como uma arma. Contudo, obviamente, todo o sentido de um livro, sua principal razão de existir, se perderia. Para que serve um livro se não como fonte de informação, inspiração, prazer e beleza? Da mesma forma é errado abordar seu corpo apenas como objeto físico, embora ele também se queime como combustível, pratique jogos e se transforme em uma arma sempre que se envolve em brigas, ou ao deflagrar uma guerra.

Seu corpo já está ciente de que seu propósito na vida não é físico. Se observar através de um microscópio um germe sendo cercado, engolido e destruído por um macrófago (literalmente, grande devorador) nada poderia se revelar de forma tão física. No entanto seus olhos o iludem. O que na realidade você vê é a ação da inteligência. O macrófago precisa, em primeiro lugar, identificar o invasor. Ele tem de decidir se o invasor é amigo ou inimigo. Depois de tomar a decisão, o glóbulo branco precisa chegar perto e posicionar-se para o ataque e em seguida utilizar seu arsenal químico tóxico para matar o inimigo.

Entidades puramente físicas não tomam decisões, principalmente tão delicadas e potencialmente fatais. Se um glóbulo branco passa a agir de forma errada, ele pode destruir as células do próprio corpo criando uma doença autoimune como artrite reumatoide ou lupus, ambas fundamentadas em tomadas de decisão drasticamente equivocadas. A inteligência de um glóbulo branco é ainda tão incrível que ele coordena a própria morte a partir do momento em que deixa de ser útil. Após consumir o micróbio invasor, o macrófago morre, vítima de seu próprio arsenal químico. Seu suicídio é voluntário e altruísta. Um glóbulo branco isolado sabe que quanto maior sua eficiência, melhor o estado do indivíduo — e assim é que a célula realiza o sacrifício definitivo em razão desse entendimento.

Se a concepção física para o corpo tornou-se um modelo ultrapassado, encontrar um novo modelo tornou-se urgente, porque a maneira como vivemos é baseada em nossas crenças essenciais.

A história de Aiden

Algumas pessoas já começaram a inventar um novo corpo que não é baseado no antigo modelo físico. Aiden é um homem com mais de 50 anos e que teve uma educação capaz de proporcionar-lhe uma carreira auspiciosa em qualquer área que escolhesse. Em vez disso, dedicou-se a uma busca espiritual que começou quase que por acaso 30 anos atrás.

— Tudo começou de forma natural, sem nenhum sinal de que algo estranho estivesse por acontecer — relembra Aiden. Eu era um típico rapaz de classe média. Frequentei a faculdade depois do fim da guerra no Vietnã, embora não fosse nenhum idealista ou ativista político. Entretanto, por volta dos meus 20 e poucos anos, começaram a acontecer coisas sobre as quais não tinha o menor controle. À noite, enquanto dormia, sentia-me como se estivesse acordado. Eu me via dentro de uma espécie de bolha que podia locomover-se para qualquer lugar; quando estava dentro daquela bolha, era como se saísse do corpo. Tinha visões de lugares que eu não conhecia, incluindo cidades e paisagens fantásticas. Via gente que conhecia e sentia como se possuísse uma visão de raio-X do caráter oculto de cada um. Tais experiências eram incrivelmente vívidas. Não podia admiti-las puramente como sonhos porque às vezes passava por experiências semelhantes sentado em uma cadeira, só que em vez de me encontrar no interior de uma bolha, eu me sentia sendo suspenso para fora do corpo. Certa vez, atravessei as paredes do quarto e pude observar as pessoas e os carros fora de casa.

Os neurologistas iriam provavelmente classificar tais experiências como um produto artificial do cérebro, o mesmo tipo de distorção sensorial produzida por alucinógenos, epilepsia ou outra doença mental grave. Certo ou errado, porém, parece que as limitações físicas do corpo podem, súbita e inesperadamente, desaparecer. Aiden prosseguiu:

— Agora sei que esse tipo de experiência não é tão singular quanto podia parecer. Pessoas passam por experiências fora do corpo o tempo todo. Algumas têm visões de anjos; elas intuem fatos antes que eles aconteçam. Quem nunca pensou em um amigo que logo em seguida o telefonou? No entanto as pessoas logo se esquecem dessas experiências, ou as rejeitam como brincadeiras da mente. Eu segui o caminho oposto. Passei a considerar minhas experiências com seriedade. Parti para o mundo em busca de respostas.

Conversávamos em uma escola de meditação no centro de Manhattan onde sempre nos víamos de passagem. Eu conhecia muita gente com histórias semelhantes. A maioria era fascinada com a perspectiva de alcançar estados mais altos de consciência. Ele também.

— Acreditamos saber o que é certo ou errado porém a verdade é mais difusa do que pensamos — disse ele. — Assisti na televisão a uma reportagem com um padre do Brooklyn que cura fumantes compulsivos. Ele convida um grupo deles a se sentar e parece não fazer coisa alguma. No entanto o padre se interioriza e visualiza um feixe sagrado de luz que penetra em seu corpo. Ele pede a Deus que liberte todos os presentes do vício de fumar, e isso é tudo. As pessoas vão embora e nunca mais voltam a fumar. Existe um curandeiro em Santa Mônica que descobriu seu dom quando uma vizinha bateu a sua porta. Ela tinha desenvolvido alguma disfunção que lhe produzira verrugas por todo o corpo. Certa noite, sonhou que o vizinho seria capaz de curá-la simplesmente tocando-a na pele. Assim, ela o procurou e contou-lhe sobre o sonho. O homem ficou assustado e pediu-lhe que fosse embora. Mas a mulher estava desesperada e, assim, apenas para aliviá-la da tensão, tocou em seu corpo. Em um ou dois dias todas as verrugas tinham desaparecido.

— Você já presenciou uma cura dessa alguma vez? — perguntei.

Aiden sacudiu a cabeça.

— Curas acontecem em todos os lugares, mas existe um nível geral de resistência que impede as pessoas de verem e aceitarem.

A convicção de Aiden era evidente. Quanto ao ponto dessa jornada em que se encontra, ele vê a si próprio como uma obra em progresso.

— Já passei por diversas fases — disse. — Persegui muitos ideais e passei por muitas decepções. Será que consegui aproximar-me de Deus? Seria eu um iluminado? Parei de me preocupar com essas coisas.

— O que você aprendeu, então? — perguntei.

— Consigo me centrar melhor. Minha existência já não me confunde mais. Sei que tenho uma origem e estar próximo dela é um milhão de vezes melhor do que andar a esmo sem a menor pista acerca de quem se é.

— Então você continua sendo a mesma pessoa que era quando iniciou a jornada? — perguntei. Aiden soltou uma risada.

— Eu nem sequer me reconheceria. Revendo o passado, posso ver que vivia mascarado. Arranquei a máscara e tudo mudou.

Ele estava se referindo à autotransformação, uma palavra que tornou-se clichê, mas que ainda mantém sua solidez. O segredo da transformação é que você cria a mudança que deseja ver em si próprio (e que reflete o alerta de Ghandi de que você deve tornar-se a própria mudança que deseja ver no mundo). Neste caso, as primeiras mudanças apareceram no corpo de Aiden. Ele não era, a princípio, um investigador espiritual. Provavelmente foi auxiliado pelo fato de não alimentar qualquer tipo de ideia religiosa ou espiritual. Não tendo qualquer preconceito, estava aberto à mudança quando ela chegou.

O futuro de uma ilusão

Além do mais, a mudança é também uma escolha. Seu corpo está vivo e conserva habilidades desconhecidas, mas depende de você para direcioná-lo. Quando você se decide por algo novo, o corpo, por si próprio, encontra um jeito de adaptar-se a qualquer coisa que queira. Um exemplo disso vem ocorrendo ao longo dos últimos anos. A geração mais nova vem desenvolvendo um cérebro com novas aptidões. Pesquisadores concluem que crianças que crescem com videogames, iPods, e-mails e internet (os chamados "nativos digitais") geram uma atividade cerebral diferente daquelas que cresceram em gerações anteriores. Seus cérebros crescem com agilidade em uma determinada área — a perícia necessária para acessar rapidamente uma informação e manusear videogames, por exemplo —, mas embotam em outras áreas que enfatizam os laços sociais e a habilidade para reconhecer emoções. Se você é o oposto de um nativo digital (o termo para você é "ingênuo digital"), uma semana praticando videogames ou usando a internet intensamente estimularia seu cérebro para moldá-lo a seu novo ambiente digital.

Uma vez alterado o cérebro, normas sociais também mudam em conformidade. As crianças de gerações anteriores aprenderam acerca do mundo protegidos dentro de uma família coesa e assim evoluíram como criaturas sociais. As de gerações mais atuais, ao contrário, gastam horas por dia sozinhas diante de computadores e vivem em ambientes familiares mais dispersos, quando não sem família alguma. Passaram a ter menos empatia e contato social. Os pesquisadores sabem, graças a uma ruptura acontecida há mais de 20 anos, que o cérebro é "maleável" — adaptável à mudança e não estático a partir de seu nascimento. Agora se deparam com o fato de que a simples atividade diária produz novas redes neurais. Esse novo cérebro parece continuar expandindo-se para além dos limites conhecidos.

Ele pode proporcionar experiências espirituais. Em verdade, se o cérebro não tivesse criado uma rede neural para sintonizar com o espírito, não poderia existir a experiência divina. Faz poucos anos que a ciência médica chegou a esse conhecimento. Com a colaboração de Sua Santidade o Dalai Lama, pesquisadores puderam estudar monges budistas praticantes da meditação por períodos que variavam entre 15 e 40 anos. No laboratório, os monges submeteram-se a exames de ressonância magnética funcional, um tipo de exame cerebral capaz de monitorar alterações em tempo real.

Foi-lhes pedido que meditassem sobre a compaixão. Pelos ensinamentos do budismo tibetano, compaixão é a capacidade de ajudar qualquer criatura viva a qualquer momento. Enquanto meditavam, os monges passaram a gerar o mais intenso fluxo de ondas gama já detectado em um cérebro normal. Ondas gama estão associadas ao conjunto do cérebro funcionando como um todo, e também com a emissão de pensamentos mais elevados. A área de atividade cerebral mais intensa nos monges situava-se na região do córtex pré-frontal esquerdo, logo atrás do lado esquerdo da testa. Essa área está associada aos sentimentos de felicidade e pensamentos positivos.

Os pesquisadores comemoraram com alegria suas descobertas porque aquela era a primeira vez em que mostrava-se que a atividade mental por si só é capaz de alterar o cérebro. Já era sabido que o cérebro podia ser treinado para melhorar o desempenho físico — atletas, por exemplo, aprimoram-se intensificando a prática. Nós os exaltamos pelo talento, vontade e coragem. Tudo isso pode ser verdade. Para um neurologista, no entanto, os melhores corredores, nadadores ou jogadores de tênis treinaram intensamente o córtex motor, responsável pela coordenação dos complicados movimentos exigidos em qualquer esporte com algum grau de dificuldade. Agora estava demonstrado que um mero desejo, por mais insignificante que seja — no caso em questão, o desejo de ser compassivo — é suficiente para treinar o cérebro da mesma forma.

O misticismo também está presente aqui. Uma forma de amor mantém o controle sobre a matéria sólida. Jesus poderia estar falando por metáfora ao afirmar que a fé é capaz de remover montanhas, mas a força do amor pode literalmente mover o cérebro. Todos nós aprendemos — e aceitamos sem questionar — que o cérebro é um "computador feito de carne", nas cruas palavras de um proeminente especialista em inteligência artificial do MIT (Instituto de Tecnologia de Massachusetts). Uma peça do hardware, o córtex, é programada para pensar enquanto, outra, o sistema límbico, é programada para as emoções. Essa divisão, no entanto, acaba por mostrar-se falsa. Se você tirar uma imagem instantânea da atividade em seu cérebro no momento exato em que teve uma grande ideia, dezenas de áreas do cérebro se acenderiam e, para cada nova ideia, sutilmente um novo padrão se instalaria. Um computador, ao contrário, acende as mesmas placas de circuito todas as vezes em que um comando qualquer seja dado. A noção de "ligação fixa" se adapta a um computador. O cérebro, que consegue efetuar ligações múltiplas em uma fração de segundo, obedece a forças invisíveis inteiramente distintas das que atuam em computadores.

De que forma, então, podemos traduzir tudo isso para a vida cotidiana? Voluntários na universidade de Harvard demonstraram o efeito imediato do amor sobre o corpo. Indivíduos se reuniram em uma sala para ver um filme sobre Madre Teresa e seu trabalho em Calcutá. À medida que assistiam às imagens profundamente comoventes, seu ritmo respiratório e a composição sanguínea sofreram alterações, revelando maior calma e menos estresse. Tais reações são controladas pelo cérebro.

Se apenas uma leve exposição a uma forma de amor mais elevada produz uma nova reação cerebral, que efeitos podem ter o amor em longo prazo? Foram estudados casais mais velhos que viveram casamentos felizes e eles relataram que se amavam mais depois de 30 ou 40 anos do que na época em que se apaixonaram. Mas também assumem que este é um tipo diferente de amor, não aquela avassaladora obsessão que os poetas comparam à loucura e sim um amor mais estável, constante e profundo. Isso nos sugere que, assim como os monges tibetanos, casais que vivem felizes também experimentam uma alteração no cérebro. Encontramos, certamente, fortes semelhanças entre os dois grupos. Os monges expuseram suas mentes a um estado de calma, liberdade, paz e "inatividade", para usar um termo comum no budismo. O cérebro se acostumou a esse estado ilimitado, escapando dessa forma de seu próprio condicionamento. Amantes de longa data também vivenciam calma, paz e liberdade ao redor de si. A exposição mútua produziu um efeito igual ao da meditação.

Ações sutis

Venho trabalhando sobre o argumento de que o aspecto imaterial da vida é mais poderoso que o material. Discursos sobre forças invisíveis podem parecer místicos, mas, no nível pessoal, não podemos separar o amor, uma força puramente invisível, do corpo e também não precisamos da ciência para provar que o ato de se apaixonar detona uma intensa alteração física. Uma vez que deixa de se apegar à ideia de que seu corpo é um objeto, você passa a se dar conta daquilo que deveria ser óbvio: seu corpo é a junção entre o mundo visível e o invisível. Permanecendo nessa junção, você se encontra constantemente avançando para novas regiões do mundo invisível. A cada passo que dá, seu corpo o segue.

Denomino esses novos passos de ações sutis, porque eles se referem apenas à mente enquanto que ações brutas envolvem contato direto com o mundo material. Embora a ação sutil aconteça naturalmente para todos nós, ela pode ser dividida em etapas como mostro a seguir:

Como a ação sutil se manifesta

1. Você se interioriza e expressa sua intenção.
2. Você acredita que obterá resultados.
3. Você não luta contra o processo de mudança.
4. Seu corpo altera-se sem esforço do ponto de vista físico.
5. Você repete sua ação sutil até alcançar a mudança desejada.

Os monges tibetanos concluíram todos esses passos. Eles meditaram buscando contato com uma consciência mais elevada (os budistas não utilizam a palavra alma). Eles se sentaram em silêncio, confiantes em alcançar o objetivo. Aplicaram sua doutrina diligentemente, concentrados nesse objetivo. Por meio unicamente da ação sutil, sem nenhum esforço ou força física, o sentimento de compaixão afluiu para dentro deles. (Isso me remete a um conhecido ditado na Índia que diz que a sabedoria não é algo que você aprende, mas sim algo em que você se torna.)

Se forças invisíveis têm mesmo poder, então uma ação sutil — localizada inteiramente na mente — deveria ser capaz de criar uma mudança até maior que uma ação bruta. E é o que acontece. A ação sutil proporciona uma fantástica habilidade física. Existe um outro tipo de meditação tibetana denominada tumo, que protege o corpo dos elementos naturais. Monges praticantes da tumo são capazes de passar uma noite inteira em cavernas com temperaturas abaixo de zero, cobertos apenas por um fino manto de seda e pela manhã se mostram impassíveis. Segundo observadores ocidentais, os monges conseguem elevar a temperatura interna do corpo em até 13 graus, um calor que utiliza uma área específica do cérebro, o hipotálamo. A temperatura corporal é normalmente uma resposta automática, apesar de uma pessoa poder alterar essa resposta à vontade por meio da ação sutil.

Experiências de biorregeneração com pessoas comuns no Ocidente vêm seguindo esse exemplo. Pede-se aos indivíduos que concentrem sua atenção em um ponto qualquer das costas da mão desejando que ele fique quente. Em pouco tempo de prática muitos conseguem elevar significativamente a temperatura da pele exclusivamente por meio da atenção concentrada, até que um ponto vermelho aparece nas costas da mão.

No entanto a medicina ocidental fica perplexa diante de práticas iogues na Índia que vão bem mais além. Os iogues atingem, por meio de meditação, um estado em que necessitam de apenas um mínimo de alimentação, cerca de 100 calorias por dia. Ficam enterrados em caixões durante dias, sobrevivendo com quantidades ínfimas de ar, reduzindo drasticamente o ritmo respiratório e o metabolismo basal. Observadores ocidentais reconhecem que os iogues mais evoluídos são capazes de permanecer sentados em *samadhi* (estado profundo de consciência) de forma tão firme que nenhuma força física é capaz de arrancá-los do lugar.

Isso não significa que a ação sutil só funcione em um laboratório de biorregeneração ou após anos de disciplina espiritual. Os poderes invisíveis que podem ser manipulados de formas tão específicas estão por toda parte e atuam em todos os aspectos da vida. Nós os rotulamos com nomes como inteligência ou criatividade e podemos vê-los em ação quando um glóbulo branco devora uma bactéria invasora. Prêmios Nobel foram dados a estudiosos que concluíram apenas uma fração da química que compõe as células do sistema imunológico, de formação tão complexa que o sistema imunológico já é chamado também de "cérebro flutuante".

A descoberta de células inteligentes, no entanto, em nada contribuiu para derrubar o antigo modelo atribuído ao corpo físico. Ao contrário, terminamos com um paradoxo. Se um glóbulo branco é inteligente, como ele conseguiu isso? Ele não faz parte dos bilhões de neurônios que interagem no cérebro. Se você for um biólogo estudioso das células, poderá sugerir que a inteligência de um glóbulo branco seja fruto de suas proteínas e enzimas, mas essas são moléculas ainda mais simples que ficam interligadas. Então, moléculas primárias podem ser dotadas de inteligência? E elas são compostas de átomos, elementos ainda mais simples. Será que os átomos também podem ser dotados de inteligência? Seria muito estranho pensar que o mesmo átomo de carbono que encontramos em um pedaço de carvão, associado a diversos outros átomos como oxigênio e hidrogênio, possua inteligência suficiente para produzir um glóbulo branco.

Seria o carbono merecedor também de um Prêmio Nobel, já que faz parte de qualquer cérebro brilhante? Novamente você se vê imobilizado nesta "*redução ao absurdo*" a menos que aceite ser a inteligência uma força invisível que os glóbulos brancos conseguem expressar. E esse é o tópico que um biólogo estudioso das células — ou qualquer cientista materialista — não consegue concluir porque tudo o que diz respeito à vida, desde a formação do DNA, deveria ter uma base material. Quão mais fácil seria admitir o óbvio, que a inteligência é uma força invisível da qual nossos corpos se utilizam de maneira extravagante. O propósito maior de seu corpo é unir o reino visível ao invisível, e a inteligência não é a única força desejosa de se expressar por meio do seu ser. O mesmo ocorre com a criatividade, a verdade, a beleza e o amor.

Às vezes é necessário ser sacudido por uma revelação para que se perceba alguma coisa. Um homem chamado Damon está voltando para casa em Denver, após uma viagem rotineira de negócios. Damon desce do avião na expectativa de pegar sua bagagem e seguir em um táxi para casa. Com o canto dos olhos, ele vê sua esposa, que decidiu fazer-lhe uma surpresa vindo encontrá-lo na área de desembarque. Damon se recorda:

— Ela só estava ali, de pé, sorrindo, mas, em meu peito, senti o coração saltar de alegria. Não me lembro de ter tido um sentimento como esse desde o dia em que nos apaixonamos. Eu me senti totalmente vulnerável, tanto que quando minha esposa se aproximou, percebeu um certo olhar em meu rosto. Perguntou-me como estava me sentindo. Quis dizer "eu te amo" mais do que qualquer outra coisa neste mundo, mas não o fiz. Vínhamos tendo problemas; ela não estava em seus melhores dias. Então disse apenas que me sentia bem e caminhamos até a esteira de bagagens. A sensação daquele momento persegue-me. Não sei de onde veio um sentimento de amor tão intenso, mas era muito forte e claro. É triste dizer, mas nunca me senti à vontade trazendo à tona essa lembrança.

O amor nos deixa vulneráveis, porque vivemos às cegas e ocupados com acontecimentos previsíveis. Para provocar uma ruptura é necessário conectar-se conscientemente com as forças invisíveis que o rodeiam, instigando-o para além de seu antigo condicionamento. Uma manifestação súbita de amor deve ser externada e declarada ou ela desaparecerá, e a vida voltará a ser como antes. A ação sutil torna-se urgente e necessária. Ela conjura essas forças invisíveis e as traz para dentro de seu corpo. Uma vez sentida essa mudança, não haverá mais razão para apegar-se à ficção de uma realidade física.

Em sua vida: a ação do amor

A ação sutil pode fazer a diferença entre sonhar um ideal de amor ou conquistá-lo. Na vida cotidiana, o amor parece ficar embaraçado em alguma outra coisa, geralmente nas malhas do ego. Por natureza, o ego é individualista e, embora o amor apele para ele, o ego quer que o amor siga de acordo com seus próprios termos. Isso deve ser acertado. Uma pessoa pode querer estar no controle, outra querer ser cuidada. Uma pode sentir-se insegura, não importa quanto amor é direcionado a ela; outra pode querer exercer o domínio sobre o parceiro temendo sentir-se vulnerável. Mas o amor puro existe e pode ser encontrado. Assim como tudo o mais, existe um processo envolvido. Você começa de onde está e cresce por meio da ação sutil — ou seja, com tranquilidade, você alimenta o tipo de amor que realmente almeja.

Em sua vida, considere as qualidades do amor em seu nível mais alto. O amor da alma é:

> altruísta

> generoso

> abençoado

- cálido e seguro
- autossuficiente, sem necessidade de validação externa
- inocente
- descomplicado
- gentil, compassivo
- constante
- expansivo
- confortador
- sagrado

Esses são termos que você ouviu a vida toda e já os experimentou seja em pequenas ou grandes dosagens. Sente-se, relaxe e traga à memória uma dessas qualidades (como a gentileza) incluindo suas lembranças, imagens visuais, emoções e pessoas associadas a essa qualidade. Concentre-se em sua experiência por alguns minutos. Deixe que ela aconteça sem esforço. De fato, você está sutilmente direcionando sua mente para acessar a qualidade da gentileza, que forma um padrão neural diferente de uma mente que não cultiva a gentileza.

Da mesma forma você é capaz de mergulhar no interior de si mesmo e sentir, tanto quanto possível, o que "generoso" ou "sagrado" significa para você. Tomando uma qualidade de cada vez, concentre-se nela até obter um sentido claro de seu significado pessoal. Qual o instante de amor em que você foi mais desapegado no passado? Você consegue recapturar a sensação de inocência, talvez caminhando na mata ou fitando o azul do mar?

Não se preocupe em absorver todo o conteúdo da lista de uma só vez. Retorne a ela dia a dia, à medida que o faz, desenvolva um senso interior de sua conexão com o amor. A ação sutil trabalha estendendo-se a um nível mais profundo de consciência. À medida que torna-se mais consciente do amor que habita em você, está alinhando-se com uma força invisível. Discreta e firmemente você descobrirá que as qualidades mais elevadas do amor começarão a aparecer em sua vida.

Naturalmente, você também será confrontado por momentos em que o amor fraqueja ou parece jogá-lo para baixo. Encare esses sentimentos e lembranças sem procurar evitá-los. Não estamos lidando com um exercício de fantasias felizes. Tampouco é necessário focar no negativo: não cultive a solidão, a autopiedade, a raiva por um amor fracassado ou o tédio com um relacionamento atual. Muita gente não consegue fazer essa distinção. Nenhum de nós foi treinado em matéria de ação sutil; por isso nos vemos enredados em todas as formas de sentimento que qualificamos como amor e o resultado é confusão e sofrimento desnecessário.

A ação sutil desfaz a confusão suavemente e sem esforço por permitir que a força invisível do amor manifeste-se claramente. Você deixa de interpretar erradamente. Aqui está um exemplo:

Loreen, uma jovem mulher natural de Iowa, muda-se para outra cidade por causa de uma proposta de trabalho. É uma promoção, mas Loreen se encontra entre estranhos, longe dos velhos amigos. Em pouco tempo, ela conhece um colega que desperta-lhe o interesse. Normalmente é reservada quanto a relacionamentos, mas seu sentimento rapidamente transforma-se em forte paixão. Loreen insinua-se para esse homem, que é solteiro e disponível. Ele a trata amistosamente, mas não a convida para um encontro.

Ela projeta seu desejo por ele em sonhos e fantasias cada vez mais eróticas, começa a lançar indiretas para mostrar que está interessada nele. Para sua surpresa, ele diz saber que ela está apaixonada, mas que não sente o mesmo. Ele age de forma simpática e compreensiva, o que o torna ainda mais atraente. Loreen sente-se dividida entre seu intenso desejo e o fato de que ele é inalcançável. Ela intensifica o cerco deixando mensagens sugestivas ao telefone e esticando o tempo no trabalho à espera de uma chance em que pudesse encontrar "acidentalmente" com aquele homem. A situação chega a um clímax durante a festa de natal no escritório, quando ela bebe demais e se atira sobre ele em frente às outras pessoas. Loreen o agarra com tanta força que ele é obrigado a arrancá-la de si.

No dia seguinte, o homem deixa um bilhete em sua mesa aconselhando-a a procurar ajuda. Loreen sente-se confusa e envergonhada. Ela resolve procurar um psicólogo. Na primeira consulta ela descreve a situação em lágrimas.

— Eu o amo tanto, que deixei a mim mesma de lado — diz.

O psicólogo a corrige:

— O que você sente não é amor.

Pega de surpresa, Loreen replica:

— Se não é amor, então o que é?

— É abuso — diz ele. — Você enxergaria se não estivesse tão desesperada. O que chama de amor é uma máscara para encobrir sentimentos mais profundos que você tem medo de encarar.

Loreen fica atônita, mas, no fundo, reconhece a verdade nas palavras do terapeuta.

As pessoas geralmente procuram ser resgatadas por meio do amor e por isso o amor fica preso ao escapismo e ao medo. Coisas que você teme, como a solidão, o isolamento e inadequação, devem ser resolvidas e curadas por si mesmas e não mascaradas, forçando um relacionamento com alguém que julga que acabará com seus medos para você. Pessoas como Loreen geralmente terminam sem se confrontar com suas necessidades. Seus cérebros constroem um padrão de comportamento tão familiar que nem mesmo a mais negativa das reações é capaz de mudá-los. Somente a ação sutil é capaz de alterar o cérebro criando uma nova intenção. (Lembre-se dos monges tibetanos e como eles ficaram compassivos — foi necessária a criação de um novo padrão cerebral.) À medida que você aprende a se curar por meio da ação sutil, não se verá mais forçado a passar por situações que levem ao fracasso e à rejeição. Esses são reflexos de sua própria condição interior, da qual você está vagarosamente se afastando.

Quando lembranças e impressões negativas aparecem, o simples ato de prestar atenção a elas têm efeito curador. A ação sutil funciona por meio do olhar, da observação, da conscientização, porém, sem julgar, condenar ou rejeitar. As marcas negativas de seu passado não são o seu verdadeiro ser. São as cicatrizes da experiência, enquanto que as coisas boas de seu passado são as indicações claras que apontam no sentido de uma abertura. Ao sentir em seu íntimo como é o amor, você reativa impulsos estagnados desse amor no aqui e agora. Você sinaliza para o universo que está aberto e receptivo à mudança.

E essa mudança então ocorrerá, primeiramente como uma leveza dos sentimentos em seu interior, o broto delicado do amor em sua forma mais elevada. Seja paciente e continue atento. Outros momentos virão em que você se sentirá mais complacente ou mais altruísta, compassivo ou generoso. Você também perceberá reflexos dessas mesmas qualidades fora de você. Irá notá-las em outras pessoas; elas começarão a redirecioná-las para você. Permita que o processo se amplie. Não exija complacência ou generosidade de si próprio ou de quem quer que seja. Seja criança outra vez, com o desejo de crescer sem forçar nada; arrisque a sorte, mesmo que pequena, de tornar-se vulnerável.

Acima de tudo, não deixe que a autoimagem bloqueie seu caminho. Ela é uma construção do ego e lhe dá um rosto que você pode mostrar ao mundo, mas também se transforma em uma armadura atrás da qual você se esconde. Se você se deixar bloquear pela autoimagem, não conseguirá ficar aberto e receptivo. A mudança efetiva exige uma atitude natural e relaxada. Infelizmente, a maioria das pessoas gasta uma energia incalculável a fim de proteger sua autoimagem, defendendo-a de ataques tanto reais quanto imaginários. Em contrapartida, assuma a posição de que não há nada a proteger e nada a defender. Você quer ser forte, mas a verdadeira força vem do amor que é incontestável e autossuficiente. A força ilusória é criada com a construção de uma muralha autodefensiva. Mantenha o foco em sentir o que o amor representa para você e na vontade de que ele cresça naturalmente.

Este é um exemplo poderoso de como a ação sutil pode efetuar muito mais que a ação bruta porque somente no nível sutil você consegue treinar seu cérebro para que se renove inteiramente.

RUPTURA Nº 2

SEU VERDADEIRO CORPO É ENERGIA

Não basta que uma ruptura seja ousada: ela também precisa ser útil. A próxima ruptura, em que se afirma que seu corpo é pura energia, passa por esse teste de forma dramática. Posso pegar qualquer objeto — um pedaço de pau, um fósforo, um fio de tungstênio — e fazer com que desapareça do mundo físico. Se examinarmos uma amostra de algum desses materiais ao microscópio, todas as partículas de matéria física se transformam em uma nuvem embaçada de aparência tão sólida quanto a de um nevoeiro. Basta um grau a mais de magnitude para que esse nevoeiro se desfaça em puras vibrações invisíveis. Liberar a energia nessas vibrações é de uma incrível utilidade e foi o que transformou o mundo quando nós, humanos, descobrimos que a madeira podia ser queimada, fósforos eram capazes de transportar o fogo de um lugar para outro e o tungstênio emitia calor e luz ao ser exposto a uma corrente elétrica.

Em cada caso, uma energia armazenada está presente no ponto de junção entre o mundo visível e o invisível, que é como temos descrito seu corpo. Um pedaço de madeira não se importa em estar no ponto de junção sem fazer coisa alguma, mas seu corpo, sim. Suas células cruzam essa fronteira ininterruptamente em um movimento de vai e vem, acendendo um fogo interno. Como o DNA aprendeu a fazer isso permanece um mistério, porque é exatamente como se um fio de tungstênio aprendesse a ficar incandescente, ou um fósforo produzisse a própria faísca sem ajuda externa. O milagre, porém, chega a níveis mais profundos. Quando a madeira queima, fica reduzida a cinzas e desaparece. Quando o tungstênio arde, está predestinado a queimar um dia. O DNA, no entanto, cresce e se multiplica à medida que libera energia. Na verdade, a única coisa que o DNA faz é converter a energia pura (calor e impulsos elétricos) em inúmeros e complexos processos. E, tendo em vista que o DNA, como qualquer outra estrutura química, é constituído de energia, seu corpo também é uma nuvem de energia que se mantém viva emitindo ainda mais energia.

Quanto mais atentamente você observar, com maior clareza verá que aqui existem mistérios dentro de mistérios. A Índia, onde cresci, era um país ainda mais religioso do que nos dias de hoje; existia uma forma peculiar de devoção espiritual, um tipo de pessoa que gostava de ficar rondando entre os santos — *santo* é uma designação honrosa consagrada a alguém que reconhecidamente se encontra em um estado superior de consciência. Pessoas comuns procuravam ficar próximas a eles para absorver sua energia. Quando garoto, tive um tio que gostava de me levar nessas excursões. Com a idade de 8 ou 10 anos, eu era colocado sentado de pernas cruzadas no chão, depois de já ter me curvado para tocar o pé do santo em peregrinação. Meu tio trocava algumas palavras com o iogue ou swami, mas a verdadeira intenção de sua visita era receber o *darshan*, que é a forma que ele usava para absorver a energia do santo.

A princípio, o darshan é simples — basicamente significa "ver" em sânscrito. Mas para mim, representou muito mais que isso: a experiência de receber a energia de alguém é realmente maravilhosa. Alguns santos deixavam-me despreocupado, esperançoso e alegre. Outros, aquietavam-me a mente, deixando-me em absoluta paz diante de sua presença. Algumas vezes o darshan parecia inconfundivelmente feminino, como se minha mãe estivesse sorrindo para mim, mesmo que o santo fosse um homem (ele poderia ter sido um devoto de Devi, a Mãe Divina).

Percebi outras coisas nessas viagens. O efeito diminuía com a distância. Ao aproximar-me da cabana do santo — eles são geralmente pessoas pobres que vivem em austera reclusão — ia perdendo a sensação de ter problemas. A mente era tomada por uma forte convicção da presença divina e de que tudo estava bem com o mundo. Esse estado elevado permanecia por algum tempo, mas durante o percurso de volta para casa, em Delhi, à medida que o carro se afastava, sentia-me cada vez menos inspirado e mais dentro de meus parâmetros normais como uma bateria que aos poucos vai perdendo a carga. Depois de algum tempo, não importa se horas ou dias, a presença do santo desvanecia-se na memória.

Pessoas como meu tio não eram apenas sugadoras de energia. Elas acreditavam que expor-se diante de uma alma sagrada (*atman darshan*), elevavam a consciência. Por ora, não é nossa tarefa julgar a validade dessa questão, mas não seria correto considerar *darshan* puramente místico. Quando encontra alguém que você ama, seu cérebro alinha-se com o amor que essa pessoa sente por você e uma energia circula entre os dois — por isso a primeira chama amorosa pode ser tão irresistível. No Novo Testamento, Jesus não apenas fala, mas transita entre o povo para ser visto e tocado e fica claro que sua energia pessoal possui um poder todo próprio.

Pense nas qualidades que você intuitivamente encontra no nível energético em outra pessoa. Além de ser capaz de dizer se ela está feliz ou não, você pode sentir se está tensa ou calma. Seu olhar revela vivacidade ou embotamento, ternura ou indiferença. É difícil pensar em alguma qualidade humana que não traga uma espécie de "assinatura" energética. A utilidade disso é que, mudando sua própria assinatura, você pode gerar qualquer qualidade que queira. Inquietação pode transformar-se em paz, a tristeza, em felicidade, o tédio, em disposição. Seu corpo é um conversor de energia em um nível muito sutil, no qual os mais estimados aspectos da vida podem ser acessados. Os santos têm plena consciência de estarem no ponto de junção entre o visível e o invisível porque sentem-se diante da presença de Deus. A energia que emanam é mais sutil do que o calor ou a luz. É a mesma energia que seu corpo também usa de maneiras que a ciência ainda não conseguiu decifrar.

Energia e saúde

Começaremos pela função mais fundamental da energia, que é a de manter o corpo vivo. Seu corpo encontra-se em um estado saudável sempre que sua energia também estiver saudável. Esse conceito extrapola o enfoque que nos oferecem as mais modernas tendências da medicina. Há 100 anos, eram os germes as celebridades da medicina. Todo o estímulo era concentrado em descobrir novos vírus e bactérias, identificando-os com as doenças que causavam para depois matá-los antes que viessem a prejudicar o corpo. Hoje são os genes que roubam o show, e o mesmo padrão vem repetindo-se. A grande euforia está na descoberta de novos genes, aos quais novas doenças são atribuídas, para depois procurar manipulá-los ou juntá-los antes que algum mal seja feito ao corpo. Entretanto, em ambos os casos, o foco principal deveria ser a energia, porque germes e genes, como qualquer objeto, são redutíveis ao estado de energia e, por conseguinte, qualquer dano causado ao corpo tem origem nessa força fundamental.

Apesar disso, a medicina hesita em aprender mais. E a energia é extremamente dinâmica. Ela desloca-se e modifica-se; deixa poucos vestígios, e as razões de suas incontáveis transformações são pouco conhecidas. Por outro lado, os elementos químicos são elementos materiais, previsíveis e estão separados em pequenas e nítidas porções. Transformados em drogas, podem ser administrados aos pacientes em doses mensuráveis. Mesmo assim, isso não derruba a verdade inegável de que as drogas também produzem feixes de energia e os efeitos que causam no corpo (incluindo efeitos colaterais) não passam de padrões energéticos que se movem em uma certa direção em vez de outra. Teríamos uma ruptura de grande magnitude se fôssemos capazes de manipular a energia do corpo sem apelar às drogas, a maioria das quais agride o corpo de forma muito ampla e violenta. Quando alguém sofre um ferimento sério e o médico injeta penicilina, o antibiótico espalha-se por todo o corpo. Ao mesmo tempo em que mata os germes no local da ferida, ele também percorre seus intestinos matando os organismos unicelulares da flora intestinal, responsáveis pelo processo digestivo. Esse é o motivo pelo qual a diarreia é um dos efeitos colaterais mais comuns da Penicilina V, a forma mais recente da droga original produzida 60 anos atrás.

O extermínio de muitas criaturas unicelulares pode parecer uma ação simples, como água em excesso transbordando de uma banheira, mas os efeitos químicos da penicilina conduzem a muitos efeitos colaterais possíveis, alguns de característica grotesca como "língua escura e cabeluda." Outros mais frequentes incluem irritação da boca ou garganta, náusea, azia e vômitos. Algumas pessoas mostram-se hipersensíveis à penicilina e podem apresentar reações alarmantes como erupções cutâneas, secreção na laringe ou até sofrer choque anafilático, com consequências que podem ser fatais. O motivo dessa ampla, confusa e imprevisível gama de efeitos colaterais é devido à complexidade da energia. O corpo embaralha essa energia em incontáveis padrões e quando adiciona-se uma droga com grande espectro de atividade, todo o estado energético da pessoa é afetado.

Drogas são poderosas e preocupantes, mas os acontecimentos do dia a dia também podem alterar o corpo severamente. Quando você entra em uma sala para transmitir boas ou más notícias a alguém, pode não se dar conta de estar manipulando a energia dessa pessoa, mas está. Causar alegria ou tristeza em alguém representa mais do que apenas provocar uma simples mudança no humor: o corpo é diretamente influenciado pela ação de moléculas mensageiras, que percorrem a corrente sanguínea liberando para trilhões de células o efeito energético do que quer que o cérebro esteja pensando e sentindo. (Não é por acaso que costumamos dizer: "As más notícias deixaram-me doente". Seu cérebro absorve a informação, converte-a em reações químicas e deixa que todo o seu corpo saiba se há algum problema no mundo. Literalmente, você está metabolizando essa má notícia e sofrendo os efeitos das toxinas que ela contém.)

A menor alteração na energia, não mais que poucas palavras, pode levar a extraordinários abalos físicos. Uma pessoa pode estar levando uma vida feliz e receber um comunicado inesperado de que uma ação de divórcio foi emitida contra ela ou que sua conta bancária foi enxugada. Injetar uma informação como essa no corpo tem o mesmo efeito que injetar uma substância física: alterações químicas ocorrem imediatamente. Estresse, fraqueza e diminuição no rendimento espalham-se de órgão para órgão. A pessoa ficará, no mínimo, deprimida, mas se a informação for de caráter devastador, padrões normais de energia podem não retornar. Tristeza e ressentimentos são estados de energia distorcida que podem durar anos. A perda de um cônjuge pode torná-lo mais suscetível a doenças e encurtar sua vida. (Isso foi provado estatisticamente entre viúvos, que mostraram maior propensão a ataques cardíacos e uma diminuição da longevidade.)

Aparentemente, ataques cardíacos, morte prematura, depressão e efeitos colaterais de ordem física provocados por uma droga como a penicilina parecem não ter nenhuma relação. Mas na verdade têm uma raiz comum: os padrões energéticos do corpo estão distorcidos. Basta o primeiro sopro de desarmonia, da mesma forma que uma célula maligna isolada, para que a incoerência instale-se por toda parte. Se essa semente encontrar espaço para crescer, a energia de todo o corpo entra em colapso. Pode parecer estranho pensar no câncer como energia distorcida, mas é precisamente isso. Para eliminar o desconforto, é preciso começar a pensar no corpo todo em termos de energia. Lidar com sua própria energia é a forma mais fácil para curar a si mesmo, porque você está buscando diretamente na fonte. Quando um padrão de energia distorcida volta ao normal, o problema desaparece. A experiência diária nos mostra que isso é bastante aceitável. Uma criança pequena que pensa ter sido abandonada pela mãe na mercearia exibirá múltiplos sinais de tensão física e mental. Mas quando a mãe reaparece, não existe mais nenhuma causa para ansiedade. O padrão normal de sentir-se amada, querida e segura retorna, e esse retorno é automático. A cura mais elevada ocorre igualmente sem esforço.

A história de Graham

O fato de a energia estar sempre criando padrões dentro, ao redor e através do corpo tem sido incrivelmente útil para pessoas que conseguem entrar em sintonia com a própria energia.

— Durante um jantar em uma festa, há vários anos, percebi que a mão de um dos convidados tremia quando ele se inclinou para pegar o saleiro. — comentou Graham, um amigo meu, de aproximadamente 40 anos e que trabalha com a cura por meio da energia.

— O homem tinha seus 30 e tantos anos, e quando perguntei-lhe se havia algo de errado, ele me disse abertamente que sofria do mal de Parkinson. O nome dele era Sam, tinha um pequeno comércio na cidade e convivia há sete anos com a doença. Sam controlava seu Parkinson zelosamente, tomando a dosagem mínima do medicamento, mas sabia que aquela era uma condição temporária. Os tremores iriam certamente piorar e evoluir para um estágio mais avançado da doença.

Nessa época, Graham estava apenas começando a interessar-se pelo trabalho com energia. Convidou Sam para acompanhá-lo até a Califórnia e participar de um workshop sobre uma antiga forma de cura chinesa chamada *qigong* (pronuncia-se *chi-cung*).

— Eu desconhecia qualquer forma de cura por meio das mãos, mas sempre estive aberto à informação — disse-me Graham. Ele praticara meditação por vários anos e possuía um vasto conhecimento acerca da espiritualidade oriental.

— O conceito de que o corpo é composto por energias sutis — prosseguiu —, não me faz incrédulo como acontece com muitos céticos. Meu novo conhecido estava bem cauteloso, mas mostrou desejo de ir comigo para o curso de fim de semana. Quando cheguei para levá-lo até o aeroporto, seus tremores estavam ainda mais intensos do que quando o vira pela primeira vez, mas não conversamos sobre isso e, no dia seguinte, já nos encontrávamos sentados em um grupo de umas 50 pessoas que haviam se inscrito para conhecer melhor o qigong.

O qigong, assim como outras formas de tratamento tradicionais na China, é baseado no controle e direcionamento do *qi* (ou *chi*), a força vital básica que sustenta o corpo. Em função de algumas práticas qigong estarem ligadas a crenças espirituais de maior profundidade e consideradas não comunistas, o qigong na República Popular da China ficou submetido ao controle e, por vezes, até a proibição por parte do governo.

— Nosso professor, que era de Hong Kong, nos disse que o qi existe em um nível sutil do corpo. Seu fluxo natural mantém a pessoa saudável, mas quando essas energias sutis perdem o equilíbrio, aparece a doença. Normalmente são necessários anos de treinamento disciplinado para controlar e transformar o qi no corpo, mas nosso professor teve uma nova ideia, a de que todo pensamento provoca uma pequena mudança nos padrões de qi. Ele acreditava que mesmo os piores traumas e doenças podiam ser elucidadas, por assim dizer, curando-se pequenos erros no qi, um de cada vez, como pequenos elos de uma corrente.

Graham empenhou-se no treinamento com seriedade e aprendeu rapidamente. Sam era menos disciplinado. Ele começou com aquela típica euforia inicial, mas aprendeu aos trancos e barrancos.

— O professor escolheu pessoas na plateia que tinham problemas crônicos como dores nas costas e pescoço. Depois de um diagnóstico simples, ele ajustava o qi das pessoas — contou Graham. — O método era simples. Mentalmente, o curador pergunta se certos aspectos de uma pessoa são fracos ou fortes. Se ele sentir que um aspecto qualquer está fraco, ele pede que torne-se forte, do jeito como é com uma pessoa saudável. Esses aspectos podiam ser qualquer coisa física, psicológica ou ambiental. Se você tivesse asma, por exemplo, nosso professor não lhe perguntaria apenas sobre seus pulmões e seu sistema respiratório. Ele perguntaria se o sistema nervoso era fraco ou forte, ele se importaria com a depressão e a fadiga generalizada. Qualquer transtorno é motivo para buscar o local da avaria na corrente de energia para depois reparar um elo de cada vez. O mais interessante foi que os voluntários que se apresentaram com costas e pescoços doloridos ficaram curados de imediato.

Para muitos ocidentais, a história por enquanto oferece algumas questões mal resolvidas. Pode a energia do corpo ser detectada por outra pessoa? Podemos reconhecer quando alguém está zangado ou triste, mas preferimos qualificar tais sensações como estados emocionais, não estados energéticos. Podemos dar um passo adiante e considerar a doença como um estado de energia? É bem significativo que o câncer seja primeiramente detectado pelo paciente, em geral, que sente uma súbita queda de energia, uma inexplicável mudança de humor tendendo à depressão ou ainda um vago mal-estar. O qigong classificaria esse quadro como um colapso no padrão de qi, enquanto que a medicina ocidental aguarda por alterações físicas mais concretas antes de entrar em ação.

Mesmo compreendendo em teoria que os padrões de energia do corpo são afetados em nível quântico, os ocidentais não reconhecem que a energia pode ser detectada subjetivamente, tanto pelo paciente como pelo curador. O tópico principal na história de Graham, a ideia de que o terapeuta qigong pode alterar a energia de outra pessoa por meio da intenção, na verdade, encaixa-se perfeitamente no atual modelo da física. Na medicina chinesa, qi é um campo, tal qual um campo magnético que envolve tanto paciente quanto o terapeuta sem um limite definido que os separe. Um ímã de bolso pode dar a impressão de ser um objeto distinto e isolado, mas ele também está envolto pelo campo magnético que cobre a Terra.

Graham descobriu com uma simples demonstração como superar toda a desconfiança que tinha no início. Ele conta:

— No qigong, a rota principal da energia é ao longo da espinha dorsal, em ambos os sentidos. Posicionamo-nos em pares e fizemos um simples teste muscular. Enquanto mantinha meu braço esticado para a frente, meu parceiro o forçava para baixo. Resistimos com facilidade à pressão do peso em nossos braços. Então nos foi pedido que visualizássemos a energia descendo por nossas espinhas e que a seguíssemos com os olhos da mente. Assim que o fiz, não pude mais resistir à pressão em meu braço; ele ficou instantaneamente fraco. Em seguida revertemos o exercício. Enquanto meu parceiro forçava meu braço para baixo, imaginei a energia *subindo* pela espinha. Dessa vez foi fácil resistir ao peso no braço; de fato, senti-me mais forte. No início praticamos o teste muscular com braço estendido — uma forma simples de kinesiologia — mas depois de certo tempo, o terapeuta podia executar o exercício em sua mente, perguntando "fraco ou forte?" sem nenhum contato físico com o corpo do paciente. Sei que parece incrível, mas essa é a base do método de cura que venho praticando há vários anos.

— E o que aconteceu com Sam, o homem que sofria do Parkinson prematuro? — perguntei.

— Seus tremores diminuíram sensivelmente enquanto fazíamos o curso — disse Graham —, Sam ficou eufórico e falava em abandonar os medicamentos. Parecia outro enquanto dirigia do aeroporto de volta para casa, entusiasmado e totalmente livre dos sintomas que eu tinha visto. Entretanto fiz Sam prometer que não abandonaria os medicamentos; nos separamos e não sei o que aconteceu depois disso. Só espero que não tenha abandonado a prática de qigong.

Essa história não trata apenas do qigong. Ela ilustra um aspecto bem mais importante: o corpo se traduz em padrões de energia e, consciente ou não, você os está manipulando. *Energia* é uma palavra grosseira. Ela não transmite o quão vivo o corpo está, como trilhões de células podem trabalhar em conjunto para criar um todo e como uma pessoa torna-se incrivelmente mais animada, se você intensifica a energia positiva dela.

O conceito da energia vital não se tornou popular no Ocidente porque ela não deixa traços físicos. Sem um mapa que mostre como essa energia circula, comparável a um mapa do sistema nervoso central, os céticos podem considerar a energia vital imaginária. Existem, porém, diversos tratamentos médicos na Índia e na China que se baseiam exatamente nesses mapas, esboçados unicamente por meio da visão intuitiva desses canais de energia. Acupuntura e acupressão são os mais conhecidos na medicina chinesa.

Eis aqui uma história contada por Henry, um amigo que procurou um acupunturista em Los Angeles:

— Senti uma fisgada no músculo do braço durante um trabalho externo em minha casa, e, apesar de achar que a dor fosse embora por conta própria, ela piorou nas três semanas seguintes. Eu sabia, por experiência anterior, que era tendinite. Em vez de procurar o médico da família, decidi experimentar um tratamento alternativo. Deram-me o nome de um bom acupunturista e marquei uma consulta. Ele disse que podia ajudar e pediu que me deitasse. Espetou agulhas em vários lugares, não apenas no músculo dolorido, mas também em outras partes de meu pescoço e ombro. Ao término da sessão, quando já me preparava para sair, o acupunturista me surpreendeu ao perguntar-me se eu estava deprimido. Minha mãe tinha morrido no ano anterior, e respondi a ele que vinha me sentindo triste, mas sem nenhuma carga maior de sofrimento. Ele me disse que detectara uma energia fraca ao meu redor. Foi assim que reconheceu meu estado de depressão e me sugeriu que o deixasse fazer algumas coisas. Eu não queria mais agulhas espetadas, mas não foi isso o que ele fez. Pressionou alguns pontos em minha coluna bem suavemente. Disse também que paralelamente fizera um trabalho psíquico. A coisa toda não durou mais do que 10 minutos, e ele não me cobrou nada por isso. Caminhando de volta para o carro não podia afirmar se a tendinite tinha melhorado, mas meu ânimo, sim. Subitamente comecei a sentir-me muito bem. Fiquei alegre, meus passos estavam mais leves. Só então, depois que a nuvem negra que pairava sobre mim desanuviou, foi que percebi o tempo que passara em depressão. No dia seguinte ainda mantinha ótima disposição, um estado de plena alegria. O ombro tinha melhorado de tal forma que não precisei voltar ao acupunturista. Aquela consulta foi marcante para mim, por curar-me de uma forma que jamais poderia imaginar.

A energia para mudar

A diferença entre energia saudável e energia doentia pode ser resumida da seguinte forma:

- *Energia saudável* é fluida, flexível, dinâmica, equilibrada, suave, associada a sentimentos positivos.

- *Energia doentia* é estagnada, congelada, rígida, quebradiça, dura, desequilibrada, associada a emoções negativas.

Você pode realizar curas em quaisquer aspectos de sua vida substituindo um estado de energia doentia por outro saudável. Pessoas que não encontram um jeito de mudar ficam presas a uma ou mais dessas qualidades apresentadas. Os olhares ásperos, gélidos e cheios de ódio que as esposas trocam com seus maridos em maus casamentos exprimem uma forma de energia, ao passo que olhares ternos e amorosos trocados em casamentos felizes expressam a outra. A distinção entre físico e não físico torna-se irrelevante. No corpo, a gordura mole e saudável que circula no sangue pode endurecer, produzindo placas de gordura que ficam depositadas nas artérias coronarianas prejudicando a saúde. Na sociedade, um relacionamento calmo e tranquilo entre pessoas que se toleram pode transformar-se em uma forma desagradável, rígida, de sentimentos estagnados, sob a aura do preconceito e da intolerância.

Há fortes indícios de que a energia tem mais poder do que a matéria. Estudos sobre a longevidade, por exemplo, analisam por que algumas pessoas conservam boa saúde até uma idade avançada. O segredo não é a qualidade de dos genes, dieta, abstinência do fumo ou mesmo a regularidade da atividade física, por mais benéfico que tudo isso possa ser. O fator mais importante para se alcançar 90 ou 100 anos de idade em boa forma é o poder de recuperação emocional, a capacidade para reconduzir os reveses da vida, o que condiz caprichosamente com uma das qualidades presentes na energia saudável: a flexibilidade.

Desde o final da década de 1940, a Escola de Medicina de Harvard empreende um estudo com homens jovens para descobrir por que alguns desenvolvem ataques cardíacos prematuros na meia-idade. O fator primordial não foram os altos níveis de colesterol, má alimentação, tabagismo ou estilo de vida sedentário. Os homens que apresentavam menores índices de ataques cardíacos eram exatamente aqueles que tinham enfrentado seus problemas psicológicos ainda jovens, com idade entre 20 e 30 anos, ao contrário dos que nada fizeram. Problemas psicológicos são sempre marcados por atitudes rígidas, estagnadas e emoções distorcidas, deixando clara, uma vez mais, a importância que tem a energia.

Conheço uma mulher de temperamento explosivo e que tinha recentemente recebido um vídeo de uma brincadeira que andava circulando, do tipo que coloca seu nome em um cenário genérico. Era época de eleição e o vídeo intitulava-se "A pessoa que fez a eleição ser perdida". Tratava-se de uma simulação de um noticiário de TV sobre como a presidência teria perdido a eleição porque um único eleitor não saíra de casa para votar. O nome dela tinha sido incluído no vídeo. A maioria das pessoas teria considerado aquilo como uma forma inofensiva de lembrar o eleitor da importância do voto, mas essa mulher ficou possessa. Ela escreveu e-mails furiosos para a organização responsável pela circulação do vídeo, condenando-os por invadirem sua privacidade. Levou horas até que baixasse seu acesso de cólera e, pelo resto do dia, a família dela sabia que era melhor ficar fora de seu caminho.

Aqui podemos ver todo tipo de energia doentia em ação. A mulher já estava aferrada e predisposta a um padrão colérico. Sua injúria era rígida e obstinada. Era preciso muito tempo para que conseguisse se acalmar e tudo vinculado a emoções negativas (não só raiva como também ressentimento, vitimização e autopiedade). Depois que ela estourava, de pouco adiantava tratar das manifestações externas. Convencê-la de que o vídeo era só uma brincadeira, implorar para que fosse razoável, aplacar-lhe a ira com alguma distração ou consolá-la de alguma outra forma não produziria nenhum efeito positivo, tendo em vista que a causa do transtorno era devido a um desequilíbrio energético.

A tendência atual da medicina já aceita, de forma ainda vaga, que emoções negativas sejam capazes de provocar sintomas físicos. Dois problemas, no entanto, impedem que este seja um campo fértil para uso em tratamento. Primeiro, energia distorcida é uma ideia muito generalizada e difundida. Não é possível definir uma "personalidade cancerígena", por exemplo, porque gente propensa a doenças está exposta a todos os tipos de desordens; não existe nenhuma competição direta entre ansiedade, por exemplo, e câncer. Não foi possível descobrir nenhuma simples correlação entre um pensamento negativo e uma doença qualquer; tampouco manter permanentemente o pensamento positivo poderá preveni-lo contra alguma outra doença. Seus fatores de risco certamente diminuirão em uma determinada porcentagem (geralmente pequena) comparados aos de pessoas negativas, mas, fora isso, estatísticas não nos dão nenhuma resposta.

Segundo, tendo detectado padrões de energia distorcida, a medicina convencional não está equipada para oferecer-nos uma cura. A psiquiatria é a área que mais aproxima-se, mas também é vagarosa e imprevisível — a análise tradicional ou terapia do "divã" pode prosseguir por anos. Encurtar o caminho pela administração de drogas, normalmente para ansiedade ou depressão, alivia o sintoma, mas não remove a causa do problema. A eficácia de uma pílula acaba no dia em que você para de tomá-la. Além do mais, a psiquiatria nos dirige para um mundo de energia onde palavras e pensamentos alcançam força suficiente para mover moléculas. Para citar só um exemplo, o Prozac, antidepressivo que deu início à era das drogas de bilhões de dólares, apresentou um inesperado efeito colateral: mostrou ser efetivo no tratamento de transtornos obsessivo-compulsivos (TOC).

Pacientes que sofrem de TOC são exemplos perfeitos de pessoas cujas vidas são conduzidas pelo cérebro. Não conseguem parar de repetir o mesmo comportamento (lavar as mãos, limpar a casa, assistir determinado programa na TV), e suas mentes estão cheias de pensamentos obsessivos que retornam — não importa o quanto a pessoa tente evitá-los. Examinando imagens cerebrais, os neurologistas podem detectar uma anormalidade em tais pacientes — especificamente, um fraco fluxo sanguíneo no córtex orbitofrontal. Essa região é associada à aptidão para tomada de decisões e à flexibilidade de comportamento, exatamente aquilo que os obsessivo-compulsivos não conseguem fazer bem.

O Prozac restitui a atividade normal no cérebro de pacientes com transtornos obsessivo-compulsivos e com essa descoberta, a neurologia conseguiu ver com mais clareza o cérebro como um laboratório químico destinado a qualquer propósito, que determina o comportamento. Uma nova descoberta, porém, trouxe dúvidas quanto a esse conceito. Quando os mesmos pacientes procuram a terapia do divã, nota-se que o ato de conversar sobre seus problemas também consegue aliviar os sintomas. Já exames de imagem cerebrais revelaram que a atividade normal do cérebro ficava restaurada, só que com ausência de drogas. Também podemos extrair daí um senso lógico. Se você se acha deprimido por ter perdido dinheiro no mercado de ações, tomar um antidepressivo pode aliviar os sintomas, mas se o mercado recuperar-se e voltar em alta, você sentirá o mesmo efeito e de forma até mais eficaz porque agora tem um motivo para ficar eufórico.

O costume generalizado da sociedade norte-americana é o de tomar o Prozac e contornar o psiquiatra, o que novamente demonstra a volta da confiança no físico em detrimento do não físico. Precisamos derrubar esse preconceito, mas como? Precisaríamos todos buscar imediatamente a psicoterapia?

A maioria dos estudos aponta, ao longo das décadas, para uma sociedade cada vez mais ansiosa e deprimida, mais dependente de antidepressivos e tranquilizantes. Os níveis de estresse continuam subindo, não importa se em função do alto nível de barulho, longas horas de trabalho sem descanso, padrões de sono com interrupção ou pressão no trabalho. Qualquer pessoa que sofra com tais estressores poderá apresentar um desequilíbrio sensível no corpo, como pressão alta, aumento de hormônios do estresse como o cortisol, ou arritmia cardíaca. A psiquiatria não tem como tratar tamanha carga de problemas. Procurar transmitir um pouco de coerência na vida de alguém demonstra ser de pouca valia quando todo o seu sistema está mergulhado no caos.

O que se faz necessário é uma cura de largo espectro. Se todas as características da energia distorcida, desde bloqueios e rigidez até as emoções negativas, pudessem ser curadas de uma só vez, o corpo poderia rapidamente retomar seu estado saudável natural; ele já sabe como prosperar no fluxo da energia saudável. É necessária mais uma ruptura para alcançar tal cura, o que conheceremos a seguir.

Em sua vida: o quanto sua energia é eficiente?

Toda forma de vida usa a energia com grande eficiência. Um lobo, um leopardo ou um camundongo sabe instintivamente que comida deve ingerir, onde encontrá-la, como sobreviver ante as dificuldades e como obedecer aos ritmos da natureza. Os animais usam a energia vital de forma totalmente otimizada para suas espécies.

Contrariamente às criaturas na natureza, você e eu podemos controlar nosso suprimento de energia da forma como desejarmos. O modo como você aproveita sua energia é o que faz toda a diferença entre uma vida bem vivida e outra desperdiçada. Você e eu fazemos uma análise de nossa energia segundo nossas maneiras de expressar emoções, inteligência, lucidez, ação e criatividade, visto que todos esses aspectos requerem energia sutil. Estamos tratando de algo bem além de uma simples queima de calorias. A energia deve ser considerada por um prisma holístico porque quando corpo e alma ficam alinhados, todos os aspectos da vida são afetados.

Para se ter uma ideia melhor do que seja eficiência de energia, faça o teste que se segue. Para cada pergunta, escolha 1, 2 ou 3, conforme a melhor descrição que lhe couber.

3 - É assim que eu sou *quase todo* o tempo.

2 - É assim que eu sou *de vez em quando*.

1 - É assim que eu sou *raramente*.

.... Saio do trabalho na hora todos os dias. Não fico até mais tarde mais de uma vez na semana.

.... Acordo e vou dormir na mesma hora todos os dias.

.... Minha mesa no trabalho é organizada. Não deixo muita coisa pendente.

.... Não procrastino. Acredito que a melhor forma de lidar com tarefas desagradáveis é enfrentando-as sem perda de tempo.

............Não abrigo a negatividade por muito tempo. Guardar rancor e buscar vingança não é meu estilo.

.... Meu armário é organizado. Encontro tudo o que procuro facilmente.

.... Minha geladeira não fica cheia com restos. Não sou surpreendido por folhas e frutas velhas que acabei esquecendo que tenho.

.... Sei onde me situo emocionalmente em relação às pessoas presentes em minha vida. Somos abertos e sinceros uns com os outros.

.... Conheço minhas fraquezas e tenho um plano para vencê-las. Serei mais forte amanhã do que fui ontem.

.... Utilizo bem o dinheiro. Não acumulo e não gasto de forma irresponsável. Não fico preocupado com as faturas de meu cartão de crédito.

.... Meu salário é suficiente para minhas necessidades do momento e de meu futuro. Sou um bom planejador financeiro.

.... Mantenho meu jardim bem cuidado o ano todo. (Se você não tiver um jardim, substitua por quarto, varanda, plantas de vaso ou ambiente pessoal.)

.... Mantenho em dia os serviços domésticos. Não gosto de poeira acumulada e sujeira largada por dias.

.... Quando saio para fazer compras, sempre chego com o que preciso. Raramente tenho de voltar por ter esquecido algo.

.... Eu me atualizo sobre tudo o que acontece em minha família. Tenho uma boa noção do que acontece em suas vidas.

.... Não preciso correr para fazer as coisas de última hora. Sou bom em esquematizar e dividir meu tempo.

.... Sinto que existe um bom equilíbrio entre o trabalho e o lazer em minha vida. Estou me divertindo e cumprindo minhas obrigações.

.... **Pontuação total**

Avaliando sua pontuação:

De 43 a 51 pontos — Você tem uma vida produtiva e mostra boas perspectivas de estar satisfeito, contente e exercendo controle. Não há nenhum desequilíbrio expressivo na forma como usa seu tempo e sua energia. Dedica uma boa dose de atenção a cada aspecto de sua vida.

De 36 a 42 pontos — Sua vida está em grande parte sob controle e desenrola-se de forma bem satisfatória. Você, no entanto, negligencia algumas áreas de menor importância e há momentos em que se sente sufocado por todas as coisas que deixou pendentes. Se observar mais atentamente, verá que existem aspectos de sua vida em que sabe que poderia ser mais eficiente, usando melhor seu tempo e sua energia. Cuidar desses aspectos agora aumentará sua sensação de bem-estar e contentamento.

De 26 a 35 pontos — Sua vida está ineficiente. Você tem a sensação de estar afundando na lama em vez de andar para a frente. Há coisas demais fora de seu controle e sua habilidade para lutar contra os desafios do dia a dia é limitada. Para começar a sentir-se melhor, você precisará disciplinar-se e mudar seus hábitos. Encare de forma realista seus modos ineficientes, porque sujeira ou falta de organização, procrastinação ou negação, impulsividade ou negligência, drenam nossa energia.

De 17 a 25 pontos — Sua vida mal lhe pertence, porque quase tudo está fora de seu controle. A vida cotidiana já é uma batalha só para manter as coisas como estão e na maior parte dos dias você se sente como se estivesse perdendo a guerra. Na superfície, algo de muito errado deve estar acontecendo. Você está sendo impedido — seja psicologicamente ou por más circunstâncias. Para recuperar a lucidez será necessário auxílio profissional externo.

Como pode-se observar, a energia diverge por dezenas de setores em sua vida. Quando pessoas encontram-se lutando, estão desperdiçando energia. Existem duas soluções: você pode aumentar o fluxo de energia sutil em sua vida ou pode usar a que tem de forma mais eficiente. A melhor maneira de aumentar seu suprimento de energia sutil é deixar de bloqueá-la. O melhor modo para usar a energia que você tem de maneira mais eficiente é expandindo sua consciência. O grande segredo da consciência, como podemos observar, é que ela é capaz de realizar qualquer coisa sem fazer praticamente nada. O modelo para o corpo é sempre a alma, e a alma não utiliza energia alguma. Iremos nos aprofundar nesse assunto analisando como a energia sutil é bloqueada e distorcida. Por ora, basta que você esteja consciente de que pode receber mais dessa energia ilimitada que sua alma é capaz de oferecer, e procure fazer bom uso dela em sua vida.

RUPTURA Nº 3

A CONSCIÊNCIA TEM MAGIA

Precisamos de uma ruptura para administrar a energia do corpo. Se a energia distorcida é a raiz de todos os problemas, de que forma ela poderá ser reconduzida a seu estado normal, o estado saudável? Ninguém nos ensinou como mover energia. Fomos postos a atuar no plano físico, o que além de bastante incipiente, geralmente escapa ao assunto. Artigos em revistas médicas, por exemplo, reduzem o amor a uma reação química no cérebro. Em uma imagem de ressonância magnética, a atividade neural de alguém que está apaixonado certamente será diferente da de outro que não esteja apaixonado — áreas específicas são ativadas e ocorrem alterações nos níveis de algumas substâncias importantes como a serotonina e a dopamina, associadas aos sentimentos de felicidade e bem-estar.

Ainda assim é inteiramente falso afirmar que o cérebro cria amor. Imagine que você está dentro de um carro tarde da noite. A seu lado está alguém que você ama secretamente, porém sempre escondeu, incapaz de expressar o que sentia em seu coração. Ela (ou ele) debruça-se e sussurra algo em seu ouvido. Dependendo das palavras ("Eu te amo" ou "Eu não amo você") que forem ditas, sua reação será inteiramente diversa. Uma imagem de ressonância magnética detectaria um estado completamente alterado do cérebro ante uma mensagem de alegria e outra de rejeição. É óbvio, portanto, que o cérebro não criou esses estados por conta própria. As palavras o fizeram. Como? Elas o tornaram consciente de algo que você queria desesperadamente saber.

Em outras palavras, você tornou-se consciente de ser amado ou não. O principal não é o fato de que as palavras, ao serem pronunciadas no ouvido de alguém, fazem vibrar moléculas de ar que, por sua vez, estimulam o tímpano, enviando um sinal para o ouvido interno e depois para a região auditiva do córtex. Essa sequência de acontecimentos ocorreria mesmo que as palavras fossem ditas em língua estrangeira. Porém, a menos que conheça o idioma, sua consciência não mudará. A consciência está onde o significado aparece. Se quer mudar seu corpo, uma mudança de consciência deverá vir primeiro.

A consciência age como uma força invisível, a mais poderosa de todas em seu corpo. Ela move energia enquanto parece não estar fazendo nada. Aqui encontramos a ruptura de que precisamos, porque a consciência pode transformar a energia distorcida em energia saudável espontaneamente. Essa é sua magia única.

A história de David

Há muitos mistérios sobre como a consciência atua. Começaremos por um que afeta a vida de todos, o mistério da visão. Ao ver uma coisa qualquer, você fica consciente daquilo e isso, por si só, pode ser suficiente para mover o corpo em uma direção totalmente nova.

David, que conta atualmente seus 30 e poucos anos, tem um irmão gêmeo, mas nasceu com um pequeno defeito genético no coração que seu irmão não tinha.

— Tive sorte, e o problema foi sanado logo depois que nasci — relata. — Não havia razão para que fosse tratado de forma diferente do meu irmão, mas lembro-me desde cedo dos olhares ansiosos de minha mãe sempre que tentava fazer alguma coisa que ela achasse arriscado. Meu irmão não recebia aqueles olhares e na época em que tínhamos uns 4 ou 5 anos, ele era considerado o filho forte, e eu, o sensível. Toda minha família, pelo menos por parte de pai, é do tipo ativo. Se você gostasse de caçar e pescar, recebia olhares de aprovação. Se gostasse de ficar em casa lendo livros, os olhares eram de indiferença ou menosprezo. Para garotos existem coisas mais importantes que olhares, é claro. Meus pais sempre fizeram o melhor para tratar-nos com igualdade e amar-nos da mesma forma. Eu aceitava ser o gêmeo frágil e à medida que crescemos, espantou-me constatar o quanto meus pais estavam errados. Meu irmão não obteve grande sucesso. Tem um emprego modesto e como sua paixão é caçar e pescar, é nisso que ele se concentra. Eu, que sempre me achava em segundo plano, cresci ganhando bolsas de estudo, uma educação muito melhor e um emprego de professor em uma boa universidade. Levou anos para que eu percebesse que ambos fomos talhados para que nos tornássemos o que somos. Se minha mãe tivesse acidentalmente nos trocado no berço algum dia, eu teria sido o caçador e pescador, e meu irmão, o erudito. Isso me dá motivo para pensar. O que teria acontecido naqueles três anos de que não temos nenhuma memória? Meus pais me colocavam sob uma perspectiva diferente e, como resultado, o material bruto de uma criança moldou-se de forma diferente da outra.

Este é só um exemplo, porém outros me vêm à mente. Consideramos aqueles que amamos de uma forma inteiramente diferente daqueles a quem não amamos. Se uma pessoa querida nos faz alguma coisa errada, nosso olhar geralmente é de simpatia, tolerância e compreensão, que nunca são dirigidas a quem não amamos — estes podem ser alvos de acusação, julgamento e hostilidade. Um olhar contém sempre algum significado. Ele torna a outra pessoa consciente de alguma coisa. Em outras palavras, sua consciência fala à dela e isso já é suficiente para estabelecer mudanças no cérebro que conduzem a outras mudanças no corpo.

Não há limites quanto aos resultados. A violência pode explodir na rua quando um homem olha para uma mulher do jeito errado — segundo o outro que a considera como sua. (Nos estados sulistas dos Estados Unidos houve um tempo em que bastava um olhar inocente de um homem negro na direção de uma mulher branca para que ele fosse linchado.) O segredo é criar efeitos positivos em vez de negativos. É um erro acreditar que você seja algum tipo de radiotelescópio recebendo passivamente sinais do universo. Ver é ação. Você emite energia e capta energia de outros. Você tem condições para decidir se quer ver com amor e compreensão, aceitação e tolerância. Ao fazê-lo, essas qualidades exercem uma força em seu ambiente que beneficia a tudo e a todos.

Consciência corporal

A consciência não teria poder algum se o corpo não respondesse a ela. Considere, porém, o volume de respostas que na verdade ocorrem. Se você percebe um caroço suspeito sob a pele, uma consulta ao médico lhe dirá se você está bem ou se corre perigo. Se estiver em perigo, a ameaça pode ser leve ou severa. Cada resposta representa um estado diferente de consciência ("estou bem, não há nada com o que me preocupar", "estou com um problema", "estou correndo perigo", "posso morrer"), e cada uma resulta em reações completamente diferentes. Mesmo que consideremos a reação como psicológica, como a depressão advinda em face de más notícias, precisa haver uma resposta de caráter físico: a química cerebral alterada favorece o que ocorre com a psique. De fato, seu corpo fica consciente de tudo. Cada célula sabe o que seu cérebro está pensando, como seu temperamento muda, onde se escondem suas mais profundas convicções. Com a mudança de consciência, sua energia muda e depois seu corpo também muda. A corrente de acontecimentos move-se do reino invisível para o visível segundo este caminho:

CONSCIÊNCIA → ENERGIA → CORPO

Por mais simples que possa parecer, esse diagrama nos conduz a uma profunda ruptura, porque ajuda a sanar alguns mistérios. Por exemplo, ninguém consegue entender o resultado do chamado "Estudo de Helsinki", um dos mais conhecidos projetos de pesquisa na prevenção de ataques cardíacos. Homens finlandeses de meia-idade apresentando alto risco para doenças cardíacas foram divididos em dois grupos. Os do primeiro, o grupo casual, visitavam seus médicos esporadicamente e recebiam informação genérica acerca de perda de peso, prática de exercícios, aprimoramento da dieta e abstinência do fumo (recomendação improvável de ser seguida considerando-se que já haviam tentado anteriormente). O outro grupo teve acompanhamento intensivo e foi inserido em um programa específico dedicado ao combate e redução dos riscos de ataques cardíacos, como a pressão alta e colesterol elevado.

Ao término do estudo, os pesquisadores ficaram perplexos ao verificar que o grupo dos casuais não só apresentou menos mortes no total, como também um número inferior de mortes provocadas por ataques cardíacos. Mas como? Um analista desse estudo frisou que o risco maior para a saúde estava em permanecer preocupando-se constantemente com o coração e ver essa preocupação refletida no médico que você visita com frequência. Pelo prisma da consciência, essa explicação faz sentido. Também dá sentido a diversas outras descobertas referentes à mesma área. O fato é que as pessoas que se confrontam com seus problemas psicológicos na faixa dos 20 aos 30 anos estão sendo mais eficazes na prevenção de um ataque cardíaco precoce do que por meio de uma redução do colesterol. Pessoas mais velhas, mas que são emocionalmente mais alegres e joviais, têm mais chances de viver uma vida longa e saudável do que pacientes mais velhos e menos alegres e joviais que tomam vitaminas e fazem exames regulares. Tudo isso permaneceria um mistério se ignorássemos consciência e energia, os dois alicerces do corpo.

Milhões de pessoas não estabelecem essa conexão e acabam condenadas a viver lutando contra seus corpos. Considere a vasta gama de dependências e comportamentos compulsivos. Para quem não consegue parar de ganhar peso parece que uma compulsão física a força a comer em excesso. Em vez de uma fome normal, ela sente uma ânsia incontrolável de comer. Porém, na verdade, o impulso físico esconde o que acontece realmente. O corpo ficou agarrado a um padrão distorcido de comportamento que começou com a consciência.

O que ocorre quando você sente um desejo ardente? Você se vê dividido entre dois caminhos: o impulso de resistir versus a ânsia de ceder. Digamos que você acorde à meia-noite e desça a escada silenciosamente até a cozinha porque não resiste à ideia de tomar um sorvete. Naquele momento, enquanto hesita por alguns instantes antes de retirar o pote da geladeira, você pode resistir à ânsia, mas não irá mudar seu hábito. Sua consciência está guerreando contra si mesma. Engajar-se nesse conflito, que se repete continuamente para pessoas que comem abusivamente, dá força ao mau hábito porque toda sua energia é desviada para lutar contra si próprio e muito pouco endereçada a uma solução. Se a solução fosse no nível do empenho, uma ou outra decisão prevaleceria. Ou a ansiedade quebraria sua resistência ou sua resistência conquistaria a ansiedade, mas, em vez disso, o resultado é um contínuo vaivém.

É difícil ver para além da ânsia física porque os maus hábitos sempre criam uma rotina que o corpo obedece incessantemente. A ânsia não precisa ser dirigida a coisas materiais como o doce sabor do sorvete ou o impacto da tragada de um cigarro. Você pode ter o hábito de ficar mostrando-se ou lamentando-se acerca de qualquer coisa que aconteça. Raiva e preocupação parece tão físico como a fome. Pessoas que têm fixação por poder ou dinheiro descrevem esse impulso como quase sexual. Pessoas cuja fixação é vencer descrevem essa sensação como uma explosão de júbilo alimentada com adrenalina. O corpo reflete seus desejos tão habilidosa, completa e silenciosamente que se torna difícil rastrear a corrente de acontecimentos até a consciência. Mas temos de fazê-lo se não quisermos continuar prisioneiros de nossas fixações.

Todos nós possuímos um grau de consciência em que o desejo desaparece. Um estado alheio ao dilema "Devoro todo o pote de sorvete ou não?". Quando você se encontra nesse nível de consciência, a energia do apetite não é ativada e quando não há energia, o corpo não funciona. A experiência do dia a dia comprova esse fato — quando uma pessoa fica angustiada, por exemplo, a vontade de comer desaparece. O mesmo acontece em casos de depressão ou de algum aborrecimento profundo, ou até quando nos apaixonamos. "Não consigo pensar em comida em uma hora como essa", é o que costuma-se ouvir nesses momentos, e é o que realmente acontece: sua consciência não consegue focar em comida, portanto não há energia presente, e seu corpo deixa de sentir fome. O problema é que, assim como a energia pode permanecer estagnada em padrões distorcidos, o mesmo pode acontecer com a consciência. Esta é a razão pela qual os assim chamados "comedores emocionais" foram condicionados a reagir de forma exatamente oposta à resposta normal: eles comem descontroladamente em períodos de sofrimento, depressão e preocupação.

Seu corpo precisa de você para fazer o melhor uso da consciência. Seu estado mental define a programação de trilhões de células e elas não têm o poder de subverter essa programação por conta própria. Dessa forma obtém-se o controle da consciência.

> **Quando você está inteiramente consciente**
>
> *Você consegue centrar-se sempre que deseja.*
> *Você está acostumado com um lugar de paz e silêncio em seu íntimo.*
> *Você não fica dividido contra si mesmo por conflitos interiores.*
> *Você consegue transcender transtornos locais e permanecer impassível a eles.*
> *Você vê o mundo por uma perspectiva ampliada.*
> *Seu mundo interior é organizado.*

Isso é o que significa erguer-se acima das tentações. No instante em que você dá a primeira colherada no pote de sorvete, seu corpo não se lembra da velha rotina instantaneamente e sua mente não dá início ao dilema "Faço, ou não faço?". Em vez disso, outras ideias ficam livres para brotar na mente. "Estou fazendo isso porque estou aborrecido?", "É assim que pretendo resolver minha situação?", "O que tem o sorvete a ver com a remoção do estresse em minha vida?". Esse é o tipo de ideias que o liberam de qualquer tentação. Você vê o que está fazendo e assim ainda tem tempo de voltar atrás. A clareza nunca está longe demais quando se está realmente consciente; a escuridão nunca está muito longe quando a consciência não está presente.

Depois que uma fixação consolida uma rotina mecânica, fica muito mais difícil mudar sua resposta habitual. (Todos nós sabemos o que é dar a primeira mordida em um petisco irresistível e esquecer-se de tudo até o último pedaço. O corpo assume todo o controle.) Um psicólogo usaria o termo *condicionamento* para descrever um esquema tão bem elaborado. Velhos condicionamentos impedem nossa liberdade porque seguidamente rendemo-nos a padrões que ocorrem em um nível muito profundo; enquanto nosso novo comportamento, aquele que desejamos ter, não tem nenhum esquema a seguir. Esse estado de ficar preso a velhos condicionamentos cria seu próprio tipo de consciência.

Quando sua consciência está condicionada

Você não consegue encontrar seu centro e por isso os impulsos o jogam de um lado para outro.

Você não está acostumado com um lugar de paz e silêncio e por isso há constante desassossego.

Impulsos conflitantes lutam uns contra os outros.

Distúrbios locais o perturbam e distraem.

Você vê o mundo por uma perspectiva estreita.

Seu mundo interior é totalmente desorganizado.

Todos nós sabemos até certo ponto que ficar condicionado limita nossas vidas e ergue uma barreira entre nós e a realização. Considere como o termo "amor incondicional" veio a tornar-se tão popular. Quando as pessoas procuram amor incondicional, elas querem transcender o amor da forma como ele normalmente existe, e que é extremamente condicionado: ele é agitado, incerto, muitas vezes insensato e perturbado; a qualquer momento esse amor pode ruir, vítima de ciúme, raiva, tédio, traição ou simplesmente por um mero capricho caso surja um objeto de amor mais atraente. Ainda assim cultivamos um senso intuitivo de que um amor incondicional deve existir — tradicionalmente o amor de Deus preenche esse requisito mas agora a busca é mais profana. Queremos amar uma pessoa real incondicionalmente e sermos incondicionalmente amados em troca.

Esse desejo não é realista quando observa-se a natureza humana sob circunstâncias normais. Ele torna-se realista, porém, se a consciência puder mudar seu velho condicionamento. Se conseguir alcançar um estado de amor incondicional para si mesmo, entrará em um estado de energia completamente novo e se verá livre para amar de uma nova maneira. A consciência tem poder de liberar amor incondicional e ela o faz do mesmo jeito com que põe um fim à fixação pelo sorvete: você vê como transcender seu velho e doentio condicionamento.

Três maneiras de acabar com o condicionamento

A partir do momento que você percebe o grau de condicionamento em que na verdade encontra-se, surge o desejo de reaver o controle de sua vida porque todo hábito condicionado é como uma chave automática que aciona um determinado comportamento autômato. O que alimenta esse comportamento? Tempo e repetição. Seu corpo adapta-se a coisas que você faz repetidamente. É muito mais fácil estabelecer um padrão de energia do que um padrão físico e, uma vez estabelecido, torna-se bem mais difícil mudá-lo.

Por exemplo, se você começa a correr regularmente, poderá treinar um corpo fora de forma a completar uma maratona de 42 quilômetros entre três e cinco meses. Com tempo e repetição, correndo regularmente de três a 15 quilômetros diários, seu corpo adapta-se ao esquema de treinamento que você decidiu. Você condicionou-se deliberadamente. Caso pare de correr no dia seguinte ao da maratona, seu corpo estará totalmente fora de forma no máximo depois de um ano, geralmente na metade desse tempo. (Um estudo mostrou um resultado ainda mais drástico: quando atletas universitários no auge da forma são obrigados a permanecer deitados em camas de hospital e impedidos de erguerem-se, em duas semanas de inatividade, seus músculos perdem o equivalente a dez anos de treinamento.)

Compare esses fatos a condições mentais. Um único acontecimento traumático (um sério acidente de carro, ser vítima de um crime, vivenciar um ataque terrorista) altera a consciência instantaneamente, com muito mais rapidez que um condicionamento físico. Uma vez instalado, o trauma mental fica repetindo-se obsessivamente — imagens, pensamentos e sentimentos vagam por sua mente de forma involuntária — e esses padrões são difíceis de mudar. O exemplo mais dramático é a dependência de drogas porque o componente mental que leva a pessoa a usá-las permanece mesmo depois do corpo ter eliminado as substâncias tóxicas.

Existem três maneiras de interromper o velho condicionamento: reflexão, contemplação e meditação. O poder dessas qualidades aumenta nessa ordem. Todos nós somos inclinados a usar essas palavras de forma intercambiável mas elas possuem significados distintos.

› *Reflexão:* fazer uma revisão dos velhos hábitos, crenças e convicções.

› *Contemplação:* focar em um pensamento ou imagem até que se expanda o máximo possível.

› *Meditação:* encontrar o nível da mente que não está condicionado.

Não estamos interessados, ao menos por ora, no significado espiritual dessas práticas. Queremos verificar primeiro se são mesmo capazes de remover a energia estagnada e alterar um velho condicionamento. Acontece que sua eficácia é muito diferente e, ao contrário do que se poderia esperar, quanto mais você se concentra em atacar um padrão de energia específico, *menores* são as probabilidades de sucesso para livrar-se dele.

Reflexão: implica em recuar e fazer um exame de si mesmo, como se estivesse diante de um espelho. É o mesmo que repensar ou reconsiderar um momento passado em uma situação mais sossegada. Digamos que você seja acometido por um impulso (repreender seu chefe, abandonar a esposa, convidar uma linda mulher para um encontro), mas aí reflete se realmente vale a pena ou não. A reflexão apela para a experiência; ela proporciona a cautela para derrubar julgamentos. Como forma de eliminar velhos condicionamentos, a reflexão funciona se você consegue vislumbrar alguma outra coisa sob uma nova luz.

Carla, uma mulher de seus 40 anos, contou-nos sua experiência:

— Cresci em uma zona rural do Sul dos Estados Unidos e, apesar de minha família ser formada só de boas pessoas, eles conservavam um conjunto de ideias radicais que todos pareciam absorver do ar ou da água que bebiam. Meus pais não se consideravam racistas, mas só tinham amigos brancos. Nunca puxavam uma conversa com um garçom ou um balconista a menos que fossem brancos. A conversa vulgar do ambiente em que cresci era conservadora até o osso e desde criança aquilo me irritava. Na época em que cursei a faculdade, eu era a ovelha negra. Trabalhava para candidatos liberais sempre que podia. Tinha amigos negros e lia o *New York Times* com muito mais frequência do que a Bíblia. Se eu chegasse em casa com uma nova causa, meus pais balançavam a cabeça compreensivamente e esperavam até que surgisse uma oportunidade para mudar de assunto. Certo dia, anos mais tarde, uma espécie de inspiração atingiu-me, como um tipo de manifestação divina. Eu estava sempre fazendo e pensando o contrário do que meus pais faziam e pensavam, e eles ainda me ignoravam. Ser contra o mal não o torna bom. Apenas o torna a imagem espelhada do mal. Ao rever meus valores, dos quais sempre tive orgulho, percebi que nada mais eram do que reflexos derivados desses mesmos padrões: olhava para pessoas que julgava erradas e fazia questão de verificar que meus valores não se encaixavam com os delas; olhava para pessoas que julgava certas e fazia questão de verificar que meus valores eram exatamente os mesmos que os delas. Nada do que eu acreditava era original. Se ter mente fechada significa o mesmo que não pensar por si mesma, esta era eu.

— Então, o que é uma mente aberta? — perguntei.

— Não pode ser um conjunto de valores, não importa o quanto ache que eles são bons — disse Carla. — A maioria das pessoas agarra-se a seus valores pensando em ficar bem consigo mesmas, porém sem ver a armadilha em que está se metendo. A mais liberal das ideias transforma-se em grilhões se você não se mantém em constante mudança.

Esse exemplo mostra os prós e contras da reflexão. *Pró*: se você examinar honestamente seus valores e convicções poderá evitar o condicionamento antes que ele atinja níveis mais profundos. Sua mente não será paralisada com tanta facilidade. Você aprenderá a tornar-se mais flexível. A curiosidade saudável o manterá a salvo do conformismo. Você abre caminho para tornar-se uma pessoa original, não apenas uma cópia de um modelo social. *Contra*: a reflexão tem um caráter mental. Ela não move muita energia pelo corpo. Como resultado, seu poder de apagar as marcas do condicionamento não são, em geral, muito fortes. Você acaba vendo o que há de errado sem, contudo, chegar à condição de reunir força para a mudança. A reflexão também é vagarosa e exige tempo. Pode até mesmo exercer influência contra a mudança criando incerteza e hesitação — um problema começa a parecer complexo e obscuro demais. Se a reflexão transforma-se em novo hábito, você perde toda a sua espontaneidade. Ao chegar à fase adulta, julga-se que as pessoas tenham abandonado a imaturidade juvenil, e aprender a refletir acerca das próprias ações é parte importante desse processo. Por outro lado, não me lembro de ter encontrado muitas pessoas com essa característica reflexiva que conseguiram mudanças em seus padrões de energia estagnada. Elas demonstram um melhor desempenho que a média na resistência aos hábitos mecânicos, mas quando seus corpos precisam de uma mudança efetiva e não somente suas convicções, a reflexão parece ser de pouca utilidade prática.

Contemplação: implica em reter algo na mente e deixar que se desdobre. Uma pessoa religiosa pode contemplar a misericórdia de Deus, por exemplo. Para que isso aconteça, ela deixa a mente vagar livremente sobre o tema abordado, projetando imagens de misericórdia, sentindo como é ser misericordioso ou recebedor de misericórdia. (Você pode perceber uma semelhança com o que tenho chamado de ação sutil. Elas são parecidas, porém a ação sutil tem um objetivo específico implícito, enquanto que a contemplação, não. É mais como deixar acontecer.) Se o processo for conduzido de forma verdadeiramente aberta, uma mente contemplativa pode ir muito longe. O maior benefício é treinar a mente não a focar em detalhes simples, isolados. Esse tipo de foco concentrado quase sempre acaba em conflito com aquilo de que você quer livrar-se e, como já vimos, conflitos só tornam pior o condicionamento, repetindo-se indefinidamente

A contemplação é uma técnica que dispensa laços religiosos ou práticas espirituais, por mais venerável que essa tradição possa ser. Você pode escolher qualquer mau hábito e contemplar o que ele representa, persistindo até que respostas comecem a surgir. Essas respostas moverão seu corpo em novas direções.

Tyrone é um homem do tipo empreendedor que passou a trabalhar com investimentos de alto risco pela internet.

— Quando tinha uns 25 anos — conta ele —, invejava os corretores da bolsa de Wall Street, os caras que você vê na TV berrando, atropelando-se e enlouquecendo com as oscilações do mercado. Não tive a oportunidade de mudar-me para Nova York e fazer parte daquilo. Porém há dez anos, a internet passou a oferecer a todos condições de atuar no pregão. Entrei de cabeça e passei a gastar todos os momentos livres colado à tela do computador. Eu não tinha muito dinheiro, por isso comprava à margem, o que me permitia fazer apostas cada vez maiores. Minha exposição aos riscos cresceu, mas em pouco tempo meus ganhos eram maiores que as perdas. Antes que pudesse perceber, minha conta bancária já estava em seis dígitos e eu não conseguia ver aonde poderia chegar. Sentia-me eufórico. A cada manhã, mal conseguia esperar pela abertura do mercado".

— Você se qualificaria como viciado? — perguntei.

Tyrone sacudiu a cabeça.

— Esse pensamento nunca passou pela minha mente — prosseguiu. — Chegou o dia em que faltava pouco para bater a marca de um milhão de dólares. Esse era o meu ponto de referência. Uma vez ultrapassada a marca de um milhão de dólares, minha vida mudaria por completo. Era o que dizia a mim mesmo.

— Mas você nunca cruzou a marca — disse a ele.

— Eu era um principiante e tinha sentido apenas o gosto do sucesso. Por isso, quando a sorte me deixou, entrei em choque. Perdi todo o meu dinheiro e mais todo o dinheiro que os amigos tinham me confiado para investir depois que viram o gênio que eu era. Minha vida ruiu. Sentimentos de culpa e autorrecriminação tiravam-me o sono à noite. Algumas pessoas compadeceram-se. Disseram-me que a corretagem não era para qualquer um; é preciso ser duro e ter nervos de aço.

— O que só serviu para jogá-lo ainda mais para baixo — comentei. — O que aconteceu depois?

— Consegui recuperar-me lentamente e com menos amigos. Um desses amigos, porém, que era bem mais velho, me disse algo importante. "Não pense sobre o dinheiro", disse. "Pense no que o dinheiro representa para você. Também já tive problemas por não ter sabido disso no início". Não sei por que guardei o conselho dele, mas o fato é que realmente parei e pensei a respeito. Duas coisas me vieram à mente logo a princípio: eu gostava da emoção do jogo, portanto dinheiro significava adrenalina; eu achava que não era bom o suficiente, então dinheiro significava autorrespeito. De início, as duas coisas não tinham nada de errado para mim. Qual o problema se gosto de jogar? Por que não obter um pouco de autorrespeito? Se não estivesse me sentindo tão mal, teria me deixado levar. Mas continuei firme e, certo dia, senti no corpo as mesmas sensações como se estivesse jogando realmente. A descarga de adrenalina, o coração acelerando e tudo o mais, porém o que não percebia era minha ansiedade. O que vinha chamando de emoção estava repleto de medo, preocupação e tensão. Quanto ao autorrespeito, como poderia alegar que tinha progredido? Eu era chupado pela realidade virtual de uma tela ofuscante de computador. Meu ânimo subia às alturas e despencava a cada oscilação do mercado. Sentia-me como um herói quando estava ganhando e um fracassado quando estava em baixa. Não pense que foi fácil para mim perceber tudo isso. Fiquei tomando antiácidos diretamente do frasco por mais de dois meses depois que quebrei. Mas deixe que a memória dos tempos ruins fluísse através de mim novamente e, sempre que voltava, eu procurava senti-la mais do que tentar jogá-la para dentro outra vez. Só se chega à saída atravessando o problema, certo? Finalmente, encontrei a paz. Consegui admitir que era um jogador sem controle que tinha ignorado tudo exceto sua compulsão. Eu me expandi para além daquela asfixiante camisa de força. Comecei a respirar o mesmo ar que as pessoas normais.

— Você se considera recuperado? — perguntei.

Ele permaneceu pensativo por alguns instantes.

— Não tenho certeza. Estou aliviado por ter rompido com o velho hábito. Não sinto nenhuma motivação para lidar com o mercado novamente. Também sinto alívio por não sentir mais aquele estresse. Em contrapartida, já passaram-se quase dez anos e ainda revivo a tortura de ter perdido todo aquele dinheiro. Consegui acertar minha vida, mas aquela sensação leva muito, muito tempo para apagar-se.

A história de Tyrone revela os prós e contras da contemplação.

Pelo lado positivo, a contemplação pode romper as fronteiras do pensamento limitado. Ela pode desenterrar problemas ocultos e oferecer condições para que a energia distorcida seja expulsa. O processo de abrir mão não requer esforço. Você pode encarar seus demônios seguindo seu próprio ritmo. Se prosseguir focando nos pontos fracos com zelo e atenção, eles serão curados pelo senso de expansão do Eu — você se verá maior do que seus problemas, e essa conscientização tem um tremendo poder de cura.

Do lado negativo, abrir mão não é confiável. Se a sua mente estiver confusa e conflituosa, pode ser muito desgastante, e a mente fica ainda mais dispersiva. Seu foco fica fraco demais para ser capaz de mover qualquer quantidade de energia estagnada. Examinar seus problemas em detalhes pode provocar desânimo e depressão. Você pode horrorizar-se com o que vê e criar motivos para parar de procurar.

Pessoalmente, acho que a contemplação é mais poderosa do que a reflexão. Ela mexe com emoções e sensações, enquanto a reflexão tende a permanecer no plano intelectual. Alguns terapeutas alternativos gostam de dizer que é preciso chegar ao nível do corpo no qual estão alojadas nossas impressões mais profundas. A observação e o desapego dão resultado. Por outro lado, eu não conheço muitas pessoas que tenham a paciência de voltar ao mesmo foco dia após dia sem ficar entediadas ou desgastadas.

Meditação: busca um nível de consciência que não é condicionado. Ela conduz a mente agitada e confusa para um estado mais elevado, de clareza e serenidade. Esse processo é conhecido como *transcendência*. Incontáveis escolas de meditação originaram-se na Índia e na China antes de espalharem-se por todo o Oriente, mas elas trazem em comum a mesma noção de como a realidade atua. A realidade flui de estados mais sutis para estados cada vez mais densos. Primeiramente, há o silêncio e quietude, em seguida estão os elementos sutis da mente (pensamentos, emoções, sensações) e, finalmente, os objetos sólidos e o mundo material em si. Ao meditar, você se move em direção ascendente, por assim dizer, indo além do mundo material e em seguida para além da mente repleta de pensamentos, emoções e sensações para finalmente alcançar a quietude e o silêncio.

Essa jornada, no entanto, é mais que uma experiência subjetiva. Sentar-se em silêncio não seria nada mais vantajoso do que se sentar em meio a um turbilhão de pensamentos se ambos fossem estados meramente subjetivos. O que ocorre na verdade é que você transcende de um nível de realidade para outro. Cada nível contém diferentes tipos de energia e à medida que você absorve energia mais apurada, seu corpo adapta-se. Estudos em pessoas que meditam há muito tempo mostram que os indicadores de saúde são melhores, ou seja, são encontrados baixos índices de pressão sanguínea e menos hormônios do estresse. O corpo, porém, consegue adaptar-se a níveis bem mais profundos.

Se você acionar o gatilho mental no ponto certo, uma distorção de longa data instalada em sua energia pode desaparecer instantaneamente. Ao contrário da reflexão e da contemplação, o objetivo da meditação é encontrar o interruptor que desligará o comportamento automático criado por seu velho condicionamento. Não quero dizer com isso que a lucidez dá-se de uma hora para a outra. Meditar é um processo que toma tempo. O processo, porém, pode produzir uma mudança súbita da mesma forma que cavar um poço camada após camada de barro até que, em um certo momento, você encontra água clara e limpa. Conheci muita gente que teve essa experiência, inclusive um homem chamado David, agora contando com bem mais de 60 anos.

— Cresci detestando meu pai — começou ele. — A realização plena de meu ódio chegou cedo, quando eu tinha 9 anos. Era natal e mandaram-me descobrir qual lâmpada havia queimado na fileira de luzes que se apagara. Enquanto desatarraxava cada uma das lâmpadas para testá-las, acidentalmente, enfiei um dedo em um dos bocais. Tomei um choque que me jogou para trás. Nesse exato momento, toda a árvore iluminou-se por um segundo porque meu dedo fechara o circuito. Ainda assustado e caído ao chão, vi que meu pai ria. A visão da árvore acendendo tinha sido cômica para ele, como em uma cena de desenho animado. Naquele instante compreendi que ele não poderia importar-se menos comigo. Explodi em uma crise de choro, e meu pai franziu as sobrancelhas. "Você é o garoto mais velho da família", disse, "espero que comece a agir como um homem". Décadas mais tarde, fui convidado a visitar uma paranormal, e ela me disse de imediato que eu carregava essa velha energia de ódio dentro de mim. Ela disse: "Visualize seu relacionamento com seu pai. Não pense nisso intelectualmente. Relaxe e diga-me que imagem lhe vem à mente". Fechei os olhos e vi dois cavaleiros cobertos dos pés à cabeça por armaduras. Enfrentavam-se com lanças, implacável e violentamente, mas nenhum dos dois caía. Apenas continuavam combatendo. A paranormal disse que aqueles eram meu pai e eu, e que jamais me livraria do meu ódio até encontrar um jeito de dissolver aquela imagem.

— Você a levou a sério? — perguntei-lhe.

David dirigiu-me um sorriso estranho.

— Nunca consegui livrar-me da sensação de que meu pai era um miserável egoísta e sem coração. Ele magoara cada membro da família de uma forma ou de outra. Anos se passaram. Certo dia, uma namorada me levou a uma aula de meditação. Gostei. Ao fim de cada sessão, sentia-me mais relaxado e sereno por dentro. Um dia, então, meu pai me ligou de surpresa — ele estava beirando os 70 anos naquela época — e senti que o som de sua voz não me provocara nenhuma tensão. No dia seguinte, fiz minha meditação matinal e deitei-me no chão, conforme tinham me ensinado. O professor dizia que era necessário descansar para que a mente tivesse tempo de absorver a consciência mais profunda a que acabara de expor-se. Inesperadamente, vi a imagem dos dois cavaleiros outra vez, ainda enfrentando-se com suas lanças. Dessa vez uma voz surda perguntou-me se eu via algum motivo para encerrar o combate. Só um me veio à mente: estava ficando exausto. Aquela luta não levara a nada. Minha maldita lança era pesada! Acredite ou não, aquilo foi o suficiente.

— O que você quer dizer? — perguntei.

— A energia do ódio desapareceu. Apesar de sentir-me totalmente pleno de razão em detestar meu pai, deixei passar. Ou talvez ela tenha desprendido-se de mim. Um mês depois, tinha apenas uma vaga ideia de meu velho ódio. Passado um ano, fiz uma visita a meu antigo lar e cheguei a sorrir com sinceridade para meu pai. Pela primeira vez desde que era menino, consegui sentir-me sereno ao seu lado. Algumas vezes, para meu espanto, chego a sentir verdadeira afeição por ele. Fui curado de uma forma que jamais poderia imaginar.

A história de David aponta os prós e contras da meditação.

Do lado positivo, a meditação vai até o âmago. Ela transporta você da área do problema, que é energia estagnada, para a área da solução. Ela o liberta da obrigação de viver sob o peso de pensamentos e impulsos negativos. Ela dispensa esforço, dissolvendo silenciosamente velhos condicionamentos. O efeito global é abrangente — em vez de focar em uma questão de cada vez, a meditação conduz toda a mente para além dos problemas.

Não há obstáculos irreversíveis para a meditação, mas existem ciladas. A forma errada de meditação simplesmente não funciona. Ela pode oferecer uma alusão à transcendência — uma sensação temporária de paz e serenidade, momentos passageiros de silêncio, uma acomodação. Se estiver deprimido, a meditação pode jogá-lo ainda mais para dentro de si. O mesmo é verdade para pessoas introvertidas: elas podem recuar interiormente sem alcançar um nível mais profundo de consciência. O teste para saber se a meditação está funcionando ou não fundamenta-se na energia: se não estiver movendo energia velha, estagnada, a meditação não está sendo eficaz.

Os benefícios da meditação aparecem na habilidade da consciência para mudar a realidade. Agora sabemos por que isso é válido. A corrente de acontecimentos que termina no corpo começa pela consciência. Quando move-se a energia estagnada, o fluxo livre da consciência é restaurado, o que é suficiente para reconduzir o corpo a um estado saudável. Lembre-se, mesmo quando separamos os problemas em categorias como físicos, mentais, emocionais e por aí afora, a corrente de acontecimentos é a mesma. Dizer que alguém como David manteve a raiva no nível emocional seria por demais limitado. Ele a manteve no nível da energia, e o corpo adaptou-se, desde o cérebro com seus furiosos pensamentos até cada célula de seu corpo que respondia aos sinais do cérebro. Entre um e outro, consciência e energia são os agentes de cura mais poderosos da existência. Tendo isso em mente, aqui estão três meditações simples que podem orientá-lo no caminho da cura:

1. **Meditação sobre a respiração.** Sente-se calmamente de olhos fechados. Serenamente, fixe a atenção sobre a ponta do nariz. Inspire e expire normalmente e enquanto isso sinta o ar fluindo por suas narinas. Visualize sua respiração como uma nuvem tênue de um matiz dourado e pálido entrando e saindo por seu nariz. Sinta a energia suave sendo conduzida por sua respiração. Deixe que ela o relaxe e acalme sua mente mas com naturalidade, sem forçar coisa alguma. O processo se estenderá por si mesmo. Para ajudá-lo a evitar que a atenção se disperse, poderá emitir o som "huuuh" enquanto expira.

2. **Meditação sobre o coração.** Sentado calmamente, de olhos fechados, concentre a atenção sobre o coração. Não é necessário ser anatomicamente preciso. Simplesmente encontre um lugar no peito onde sua atenção possa ser direcionada com facilidade. Enquanto inspira e expira naturalmente, não desvie a atenção dali. Permita que todos os sentimentos e sensações apareçam e passem. Se a atenção escapar, traga-a serenamente de volta para o coração.

3. **Meditação sobre a luz.** Sentado calmamente, de olhos fechados, visualize uma luz branca e dourada, difusa, fluindo através de seu corpo. Veja a luz subindo dos seus pés e enchendo a linha da cintura. Observe-a subir pelo peito até atravessar-lhe a cabeça e continuar subindo até sumir de vista. Agora visualize essa mesma luz brilhante descendo de volta, entrando primeiro pelo topo da cabeça. Agora ela segue para o peito e cintura, saindo de seu corpo pelas solas dos pés. Uma vez obtendo o domínio dessa visualização, sincronize-a com a respiração. Ao inalar, comece lentamente com a luz entrando pelos pés e saindo pela cabeça. Ao exalar, imagine a luz entrando pela cabeça e percorrendo o corpo até sair pelos pés. Não force o ritmo. Respire lenta e naturalmente e em um estado relaxado enquanto executa a visualização.

Em sua vida: um tipo mais maleável de consciência

Certos exercícios com os olhos podem ensinar as pessoas a relaxar a visão por meio do "foco maleável." Em razão da energia doentia ser densa, rígida e estagnada, é útil aprender como adquirir "consciência maleável". Não me refiro a uma inebriante bem-aventurança, mas a um estado mental que é aberto, relaxado e receptivo. Nesse estado, você encontra a melhor oportunidade de fluir harmoniosamente com a vida em vez de levantar barreiras e criar resistência.

No que tange à visão, o foco denso é específico e particular. Você define um alvo, por assim dizer, e mantém um objeto na mira. O foco maleável amplia o campo de visão. Em vez de isolar uma árvore, você vê toda a floresta. Não sei se este enfoque, na verdade, aprimorará a visão de alguém, mas é bastante benéfico quando aplicado à mente. Uma mente de foco concentrado torna-se estreita e linear quando não consegue expandir-se. Somos todos culpados de seguir estreitas rotinas mentais, como um trem confinado a uma estreita linha de trilhos. Nós vivenciamos nossa mente com um pensamento de cada vez. O que perdemos com esse hábito é o verdadeiro entendimento, porque sua mente é muito mais que o desenrolar de um acontecimento após outro.

É ainda mais fútil tentar controlar a própria mente tratando um pensamento de cada vez. Não importa quantos anos você passa julgando seus pensamentos — rejeitando os que não gosta e censurando os que desaprova — sua mente continuará trazendo-os de volta. Na verdade, pensamentos negativos apresentam maiores possibilidades de retorno, como bem o sabe qualquer pessoa com culpa.

O foco maleável vê a mente como um todo. Você descortina o pensamento como em um imenso telão, aceitando o aparecimento de qualquer pensamento possível. Em vez de ser um problema, o fluxo interminável do pensamento torna-se o solo fértil da mudança. As comportas já não podem ser fechadas. E nem nós iríamos querer que isso acontecesse, porque a glória da mente é que ela jorra de mil fontes. Todo acontecimento mental é temporário: ele existe no momento e então desaparece. No entanto, por mais estranho que pareça, o momento presente está conectado à eternidade, porque o presente é a única partícula de tempo que constantemente se renova.

Você vê sua mente sob a perspectiva de foco denso ou maleável? Deixe-me oferecer-lhe algumas distinções práticas:

> **Foco denso**
>
> *Sua mente está sobrecarregada. É cansativo manter as coisas no lugar.*
>
> *Você sente uma forte aversão à culpa e pensamentos vergonhosos.*
>
> *Você varre as memórias ruins para bem longe dos olhos.*
>
> *Você desejaria ter mais controle sobre seus pensamentos.*
>
> *Você se repreende severamente quando comete um erro. Chama a si mesmo de idiota e estúpido.*
>
> *Você tem um conflito entre bons e maus impulsos.*
>
> *Imagens que você não quer ver surgem do nada, como que por vontade própria.*
>
> *Uma voz forte lhe diz se está sendo bom ou mau.*
>
> *Você nota que sempre se encontra em estado de vigilância para o caso de acontecer algo inesperado.*
>
> *Você sabe que Deus o observa, mas procura não pensar a respeito disso.*

Como pode ver, o foco denso presta-se a mais que um simples hábito da mente. É a qualidade da atenção que você dá a si próprio e ao mundo. O ato de observar nunca é neutro. Se sua atenção é cautelosa, hipervigilante a qualquer tipo de risco, preocupada com o que pode dar errado, a qualidade de sua atenção é doentia. (Isso me traz à lembrança a história da mulher que se consultava com o médico duas vezes por ano, sempre suspeitando que estava com câncer. Seus exames nada apresentaram durante 50 anos, mas eis que chegou o dia em que os testes revelaram que ela estava mesmo com câncer. "Vê?", disse ela ao médico em tom arrogante, "Eu bem que lhe disse!". Os médicos contam essa história para reforçar a tese de que os pacientes são teimosos, mas não consigo deixar de ficar intrigado com o estilo de vida que essa mulher levou ao longo daqueles 50 anos até que seu pior pesadelo finalmente se concretizasse.)

Uma outra qualidade da atenção apresenta-se mediante o foco maleável:

Foco maleável

Sua mente está serena e sem sobrecargas. É prazeroso estar em sua presença.

Você não se sente perseguido por culpa e pensamentos vergonhosos.

Suas memórias preenchem sua vivência. Você as aceita pelo que elas são.

Você não tenta controlar seus pensamentos. Quanto mais livremente aparecerem, melhor.

Quando comete um erro, você o aceita e rapidamente segue em frente. Nem todas as ideias são perfeitas ou brilhantes, e os erros são geralmente os melhores professores.

Há uma diferença entre bons e maus impulsos, mas você não se perturba com isso. Algumas vezes você tem uma inclinação secreta pelos chamados maus pensamentos, sabendo que eles são apenas uma outra parte de sua experiência.

Imagens mentais desagradáveis não o amedrontam ou aborrecem. Você consegue adaptar-se ao lado mais escuro da mente.

Você não se vê atormentado por uma voz julgadora dizendo-lhe que você é ruim e imprestável.

Você não será vítima de um desastre na próxima esquina.

Se Deus o está observando, ele aprova o que vê.

Cada um dos itens aqui expostos traduz uma nova maneira de abordar sua vida. Depois de conferir a lista, pode surpreender-se quanto ao número de aspectos do foco denso que aceitou como positivo. Espero que agora tenham deixado de sê-lo. No momento em que você vê que o foco maleável é uma forma muito mais saudável de relacionar-se com sua mente, fica bem mais fácil efetuar uma mudança positiva em sua vida. Afinal, o que você vê você pode curar; o que não vê continuará o mesmo.

Hábitos mentais são ardilosos. Atualmente não temos condições de provar que o foco denso prejudica diretamente o corpo enquanto que o foco maleável o cura. Mas porque o corpo é somente energia, e porque a energia é alterada pela consciência, o valor de ter uma consciência saudável fala por si. Nós atribuímos valores positivos às coisas pelas mais variadas razões, influenciados desde o nascimento por nossos pais, amigos, escola e a sociedade em geral. Sejam a favor ou contra, essas influências estreitam a mente ao impor seus valores e convicções. Se você fosse criado em um ambiente familiar onde fossem feitas distinções rígidas entre o que é certo ou errado, onde o hábito de julgar ocorresse espontaneamente, e perfeição, disciplina e autocontrole fossem exortados, toda e qualquer uma dessas influências acabaria internalizada com o tempo. Crianças não oferecem resistência na formação de suas mentes.

No nível social, estamos tão acostumados a perceber o mundo em termos de heróis e vilões, nós-contra-eles, vencedores e perdedores, que essas escabrosas divisões tornam-se hábitos da mente. É preciso uma mudança consciente que permita sair do foco denso para o foco maleável, o que também é uma forma poderosa de dissolver a energia grudada em hábitos rígidos.

RUPTURA Nº 4

VOCÊ PODE APRIMORAR SEUS GENES

Uma ruptura às vezes ocorre ao percebermos uma verdade simples oculta por trás de um emaranhado de complicações. Os genes são o que há de mais complicado no corpo. Entretanto existe uma verdade simples por trás deles, que é a seguinte: você pode modificar os seus genes e consequentemente pode também aprimorá-los. Você conversa com seus genes quando executa tarefas simples como comer e mover-se. Um estudo recente mostrou que pessoas que mudaram seu estilo de vida de forma significativa — alimentando-se melhor, exercitando-se mais e praticando meditação — produziram mudanças afetando cerca de 500 genes. As mudanças estimularam o novo estilo de vida que começou no decorrer de algumas semanas. Mas devíamos ter previsto que os genes não ficam sentados em um castelo remoto como silenciosos observadores. Até uma emoção forte pode ser suficiente para alterar um gene, porque emoções provocam alterações na química cerebral — as células do cérebro produzem novas substâncias químicas quando expostas à tristeza ou alegria, à segurança ou timidez, quando seus genes ordenam que façam. A parte aparentemente mais resistente do corpo torna-se espantosamente fluida e flexível. O código da vida é uma cachoeira de informações que nunca se esgota.

Os biólogos costumavam afirmar — e algumas pessoas ainda acreditam nisso — que nascíamos com um conjunto de genes fixos e imutáveis. Era o mesmo que dizer que nascemos com um par de mãos que são inalteráveis. De fato, se você for um pianista clássico e tiver um irmão gêmeo que se tornou pedreiro, suas mãos serão completamente diferentes em aparência, flexibilidade e habilidade. Tais diferenças se refletiriam em diferentes padrões cerebrais. Seu córtex motor é estruturado para tocar piano, o de seu irmão, para assentar tijolos. Gêmeos idênticos nascem com o mesmo conjunto de genes, entretanto ao se observar seus perfis genéticos na idade de 70 anos, os genes são totalmente diferentes.

O que mudou foi o conhecimento de que os genes nos afetam somente se estiverem ativos; eles não causam nenhum efeito quando ficam inativos. Gêmeos somente nascem idênticos; eles seguem pela vida tendo experiências únicas, situações que ativam certos genes e desativam outros. O corpo de cada pessoa é o produto final do processo de liga-desliga de toda uma vida. Com o passar do tempo, três possibilidades podem ocorrer:

> Um gene pode entrar e sair de atividade de acordo com um esquema fixo.
>
> Um gene pode ser estimulado ou não dependendo das experiências e do comportamento da pessoa.
>
> Um gene pode ser ativado e desativado como uma combinação das duas situações mencionadas acima.

Duas das três possibilidades deixam espaço para você escolher o que seus genes farão. Essa é uma boa notícia porque há décadas vínhamos acreditando que os genes eram fixos. Eles imprimem nossos traços hereditários e determinam o que acontece em nossos corpos. Quase não havia espaço para escolha. No entanto você não precisa ser um gêmeo para chegar aos 70 anos com um perfil genético único — isso acontece com todos nós. Você está trabalhando com as mesmas três possibilidades: seu comportamento não afetará determinados genes; exercerá forte influência sobre outros; e para a grande maioria deles, seu temperamento e os estímulos a que você se expõe têm uma importância crucial.

Quando as pessoas pensam em genes, o exemplo dos olhos azuis sempre vem à mente. Caso tenha herdado um gene específico, seus olhos serão azuis e se tiver um gene diferente, eles serão castanhos, verdes ou negros. Acontece que esta é a exceção, não a regra. Não existe um gene individual capaz de determinar a altura, por exemplo. As últimas pesquisas confirmam que mais de vinte genes atuam na definição da altura de uma pessoa (alguns especialistas chegam a prever uma quantidade de 100 genes) e mesmo quando analisados, esses genes não são capazes de apontar se um bebê terá, no futuro, uma estatura alta ou baixa. Existe uma correlação geral de que a altura da mãe tem influência sobre a do filho e a do pai sobre a da filha, mas todos nós já vimos crianças drasticamente mais altas ou mais baixas do que seus pais. Quando dois pais de baixa estatura têm um filho muito alto, ninguém consegue realmente explicar por quê. Os cientistas não conseguem nem mesmo decidir se os genes respondem por 90% da estatura — a antiga conclusão — ou por não mais que 30%.

Fatores externos também não são prognósticos confiáveis. Deveríamos supor que uma melhor alimentação torna a pessoa mais alta, porém, a geração mais nova das Filipinas está crescendo menos apesar de melhores condições econômicas. Deveríamos concluir que um grupo étnico de estatura alta continuaria crescendo mais e mais, mas os indianos nativos das planícies estavam entre os povos mais altos da terra quando os europeus chegaram à América e hoje não estão. Os americanos eram mais altos do que seus descendentes europeus ao longo dos séculos XVIII e XIX, mas, agora, os holandeses os ultrapassaram, além de outras nações escandinavas. A mudança pode ocorrer de forma rápida ou lenta. Os holandeses levaram 150 anos para se tornarem o povo mais alto do planeta; os japoneses aumentaram sua estatura desde o fim da Segunda Guerra Mundial. (No reino animal só havia 40 espécies de cães no mundo antes que uma mania de produzir novas raças varresse a Inglaterra no período vitoriano. Desde 1870, esse número saltou para 400.)

Algumas décadas atrás, pesquisadores médicos concluíram que o diabetes e algumas formas de anemia ocorriam nas famílias por meio da hereditariedade genética e passaram a se perguntar se o mesmo não seria verdade para outros distúrbios como depressão e esquizofrenia, que também parecem ocorrer em famílias. Cresceram as esperanças de que, ao final, todas as desordens, físicas e mentais, poderiam ser detectadas e curadas no nível genético. Pais poderiam se tranquilizar com o conhecimento de que algumas de suas inabilidades infantis não produziriam nenhum distúrbio mental em sua prole. Pessoas que sofrem de depressão, ansiedade, obesidade, além de uma série de outras queixas, poderiam parar de reclamar que as opções apresentadas para seu estilo de vida é que criam os problemas. A culpa era dos genes e os próprios genes viriam para o resgate.

Se mapear o DNA humano representava o Santo Graal, hoje existem mil santos graais — atribuindo-se um gene específico a cada transtorno específico. Notícias nos jornais invadem a mídia a respeito de um suposto gene da gordura ou um gene para o Alzheimer e talvez até um gene que faça as pessoas acreditarem em Deus, o "gene da fé". Nenhuma dessas matérias surtiu algum efeito. A teoria do gene único vem sendo rapidamente descartada, embora o público continue acreditando nela. Além do mais, nos últimos anos, foram mapeados os genomas de milhares de indivíduos e, para surpresa dos pesquisadores, constatou-se ao menos 3 milhões de diferenças na formação genética de uma pessoa para outra (um número enorme considerando-se que possuímos somente entre 20 e 30 mil genes, bem menos do que se supunha).

Os genes não seriam capazes de governar todos os outros fatores que fazem de você quem você é. Não foi só um gene que lhe deu o amor pela jardinagem, a mania de colecionar selos, um gosto pela música de Bach ou a imagem da pessoa por quem você se apaixonaria. O que aconteceria então se parássemos de olhar fisicamente para o DNA? Vamos trazer os genes para o campo da consciência e ver como eles respondem. O DNA é um banco de memória que guarda cada experiência do passado que nos torna humanos. Em vez de se deixar ser usado por essas memórias, você pode aprender a usá-las.

Seu DNA é tão físico quanto qualquer outra parte do seu corpo; ele é feito de energia, e você pode modificar seus padrões de energia por meio de uma mudança de consciência. Você nasceu com algumas predisposições que determinam como seu corpo reage. Entretanto, quando injeta seus próprios desejos, hábitos e intenções, um traço fixo torna-se muito maleável — um desejo mínimo é suficiente para afetar o DNA. Quão irônico é verificar que os dois elementos que a medicina considerava fixos, o cérebro e o DNA, aparecem como as chaves para a reinvenção do corpo.

A história de Mariel

A pergunta principal não é se você pode aprimorar seus genes, mas até onde pode levar o processo. Os genes se interpõem ao curso da mudança somente porque aceitamos que eles exercem poder sobre nós. Apesar disso, há pessoas que conseguem sobrepujar seus genes. Mariel, uma moça de seus 30 anos, nasceu com um problema congênito na vista que não podia ser corrigido por cirurgia.

— Eu cresci sabendo que minha visão iria desaparecer quando crescesse — disse. — Com o decorrer dos anos, eu me deparava com o desafio de estar constantemente ajustando-me a novas limitações. Na época em que saí da escola para entrar na faculdade, letras pequenas eram muito difíceis de ler.

Certo dia Mariel foi até a biblioteca e descobriu que haviam trocado o catálogo de consultas por um sistema eletrônico de microfichas.

— Foi frustrante não ter conseguido ler as letras minúsculas na tela. Num impulso, dei meia-volta e segui direto até as prateleiras. Entrei na sala onde estava o livro que queria. Lá dentro, pensei em pedir ajuda mas como não havia ninguém, escolhi um volume aleatoriamente e aconteceu de ser o livro que estava procurando.

Na época, Mariel considerou o fato como uma coincidência, ainda que extraordinária. Mas com o tempo, um certo padrão começou a se revelar.

— Descobri que podia ver sem usar os olhos. Conseguia reaver objetos perdidos como chaves ou uma carteira sem ter de procurar em cima ou embaixo. No início achava que estava só voltando atrás em pensamento, como faz a maioria das pessoas quando perde alguma coisa. Mas um dia, quando cheguei em casa vindo de um restaurante, descobri que meu talão de cheques tinha sumido. Antes mesmo que pudesse pensar onde poderia tê-lo perdido uma imagem apareceu em minha mente mostrando um talão jogado em um canto do estacionamento do restaurante. Tinha caído de minha carteira quando puxei as chaves do carro. Voltei ao restaurante e o talão estava exatamente no local que tinha visualizado.

Mariel passou a confiar em sua recém-descoberta segunda visão.

— Se estiver redigindo algum documento e quiser inserir uma menção específica, tudo o que preciso fazer é folhear o livro de referência e a página com a passagem que preciso aparece na minha frente. Isso não acontece sempre, mas parece funcionar quando mais preciso.

— Qual é sua explicação para isso? — perguntei.

— Era tentador pensar que existia uma conexão especial entre mim e Deus — disse ela. — Foi então que li um artigo escrito por um neurologista sobre pessoas que tinham perdido a visão subitamente, geralmente em acidentes. Algumas simplesmente se conformam com a cegueira, mas outras conseguem se adaptar de maneiras surpreendentes. Um homem se dedicou à construção de telhados. Ele se especializou em telhados extremamente complexos de múltiplas arestas e abas íngremes. Preferia trabalhar à noite para consternação de muitos vizinhos. Eram telhados que mesmo uma pessoa de visão normal hesitaria para subir em plena luz do dia. Outra pessoa de que me recordo desenvolveu uma habilidade para desenhar complicadas caixas de engrenagens cujos complexos mecanismos ele via somente com o olho da mente. Ele não possuía essa habilidade antes que um inesperado vazamento de ácido o tivesse atingido nos olhos, deixando-o cego. Só depois descobriu que tinha essa extraordinária habilidade.

Os genes de cada pessoa escondem um potencial secreto. Basta tomarmos o trabalho do falecido médico mexicano, Dr. Paul Bach-y-Rita, alvo de escárnio 30 anos atrás, quando sugeriu que o cérebro era capaz de executar uma "substituição sensorial". Isso significa que uma pessoa cega poderia aprender a "ver", por exemplo, substituindo-se o sentido do tato pelo sentido da visão. Braille já tinha nos deixado uma pista de que algo anterior a essa audaciosa ideia era possível, mas o Dr. Bach-y-Rita foi muito mais longe. Perto da morte, aos 72 anos, ele havia desenvolvido um mecanismo chamado "Brain Port", um pequeno dispositivo em forma de pá que se ajusta à língua. Empregando-se um grid de 600 pontos elétricos ligados a uma câmera, o *brain port* pode enviar uma foto para a língua de qualquer coisa que a câmera capture. Essa foto consiste de impulsos elétricos enviados a receptores sensoriais do tato. Com a prática, o cérebro da pessoa cega realmente "vê" a imagem.

A evidência não é somente caricatural. Imagens de ressonância magnética mostraram que o córtex visual de uma pessoa cega se acende quando sinais são enviados à língua. Em um programa recente na televisão aberta, foram apresentados pacientes cegos atirando bolas de tênis em latas de lixo a 7 metros de distância e passeando por um caminho sinuoso sem sair da trilha. A substituição sensorial, porém, vai mais além. Uma mulher que tinha perdido o senso de equilíbrio devido a um efeito colateral provocado por um antibiótico não podia ser tratada por meio de drogas ou cirurgia porque o labirinto e todo o sistema vestibular em seu ouvido interno tinham sido severamente atingidos. Treinando com o *brain port*, que comunicava à sua língua quando ela estava de pé ou quando não estava, a mulher conseguiu recuperar o equilíbrio. Algo ainda mais formidável aconteceu. Quando a mulher retirou o dispositivo *brain port* que lhe permitia manter o equilíbrio, este não desapareceu de imediato. Uma hora de treino assegurava uma hora de equilíbrio depois do término. À medida que progredia, um dia de treino garantia um dia de equilíbrio sem o dispositivo até que finalmente, para espanto dos pesquisadores, ela foi capaz de caminhar e andar de bicicleta dispensando inteiramente o uso do *brain port*.

O sistema vestibular do cérebro é extremamente complexo e, mesmo assim, uma grande parte, senão todo ele, encontrou um substituto noutro lugar, em alguma região do cérebro nunca antes destinada à função do equilíbrio. Não só o Dr. Bach-y-Rita provou sua tese de que o cérebro é mais flexível do que comumente se supunha, mas seu estudo sugere também que o cérebro é muito mais criativo. Como pode um órgão que em sua maior parte é formado de água, governado inteiramente por impulsos eletroquímicos, saber que uma pessoa precisa de uma nova maneira de sentir que, até onde sabemos, não é necessária à evolução humana?

Sementes da mudança

O potencial oculto do cérebro obedece ao potencial oculto dos genes. Uma célula cerebral é incapaz de um novo movimento a menos que seu DNA envie novos sinais químicos. Em vez de acabar enroscado em química orgânica, que de qualquer maneira jamais irá transcender o nível físico, você tem de entender que está falando com seus genes o tempo todo. Para cada traço de característica fixa, como olho, cabelo e cor da pele, um incontável número de genes está tecendo um complexo padrão de respostas aos seguintes fatores:

› Como você pensa.
› Como você sente.
› Como você age.
› No que você acredita.
› O que você espera.
› As ameaças que você teme.
› Os objetos de seus desejos.
› As decisões que você toma quanto a seu estilo de vida.
› Os relacionamentos em que você foca.
› Seu ambiente imediato.
› Seus hábitos e preferências.

No nível mais básico, escolhas do estilo de vida têm consequências genéticas. Para melhorias na qualidade de vida, a adoção de hábitos saudáveis, como dietas vegetarianas, Hatha Yoga, meditação e apoio psicossocial, tem sido considerada boa medida preventiva. Agora parece que, com essa mudança no estilo de vida, consegue-se estacionar e até mesmo reverter doenças sérias — distúrbios do coração, diabete, pressão alta, câncer de próstata, obesidade, colesterol alto e outras condições crônicas mostram sinais promissores nessa área. Apenas recentemente as pesquisas atingiram o nível genético para explicar tais mudanças benéficas. Verificou-se que centenas de genes podem estar modificando a própria expressão em um espaço de poucos meses após o paciente mudar o estilo de vida em um sentido positivo. Genes associados ao câncer, doenças cardíacas e inflamações foram recondicionados ou "desligados".

Neste momento você está realizando todos os tipos de escolhas que, juntas, tecem os padrões peculiares, imprevisíveis e criativos de sua vida. Seus genes se importam com isso? Enquanto acontece, sim, e muito. É sabido que as taxas de mortalidade crescem significativamente após o Natal, por exemplo, e o mesmo ocorre depois do aniversário de pessoas com enfermidades terminais. A conclusão é que quando uma pessoa está morrendo, ela consegue adiar a hora de sua morte até depois do dia em que quer viver para ver. (Sei de um homem que estava morrendo lentamente por causa de um câncer no cérebro e que faleceu quando um curandeiro sioux foi trazido até seu leito de morte para realizar uma determinada cerimônia e libertar o espírito do corpo, para que pudesse então alcançar a outra vida.)

É como se um desejo bastasse para dizer ao seu corpo o que fazer. Seria suficiente com os genes também? Influenciar um gene era tido como impossível mas a situação é rapidamente reversível. Pesquisadores genéticos trabalhando com camundongos verificaram que os filhotes de mães atenciosas tornavam-se adultos mais saudáveis do que os filhotes de mães desleixadas. Uma boa mãe lambe e limpa a prole quase todo o tempo e permanece fisicamente perto deles. Uma mãe ruim é desatenciosa no trato da prole e perambula afastada deles. Como resultado, sua prole cresce mais suscetível ao estresse. Sentem-se amedrontados mais facilmente e também demonstram menos curiosidade acerca do mundo e menos vontade de explorá-lo.

Isoladamente, essa descoberta nada tem de dramática. Já foi mostrado há muito tempo que macacos filhotes impedidos de se agarrar às mães e serem alimentados por elas cresceram emocionalmente perturbados (talvez você tenha visto as comoventes fotos de filhotes de macacos da Índia agarrando-se a uma tosca imitação feita de arame de uma mãe macaca). A parte radical da experiência com os ratos foi quando se constatou que as fêmeas filhotes de mães desleixadas também se tornavam mães desleixadas. Omitiam-se de cuidar da própria prole e procuravam ficar afastadas. Em outras palavras, os filhotes das mães negligentes não adquiriram novos genes, contudo, adquiriram novo comportamento. De repente, aquele primeiro homem ancestral que decidiu ficar de pé para avistar o horizonte longínquo pode não estar amarrado aos genes. Ele pode ter transmitido o novo comportamento a seus filhos sem esperar a passagem de incontáveis milênios para uma nova mutação. Mas como?

A resposta se encontra em um obscuro nível químico conhecido como *epigenes*. Cada fio de DNA está enrolado em uma solução de complexas proteínas — a epigene —, que, de alguma forma, tem a capacidade de ligar ou desligar um gene. Quando a epigene é estimulada por algo que você faz ou sente, ela não criará um novo DNA — sua herança genética permanece a mesma que era no dia de seu nascimento. Mas seu comportamento pode mudar drasticamente. Portanto, quando uma mãe camundongo relapsa desvirtua o desenvolvimento normal de seu filhote, o que conta é que o DNA do filhote é ativado para a começar a se comportar mal, chegando por fim a transmitir o mesmo comportamento ruim às futuras gerações. Citei um exemplo negativo embora muitas implicações positivas abram-se se soubermos como ligar e desligar os genes. A terapia do gene se mostrou um fracasso no tratamento do câncer, por exemplo, mas as epigenes podem trazer a solução. Porque terapia de gene tenta reposicionar ou modificar os genes com os quais você nasceu, o corpo se rebela, produzindo muitos efeitos colaterais indesejáveis. Por outro lado, se a epigene pode comunicar ao seu DNA que impeça um tumor de crescer, ou de paralisá-lo depois que ele aparece, o câncer poderia ser detido simplesmente fazendo-se um pedido à célula para que se comporte de maneira diferente.

Se ligar e desligar um gene é a forma mais natural de produzir mudança, de que forma assumimos o controle do interruptor? Mudanças no estilo de vida são um bom começo, mas talvez tenhamos ainda maior controle direto com o interruptor, só que ele está escondido. No caso do câncer, existem milhares de casos documentados em que tumores de malignidade avançada desapareceram sem tratamento. Essas remissões espontâneas, como são conhecidas, acabaram por criar uma vasta mitologia. Basta o mais leve rumor de que alguma erva, ou mistura, ou terapia com cores e cristais, ou ritual religioso, oração, intervenção miraculosa tenha salvo uma vida, que os pacientes terminais de câncer procuram desesperadamente os mesmos caminhos. O vencedor do Prêmio Nobel, Linus Pauling, estava convencido de que megadoses de vitamina C tinham curado um pequeno grupo de pacientes de câncer em estado terminal. Transfusões de sangue completas e a chamada purificação do sangue são oferecidas ilicitamente no México. Por serem vistos como tratamentos alternativos, existe um imenso número de terapias cujas ações permanecem totalmente desconhecidas e não provadas.

O que sabemos atualmente é que em casos raros um fator x pode fazer com que tumores retrocedam sem nenhum motivo conhecido. Pode acontecer até mesmo sem tratamento algum: simplesmente nasce uma certeza em alguns pacientes de que irão se recuperar, e esta certeza é confirmada. É o mesmo princípio contido em curas por meio da fé, quando a cura é atribuída a um poder superior invisível e nada físico. O que aproxima esses dois enfoques tremendamente díspares (depois de eliminar fraudes e falsos rumores) é o poder da consciência de acionar um gene supressor de tumor.

Acabamos presos a um dilema. Qualquer esperança que traga resultados não pode ser considerada falsa. Por outro lado, tratar todas as terapias alternativas como "exploração da esperança alheia" seria injusto. Pode haver uma combinação imprevisível de substância e espírito em ação na qual os valores e a esperança subjetiva do paciente permitam que a terapia funcione. O desafio é básico: de que forma você assume efetivamente o controle de seus genes?

Entrando e saindo de sintonia

Todos nós provocamos modificações em nossos genes, mas torna-se uma habilidade especial fazê-lo conscientemente. Não estamos sintonizados com o nível de nossos corpos que tem a capacidade de ativar e desativar genes. Acontece, porém, que esse nível de consciência é acessível. Não se pode chegar lá para atingir um gene diretamente, mas também não há necessidade disso. Você só precisa sintonizar. Tirar seu corpo de sintonia é o único grande dano que você pode causar. Sem um canal claro de comunicação, você não pode esperar que suas células respondam a seus desejos e intenções. "Sair de sintonia" é quebrar a atenção, descuidar do corpo e ignorar seus sinais. Como tudo o mais, há diferentes graus de ausência de sintonia. Dependendo do quão desconectado você está, seu corpo responderá com reações progressivamente mais severas: *ausência de prazer, vitalidade reduzida, desconforto, apatia* e *dor*.

Passar de um estágio a outro pode levar anos, porém um trauma inesperado como um acidente de carro ou alguma doença séria pode reduzir a consciência corporal rápida e dramaticamente. Quando alguém próximo a nós morre, e mergulhamos no sofrimento, por exemplo, todo o espectro está presente: a comida já não tem um bom sabor (ausência de prazer); ficamos indiferentes e cansados (vitalidade reduzida); o corpo fica pesado e o sono não vem facilmente (desconforto); sensações como calor e frio não são percebidas e os arredores familiares parecem desconhecidos e estranhos (apatia); dores no corpo aparecem e desaparecem aleatoriamente (dor). Também ocorrem consequências mentais e geralmente uma pessoa deprimida, apática e vazia por dentro não percebe que está seriamente desconectada do próprio corpo.

Aqui temos uma lista que traduz como é tipicamente estar fora de sintonia. Depois que acabar de lê-la, pergunte a si mesmo quantos itens aplicam-se a sua personalidade.

> *Você se sente distante do seu corpo e do que ele está dizendo.*
> *Você acha difícil sentir prazer físico.*
> *Você compara desfavoravelmente seu corpo em relação aos de outras pessoas ou com algum ideal do corpo "perfeito".*
> *Você se sente feio ou sem valor no corpo que tem.*
> *Você fica triste ao imaginar a forma de seu corpo.*
> *Ser tocado causa-lhe desconforto.*
> *Você tende a interpretar mal a tentativa de aproximação física de outra pessoa como agressiva ou no mínimo alarmante.*
> *Conectar-se com alguém por intimidade física não é uma opção.*
> *Você se sente desajeitado e sem coordenação.*
> *Você só gostava de seu corpo quando era jovem.*
> *Pelo aspecto físico, você não se considera suficientemente masculino ou feminina.*
> *Às vezes parece que seu corpo não lhe pertence.*

Essas atitudes negativas variam de leves a severas. De qualquer forma, seu corpo percebe sempre quando está sendo ignorado ou julgado desfavoravelmente. Para uma grande parte das pessoas, ignorar o corpo acabou tornando-se normal. Expor o corpo ao estresse excessivo raramente desperta alguma preocupação. Afinal, não assumimos que a vida moderna tornou-se estressante para além de nosso controle individual? Caso estivesse realmente sintonizado com seu corpo, sentiria o desconforto antes dele chamar-lhe a atenção. Sintonizar-se é o mesmo que ficar mais consciente. Quanto mais consciente você for, mais sensitivo fica em relação a seu corpo, e vice-versa.

Observadas simbolicamente, todas as desordens são casos em que o corpo se torna um estranho, um inimigo, um aliado vencido ou uma vítima falida. Para impedir que essas metáforas tornem-se realidade, você precisa reassegurar a seu corpo que cuidará dele, que o ouvirá quando ele falar.

Em sua vida: sintonizando-se

Uma vez sintonizado com ele, seu corpo passa a ter uma capacidade espantosa para autocorrigir-se. Para iniciar esse processo, você precisa se sentir confortável em seu corpo. É preciso que haja uma conexão básica que não esteja bloqueada por culpa, vergonha e desconforto. Se você responder ao questionário que se segue, verá em que ponto o trabalho de reconexão começa para você, pessoalmente.

Você se sente em casa no seu corpo?

A lista abaixo cobre as situações de desconforto mais comuns que as pessoas reclamam no que se refere a seus corpos. Assinale seu nível de conforto para cada item, de acordo com os seguintes critérios:

A - Agradável

I - Indiferente

D - Desconfortável

C - Completamente evitado

.... Usar um revelador traje de banho.

.... Usar roupas que combinam.

.... Olhar-se em um espelho de corpo inteiro.

.... Experimentar roupas em uma loja.

.... Dançar.

.... Praticar esportes coletivos.

.... Abraçar.

.... Aconchegar-se.

.... Sexo de luzes acesas.

.... Ser olhado em público.

.... Descrever como você se parece fisicamente.

.... Flertar fisicamente.

.... Preocupar-se com seu peso.

.... Ser casualmente tocado por um amigo ou conhecido.

.... Ouvir outros referindo-se a você fisicamente.

.... Ficar sentado calmamente, principalmente em público.

.... Tentar vencer desafios físicos (caminhadas, corridas, saltar lances de escada etc.).

.... Ser visto nu por seu cônjuge ou amante.

.... Se despir na academia.

.... Aparecer em fotos.

.... Pensar em ser tocado fisicamente.

.... Comprar um sutiã ou outros trajes íntimos.

Este não é um tipo de teste para você marcar seus pontos; é um registro de dados para retomar o contato com seu corpo. Pegue um item que você tenha marcado como "desconfortável" e trace um plano para superá-lo. Este plano começa com consciência. Imagine-se na situação desconfortável. Use uma imagem específica que projete seu desconforto de forma que possa senti-lo emocionalmente e, se possível, até fisicamente.

Fique com essa energia. Simplesmente sintonizando-se com ela, você está dando o primeiro passo rumo a uma nova consciência corporal. Procure não ficar tenso ou congelado. Respire normalmente; relaxe seu corpo. Se a imagem tiver a ver com despir-se na academia, visualize a si mesmo lá, de pé, no vestiário, mas em vez de sentir todos os olhares caindo sobre você, crie uma mudança. Veja as pessoas olharem para outro lugar e não prestarem a mínima atenção. Repita esse novo cenário diversas vezes. Sinta-os de olhos grudados em você, deixando-o embaraçado, depois faça com que se virem. Com a repetição do processo, sua energia acerca desse assunto começará a se dissipar.

Agora prossiga para um outro aspecto da lista, como ir tirando a roupa até você ficar nu. Use o mesmo processo anterior. Sinta a si próprio passando pelo constrangimento e, em seguida, mude o cenário. Dessa vez mantenha-se indiferente ao fato de estar nu. Talvez você esteja batendo papo com algum amigo ou passando um creme na perna. Talvez alguém passe sem notá-lo. Talvez alguém chegue até você enquanto está se despindo e peça-lhe para ajudá-lo em alguma coisa. A questão é montar um ambiente de calma e tranquilidade para a situação embaraçosa. Aqui também, repita o processo mental, como repassar a cena de um filme diversas vezes.

O objetivo final desse exercício é mudar sua consciência, permitindo que se abra um canal de comunicação mais claro com o corpo. Se você estiver excessivamente desconectado de seu corpo, esse exercício poderá parecer bastante assustador. Se for assim, em vez de começar por um item classificado como "Desconfortável", comece por algum "Indiferente". Por fim, você estará em condições de dar todos os passos até sintonizar-se:

1. Descongelar energia estagnada por meio de visualização.
2. Intervir em uma situação em que antes você se sentia desconfortável.
3. Ficar indiferente a uma situação até não se importar mais com ela.
4. Sentir-se inteiramente confortável.
5. Apreciar e buscar a situação antes evitada.

Você não estará sintonizado(a) até que chegue ao fim do processo. Tenha sempre em mente que cada estágio de cura se processa em estado consciente. Você não causará nenhum bem a si mesmo saindo estabanadamente para comprar um biquíni ou deixando que alguém a toque intimamente antes de sentir-se mental e emocionalmente à vontade. Continue praticando o controle das sensações apresentadas por seu corpo. Esteja com elas. Examine-as. Se continuar voltando em breves visitas à sua zona de desconforto, seu corpo começará a responder. Confie nele, não force demais e procure não ter pressa.

Para completar, exponha-se aos confortos de sensações físicas que você sempre ignorou. Dê uma espiada nos itens que marcou como "Agradável" e alimente seu corpo com sensações positivas. Recorde-se de que seu corpo é a junção entre o mundo visível e o invisível. As experiências mais gratificantes — de amor, calor, beleza, união — ligam esses mundos. Eles têm um componente que seu corpo entende e um componente que sua mente entende. Deixe que os dois se mesclem em um. O processo de sintonia estará, então, completado.

RUPTURA Nº 5

O TEMPO NÃO É SEU INIMIGO

Quando uma ruptura ocorre com força suficiente, ela pode subverter a ordem natural das coisas. Toda a questão do tempo enquadra-se nessa categoria. Existe alguma coisa mais poderosa do que o tempo? Ele rege o ciclo de nascimento e morte. Ele segue para a frente inexoravelmente. Ele traz o envelhecimento e o declínio. Consequentemente, a liberação definitiva para seu corpo seria superar os efeitos do tempo. Fazendo isso, você conquistaria a maior imperfeição do corpo, que é o fato de ele entrar em colapso por causa dos efeitos negativos da passagem do tempo.

Nesta ruptura, você verá que o tempo não é seu inimigo. Podemos decidir parar de ceder ao tempo como se ele fosse o regente de nossas vidas. Existem sinais de que isso já está acontecendo. A geração atual inventou a "melhor idade", que está sempre empurrando o pacote biológico para a frente. No ano de 2005, a romena Adriana Ielescu tornou-se, aos 67 anos de idade, a mulher mais velha de que já se teve notícia a dar à luz uma menina saudável por meio da fertilização *in vitro*. O acontecimento despertou sentimentos inquietantes e foi motivo de protestos ao redor do mundo, mas a atitude de Ielescu é típica de uma rápida mudança de valores.

— Só lamento não possuir, para minha filha, a aparência de uma mulher jovem — disse ela. — Sempre me espanto quando olho no espelho. Há tanta diferença entre o que sinto e o que vejo.

Ielescu desfez o estereótipo da maternidade como sendo prerrogativa da juventude, pedindo a seu corpo que se adequasse ao seu estado de espírito, e dessa forma, estava conscientemente alargando os limites do envelhecimento.

— Um pouco de esporte, um pouco de atividade física e uma vida intelectual ativa tornam o corpo mais jovem, porque existem hormônios gerados no cérebro que o fazem sentir-se melhor — disse ela aos repórteres.

Para se reformular a agenda do corpo é preciso mudar as atitudes. No passado, a idade avançada era temida, e com razão, porque cidadãos mais velhos eram postos de lado. Com a mudança de atitude e, graças a uma saúde melhor, maior expectativa de vida e aumento do nível demográfico, as pessoas ampliaram a perspectiva de conservar o vigor, a lucidez e a capacidade de permanecer úteis para bem além dos 65 anos. Uma pesquisa recente revelou que mais da metade dos americanos considera a marca dos 70 anos como uma meia-idade avançada e que a velhice propriamente dita não começa antes dos 80. O homem mais velho que já conseguiu terminar a maratona de Londres está agora com 101 anos, continuando a mostrar-nos o que é possível a qualquer um.

Apesar de tudo, desacelerar o processo de envelhecimento não é o mesmo que solucionar o problema do tempo. Por que, afinal, aceitamos a desolação imposta pelo tempo? Pode o pior inimigo do corpo transformar-se em seu aliado?

Evolução ou erosão?

A questão fundamental sobre o tempo resume-se a uma coisa: o corpo evolui e sofre uma erosão simultânea. Ambas são forças invisíveis contínuas. A forma mais certeira de escapar das garras do tempo é continuar evoluindo, e a boa notícia é que algumas vezes a evolução é estimulante. Passamos a sentir-nos expansivos, otimistas, determinados e ansiosos por descobrir coisas novas. Com esse ânimo, passamos a ter todo o tempo do mundo. Podemos esquecer o tempo e viver como se ele não existisse (como fazem os amantes, ou pessoas totalmente absorvidas no trabalho ou em um jogo). Em outras épocas a entropia tornou-se dominante. Agora, não encontramos tempo para resolver coisas importantes e o tempo disponível nos consome. Aborrecidos ou deprimidos, sentimos nossas vidas perdendo a cinética. À medida que nossos corpos equilibram evolução e entropia, as duas faces do tempo combatem silenciosamente por supremacia. A "melhor idade" prova que a erosão pode ser repelida por meio de valores e atitudes. Não há necessidade de promover quaisquer valores que promovam entropia. É muito melhor assumir, conforme já concluímos, que a consciência pode modificar qualquer padrão de energia à vontade.

Embora familiares, ambas as forças são misteriosas. Apesar do consenso sobre a aceitação da teoria da evolução, de Darwin, pela comunidade científica, ninguém sabe por que ou como a natureza produz súbitas e criativas transições. Você jamais suspeitaria, examinando os fósseis dos menores dinossauros que se arrastaram no subsolo, enquanto sua imensa parentela sacudia o planeta, que esses seriam os últimos sobreviventes do desastre que varreu dinossauros gigantes da face da terra. Teria ainda menos condições de perceber na pele escamosa, alguma possibilidade para o desenvolvimento de cabelo, lã ou penas. Mas sem essa possibilidade oculta, mamíferos e pássaros não poderiam ter evoluído.

A evolução não avisa qual será seu próximo salto criativo. Isso é especialmente verdadeiro em seres humanos. Nossos ancestrais da Idade da Pedra não tinham nenhuma habilidade com matemática (é discutido se o homem de Neanderthal sabia contar; alguns aborígenes australianos ainda usam um sistema de "um, dois e muitos" como única forma de aritmética), mesmo assim, oculto em seu córtex cerebral, estava uma inacreditável capacidade para cálculos avançados. E a memória comum, que parece bem limitada, também pode expandir ao comando da vontade. Com a prática, você e eu podemos memorizar cada palavra da Bíblia, e alguns poucos indivíduos são dotados de memória fotográfica absoluta, sendo capazes de reviver cada momento de suas vidas.

Também não existem indicações de que a memória tenha algum limite evolutivo. Ela poderia continuar se perpetuando indefinidamente. O cérebro humano parece já preparado para isso. Um caso peculiar foi o de uma mulher de 30 e poucos anos chamada Jill Price, que desenvolveu uma forma de lembrança total quase que da noite para o dia, com a idade de 14 anos. Ela narra como um lado de sua mente participa da realidade diária enquanto o outro projeta um filme detalhado de qualquer dia que ela queira recordar. Ela se lembra não só do que fez naquele dia como também da comida que foi à mesa da família e das notícias dos jornais; se ouvir alguns compassos da música de abertura de um seriado da TV, ela se lembra instantaneamente do programa em questão e do *dia em que ouviu a música*. Ela pode citar os temas de seriados que foram retirados do ar depois de poucas apresentações.

Esse dom único é, ao mesmo tempo, um fardo único. As lembranças de Jill Price retornam com toda a carga emocional correspondente. Ligeiramente acima do peso, ela se lembra pesarosamente de todas as vezes em que a mãe criticou sua aparência. O título de sua autobiografia chega a ser pungente: *A mulher que não consegue esquecer*. Os assaltos de lembrança total eram um fenômeno fora de controle para Jill, mas ela nos reconduz à vastidão do potencial humano. (Se todas as crianças pequenas fossem habituadas a treinar a memória, seríamos nós capazes de avançar para uma sociedade com lembrança total?)

A entropia parece menos misteriosa, ao menos superficialmente. É simplesmente uma tendência da natureza dispersar energia e ficar menos organizada com o passar do tempo. Uma refeição quente esfria se você a deixar encostada; o universo inteiro se esfria ao se expandir em todas as direções, difundindo o calor original gerado pelo Big Bang. Mas a vida em si manifesta-se em oposição a esse princípio aparentemente inflexível: tudo o que é vivo acumula energia e torna-se cada vez mais complexo. Por que então a natureza simplesmente não se acalma? Não existia uma necessidade real para que o universo primordial construísse o DNA, que aprisiona bilhões de partículas de energia ao longo de uma espiral dupla e ganha mais energia à medida que você come e digere os alimentos.

A vida representa uma capacidade cósmica de manipular tanto o tempo quanto a energia. Enquanto estiver absorvendo mais energia do que expelindo, você estará freando o tempo. O tempo só acaba quando a energia acaba. Imagine um pedaço de lenha na lareira que leva uma hora para queimar. Essa hora representa quanta energia há disponível antes que o calor se dissipe. O DNA torna a energia disponível para sempre — ou quase isso, há pelo menos 2 bilhões de anos. O DNA funciona como se fosse imortal. A entropia não é banida; ela ainda pressiona seus genes induzindo-os a um colapso, mas a vida persiste, de qualquer forma, e continua evoluindo. Aos olhos de um físico, seu corpo é uma ilha de "entropia negativa", porque desde o momento em que está vivo, ele recusa-se a acalmar-se. Uma célula privada de alimento e água começa a deteriorar-se depois de dois ou três segundos; o cérebro privado de oxigênio por mais de 10 minutos começa a morrer. Essas, porém, não são ameaças desde que seu corpo saiba como lidar com o tempo.

Agora é você quem deve decidir — evoluir ou declinar — porque a opção de ficar esperando não está disponível. Se você ficar sentado em uma cadeira e parar de usar os músculos, eles atrofiarão; o mesmo acontece se parar de usar o cérebro. A escolha óbvia é optar pela evolução, porque assim você pode crescer em novas e surpreendentes áreas, proporcionando ao seu corpo uma agenda que o tempo não pode desfazer.

Controlar o tempo

O domínio sobre o tempo já está inserido em você. Seu corpo obedece a ritmos diversos, todos em andamentos diferentes. Quando era um bebê, os ossos de seu crânio fundiram-se em uma velocidade incrivelmente lenta se comparada ao furacão de novas conexões que o cérebro criava aos milhões, a cada minuto. As células imunes de sua mãe, que eram sua única proteção contra doenças quando você nasceu, já estavam morrendo à medida que você criava seus próprios anticorpos. Seus órgãos sexuais estavam essencialmente adormecidos; dentes adultos eram as menores das sementes. Essa dança complicada era controlada pelo DNA, originalmente contido em uma única célula, aquele primeiro óvulo fertilizado. Você não desenvolveu um DNA rápido para seu cérebro e um DNA lento para o crânio. O mesmo código genético, de alguma forma, coordena acontecimentos que duram desde milésimos de segundo (a queima de um neurônio, a absorção de oxigênio por um glóbulo vermelho) até anos (perder os dentes de leite, desenvolver um sistema imunológico) e décadas (raciocínio maduro, cabelos grisalhos, menopausa).

Tudo isso serve para nos mostrar que o corpo está longe de ser uma espécie de vítima do tempo; pelo contrário, ele conduz o tempo em seu benefício. Entretanto, uma vez que você força sobre o corpo medos e concepções negativas acerca do tempo, o problema surge. Vamos começar pela simples convicção de nunca termos tempo suficiente. É essa convicção, que cria os prazos finais, como uma linha de chegada. Se não cruzar a linha, você perde. O corpo faz a parte dele no jogo. Se você percebe estar correndo para cruzar a linha de chegada, seus batimentos cardíacos dispararão, os vasos sanguíneos se contrairão e sua mente se acelerará para manter o ritmo de tudo o que você precisa fazer. Tudo isso são alterações dos ritmos corporais e consequentemente quebras do aprimorado mecanismo de controle de tempo do seu corpo. O mais nocivo, porém, é você tratar o tempo como adversário.

Existem muitas outras maneiras pelas quais isso acontece. Como foi visto, pesquisas sobre o estresse revelaram que uma de suas principais causas é a incerteza. Se você colocar um rato sobre uma placa de metal e aplicar-

-lhe choques elétricos inofensivos em intervalos regulares, o rato não ficará feliz, mas acabará por fim ajustando-se. Entretanto, se os mesmos choques inofensivos forem administrados em intervalos aleatórios, o rato chega a um grau de exaustão que pode levá-lo à morte em questão de dias. Já que a vida é imprevisível, adaptação é um desafio primordial.

Ironicamente, são os incidentes que provocam o desgaste do corpo. Quando você pensa em combater o envelhecimento no nível físico — por meio de exercícios, dietas, vitaminas, antioxidantes, perda de peso, cosméticos e cirurgia plástica —, evita o nível invisível que tem uma importância muito maior. Seja o que for que venha a quebrar o ritmo de seu corpo, provocará envelhecimento. A culpa não é do tempo em si. Veja os fatores invisíveis que causam os maiores estragos:

Imprevisibilidade. Acontecimentos aleatórios desorganizam seus ritmos corporais.

Desordem, confusão. Um colapso de ordem externa acarreta em uma desordem interna.

Acidentes. Erros em sua vida conduzem a erros em seu corpo.

Trauma, doença. Quando ferido, seu corpo perde a noção do tempo.

Violência. Quando atacado, o ritmo de seu corpo fica abalado.

Caos. Quando todo o senso de ordem é destruído, seu corpo fica totalmente incapaz de controlar o tempo.

Listei esses fatores causadores de estragos do menos para o mais prejudicial porque é assim que seu corpo lida com eles. O corpo consegue adaptar-se à imprevisibilidade com mais facilidade do que à desordem, e a esta com maior facilidade do que a acidentes. Repare como as opções diárias influenciam o ritmo de seu corpo.

Imprevisibilidade: Optar por manter horários irregulares, trabalhar em turnos à noite, ir dormir em horários diferentes, comer fora de hora, alterar drasticamente a quantidade da comida: todas essas opções são conhecidas por desarticular os ritmos metabólicos básicos do corpo. Os ritmos do corpo precisam estar saudáveis porque são eles que dão sincronismo à sua vida — cada célula interagindo com todas as demais. Quanto mais irregular for o seu estilo de vida, mais difícil fica para essa delicada e complexa coordenação existir. Para corrigir é necessário retomar as horas regulares de trabalho, das refeições e do sono. Na maioria dos casos, só isso já é suficiente para que você se recomponha.

Desordem, confusão: optar pela procrastinação, dúvida, indecisão, falta de organização, impulsividade, falta de higiene, sujeira, falta de propósito, inquietação, alienação: todos esses fatores criam um estado de desordem externa contra o qual o corpo precisa lutar e vencer. O cérebro envia sinais confusos sobre o que fazer e assim as células ficam sem uma direção clara. O interior está sempre unido ao exterior e pôr ordem em sua vida exterior influencia de forma benéfica sua vida interior. O mesmo é verdade para o reverso: vencendo a confusão interior e a desordem, você poderá começar também a colocar seus afazeres externos em ordem.

Acidentes: optar por ser negligente, distraído, indisciplinado, disperso, autodestrutivo: apesar de alguns acidentes estarem além de nosso controle, a maioria acontece devido a uma falha na atenção, que é uma escolha. Suas células trabalham com o hábito de nunca esquecerem; elas devem funcionar com precisão, milhares de vezes por segundo. Se sua atenção para ocorrências externas titubeia e se dispersa, não se pode esperar tampouco que o cérebro mantenha o corpo em perfeita ordem de funcionamento.

Trauma, doença: optar por enfrentar riscos desnecessários e perigos, jogar com sua segurança, expor o corpo à ameaça física e à infecção, recusando-se a dar atenção à cura: a crença de que a doença surge aleatoriamente já não condiz com a verdade. Você expõe seu corpo ao trauma e à doença ignorando conhecidas diretrizes de prevenção e manutenção de uma vida saudável. No nível mais sutil, seu sistema imunológico recebe as sugestões enviadas pelo cérebro, o que implica em um grande controle de decisão sobre quando você está doente ou quando não está. Na ocorrência de um trauma sério, a parte atingida fica impossibilitada de coordenar as atividades com o resto do corpo. A perda de um componente retira a coordenação rítmica em todo o corpo até que a cura reponha o sistema em sincronia.

Violência: optar por ficar fora de controle, ter acessos de raiva e fúria, recusar-se a entender sua hostilidade oculta, procurar vingança, viver com ressentimentos. Qualquer erupção de violência provoca uma reação extrema de seu corpo, atingindo cada célula com um alerta máximo. Adrenalina e outros hormônios relacionados com briga são liberados; esses são chamados *catabólicos*, significando que rompem o tecido com a finalidade de liberar energia. Enquanto esse colapso ocorre no nível físico, o controle do tempo também entra em colapso — a súbita intromissão do alarme corta as comunicações normais. Emergências são tremendamente chocantes na vida exterior, e sua vida interior reflete esse choque.

Caos: optando por viver na desordem total da guerra, crime, violência doméstica, indigência, passar dos limites social ou mentalmente: nesse ponto extremo, a vida fica caótica, e os desastres da vida exterior são vivenciados pelo corpo. Quando você já não consegue mais lutar, seu cérebro fica drasticamente desorganizado. Os sinais enviados ao corpo são tão desordenados que os processos mais básicos do organismo, como o sono, a digestão, o metabolismo e a capacidade de cura, ficam seriamente comprometidos. Pequenos surtos de caos são quase tão destrutivos como viver permanentemente no caos. Em ambos os casos, o corpo corre o risco de ficar tão desequilibrado que não consegue voltar ao funcionamento normal por conta própria.

Felizmente, você também tem como fazer certas escolhas que previnem a erosão. Em outras palavras, você pode ressintonizar o corpo para que ele retome seu intricado controle sobre o tempo. Começando pelo passo mais fácil, você constrói uma base para que depois fique mais viável tomar decisões difíceis.

Tornando o tempo seu aliado

Mantenha regularidade, coma e durma em horários regulares.

Evite mudanças drásticas de dieta e atividades.

Monte um ambiente de trabalho bem-arrumado. Reduza as distrações.

Descanse calmamente uma ou duas vezes durante o dia para manter a sintonia do corpo.

Afaste-se de situações estressantes, antes cedo do que tarde.

> *Vá com calma; não se apresse.*
>
> *Tome decisões quando elas surgirem. Evite procrastinar ou desviar a atenção.*
>
> *Preste atenção naquilo que está diretamente à sua frente. Foque em uma coisa de cada vez.*
>
> *Não execute várias tarefas simultaneamente. Dividir a atenção gera confusão e enfraquece o foco.*
>
> *Evite a tentação de lançar-se em situações de alto risco.*
>
> *Permaneça em sua zona de conforto.*
>
> *Ponha sua casa e suas finanças em ordem.*
>
> *Cuide da ansiedade oculta.*
>
> *Libere sua raiva oculta. Aprenda a fazer isso sem perder o controle ou machucar outras pessoas.*
>
> *Renuncie à violência em pensamento e palavra.*
>
> *Torne-se mais adaptável emocionalmente.*
>
> *Elimine influências caóticas no trabalho e em seus relacionamentos primários.*
>
> *Viva como se tivesse todo o tempo do mundo.*

O último objetivo, viver como se tivesse todo o tempo do mundo, é imortalidade funcional. É assim que cada célula do seu corpo já está vivendo. A imortalidade vem naturalmente; render-se ao tempo é o que exige esforço. No momento, me vem à mente um terapeuta que conheço cujos pacientes pareciam ter as vidas fora de controle. Ele os surpreendia, dizendo, "Vão para casa e limpem-nas. Façam a cama todas as manhãs. Não fiquem a semana inteira evitando o café da manhã. Saiam para o trabalho 15 minutos antes. Depois voltem aqui, e poderemos discutir o que os está aborrecendo". Ele queria ver se os pacientes eram capazes de cuidar das coisas simples que tumultuam nossa consciência antes de entrar em questões psicológicas mais profundas. Mesmo uma mudança aparentemente pequena pode recompor o corpo. É por isso que trabalhamos até com as mais devastadoras situações — trauma, violência e caos — começando pelas mais simples.

Se seu corpo é capaz de funcionar obedecendo a dezenas de ritmos variados executados ao mesmo tempo, todos interligados e em perfeita sincronia, vem-nos a pergunta: onde reside o mantenedor principal do tempo? Isso implica na existência de um lugar insensível ao tempo, como sentar-se em um banco de areia para observar o movimento constante de um rio. Esse lugar deve estar situado fora da esfera temporal, o que significa que de algum modo seu corpo sabe o que é ser atemporal. A imortalidade funcional nasce aqui, na consciência de que o tempo não pode nos tocar.

A história de Andrea

Se seu corpo é até certo ponto atemporal, você deveria ter condições de experimentar esse estado. É um erro acreditar que apenas um punhado de místicos, aqueles fervorosamente devotados a encontrar Deus, experimentam a atemporalidade. De fato, experimentar o atemporal acontece espontaneamente com qualquer tipo de pessoa, geralmente quando ela menos espera. No meio de alguma atividade comum, ela subitamente sai do tempo normal. Isso aconteceu com Andrea, uma mulher de 30 e poucos anos, quando fazia um curso de pós-graduação em São Francisco.

— Estava vivendo o fim de um relacionamento e então, inesperadamente, fiquei grávida. Meu namorado era totalmente ausente; vivia correndo atrás de empregos de meio expediente tentando terminar sua tese de doutorado. Eu tinha 26 anos e já podia ver todo o futuro à minha frente — relembra Andrea. Meus pais tinham uma moral rígida e por isso estava completamente só quando interrompi a gravidez. Todo o procedimento foi muito frio e sem julgamentos, mas voltei para casa em lágrimas. Estava tão abalada que tudo o que conseguia fazer era ficar deitada no quarto com a cara enfiada no travesseiro. Estava experimentando o que chamam de ansiedade progressiva — minha mente era um redemoinho de imagens com todas as horríveis opções em que minha vida poderia transformar-se. Devo ter adormecido porque, ao acordar, senti o aroma de gerânio-limão. Estava um pouco grogue, mas conhecia bem aquele aroma. Tinha comprado um ramo pequeno de gerânio-limão na mercearia e o enfiei no peitoril da janela da cozinha. Como poderia estar sentindo aquele cheiro em meu quarto, com a porta fechada e àquela distância? Antes que pudesse encontrar uma resposta, uma onda de paz penetrou em mim, como que trazida pelo aroma, e uma voz em um canto de minha consciência me pediu calma. Naquele momento, minha mente silenciou. Não havia mais pensamentos, só uma quietude morta por dentro.

— Estaria o silêncio realmente morto? — perguntei-lhe. — Alguma coisa continua acontecendo, certo?

Andrea concordou.

— "Morto" é a palavra errada. Era um silêncio vibrante, se é que isso faz algum sentido. Chegava quase a brilhar. Depois de alguns momentos essa ressonância dissipou-se e só ficou uma quietude ainda mais profunda. Senti-me incrivelmente segura e amparada, se essa é a palavra certa, como se tivesse chegado ao andar térreo da mente. Do lado de fora da janela, ouvi crianças passando, rindo de alguma coisa. Instantaneamente, transportei-me para dentro do som. Foi esquisito, mas as risadas não estavam fora de minha cabeça — elas vinham de dentro. Não havia nenhuma separação; também senti-me envolvida pela inocência das crianças e seu jeito despreocupado. Esse sentimento durou apenas um minuto antes de sumir no vazio, mas representa um marco inicial em minha vida!

— Em que sentido? — perguntei.

— Em todos os sentidos, creio eu. Nunca mais fui a mesma. Cheguei a um estado que considerava inalcançável. Já ouvi a respeito de pessoas que tiveram experiências de quase-morte e quando retornaram, perderam o medo de morrer. Algumas vezes passam a não ter medo de coisa alguma. Eu experimentei essa mesma mudança.

— Mas você não morreu — lembrei-lhe.

— Verdade — prosseguiu Andrea. — Mas veja o quanto o silêncio e a quietude são sagrados em todas as culturas. "Fique em silêncio e saiba que eu sou Deus", diz a Bíblia. Não sei se contatei Deus, mas havia algo indescritível em minha experiência. Tive a sensação de perder todos os limites, mas em vez de desintegrar, sentia-me mais real. Minha vida não se tornou um mar de rosas desde então. Não é isso que me refiro. Só que o mundo exterior já não me assedia tanto quanto antes. Até hoje, depois de vários anos passados, posso voltar e sentir a paz que irradia quando você sabe que é parte de tudo e tudo é parte de você.

Quando um momento como esse acontece, parece que saímos do carrossel do tempo. Mas como isso acontece? A resposta fundamental é a de que todos nós escapamos ao tempo regularmente. Os átomos que compõem nossos corpos pulsam para dentro e para fora do universo físico milhares de vezes por segundo. Algumas vezes uma partícula que desaparece em um lugar reaparece em outro. Ou envia um sinal para outra partícula a anos-luz de distância (ela pode dizer à segunda partícula em que direção girar, por exemplo), e a mensagem atravessa bilhões de quilômetros em um instante, muito além da velocidade da luz.

Por mais estranho que esse comportamento possa parecer, são essas partículas que compõem o seu corpo, o que significa que um aspecto fundamental de você tem bastante familiaridade com o atemporal. Para tornar menos exótico, imagine a cor vermelha. Depois de visualizá-la com o olho da mente, faça uma simples pergunta: "Onde está esse vermelho?". Não existem células que ficam vermelhas quando você pensa na cor vermelha, tampouco você vai a algum lugar especial, um banco de cores, no qual o vermelho fica arquivado. A vermelhidão (ou qualquer outro matiz) existe em um local misterioso que parece situar-se fora do espaço e tempo convencionais. Você pode buscar qualquer cor instantaneamente com o olho da mente sempre que quiser porque não existe uma distância a cobrir ou tempo de espera. O mesmo é verdade para que as bilhões de células em seu corpo estejam coordenadas mutuamente. Não existe um relógio central marcando o ritmo em algum lugar de seu cérebro — sabemos disso porque o cérebro rege centenas de ritmos diferentes pulsando ao mesmo tempo. O cérebro sintoniza um ponto limítrofe ao atemporal. Por encontrar-se ancorado ali, onde os átomos começaram a vibrar pela primeira vez definindo o ritmo de todo o universo, seu cérebro encontrou o único lugar de onde o tempo pode ser manipulado. Por mais estranho que esse conceito possa parecer à mente racional, que depende das horas para atravessar o dia, o atemporal é um local familiar a suas células. Elas trabalham como se fossem imortais, simplesmente porque fazem uso do atemporal a cada segundo. Nosso desafio é adotar a imortalidade funcional como modo de vida fundamental. Para conseguir isso, precisamos despertar a conexão entre o temporal e o atemporal, o que é conhecido como a alma.

Em sua vida: de volta ao fluxo

Se você aceitar que o tempo nunca foi seu inimigo, então, escapar às ruínas do tempo torna-se possível. Foi sua mente que deu início ao problema; é seu corpo que irá tirá-lo do problema. A mente reparte a vida em nítidas fatias — dias, semanas, meses, anos — na esperança de acumular tantas quanto possível, mas sempre temendo o fim que virá inevitavelmente. Seu corpo, ao contrário, vive no momento, e cada momento mescla-se ao próximo em um fluxo contínuo.

O colapso desse fluxo é que é o seu verdadeiro inimigo. Quando o fluxo entra em colapso, ocorre o seguinte: a energia é desperdiçada, a comunicação no interior do corpo é cortada, fendas aparecem na inteligência do corpo. Essas ocorrências são invisíveis, porém reais. Entretanto, aprendendo a restaurar o fluxo, seu corpo torna-se plenamente capacitado a reparar o estrago causado. Ele naturalmente voltará a um estado de equilíbrio dinâmico. Nesse ponto, todo o processo de envelhecimento chega a um fim.

Ninguém pode esperar que o processo do envelhecimento seja interrompido de uma hora para a outra. Mas você pode experimentar começando agora. Seu objetivo é alinhar a mente com uma nova maneira de ser. Vimos a importância da meditação quanto a esse aspecto. A meditação expõe seu cérebro a um estado de atividade menos intenso e por meio de uma exposição repetida, o cérebro adapta-se a essa quietude e silêncio. Contudo, existe ainda o problema da vida cotidiana, que nos empurra para aquele velho conceito de que o tempo está se esgotando. Se quer aproveitar todo o tempo do mundo, pode começar a treinar por meio dos simples exercícios que se seguem:

1. *Acalme seu diálogo interno.* Essa é uma forma simples de entrar em contato com a quietude que é a fonte da consciência. Sente-se serenamente de olhos fechados. Deixe a respiração estabilizar; concentre a atenção no centro do peito. Enquanto inspira, deixe sua consciência firmar no som *"sou"*, e expire com o som *"hum"*. Sinta a leveza do ar entrando em seu corpo, transportando suavemente o som; sinta o ar deixando seu corpo com a mesma leveza. *"Sou-hum, Sou-hum".* (Este é um antigo mantra indiano mas você pode substituí-lo por *Eu sou*, ou *Amém*, ou *Om*, que o resultado será o mesmo.)

   Prossiga por 10 ou 20 minutos. Essa meditação simples libera a mente de seu incessante palavrório. Três coisas são capazes de distraí-lo: ruídos externos, sensações em seu corpo e pensamentos distrativos. Ao perceber alguma delas, apenas retorne calmamente a respirar sob o som *Sou-hum*. Não se preocupe em manter nenhum ritmo; não tente hipnotizar-se; esse é um exercício para permitir que a mente encontre seu silêncio natural e seu foco sem esforço.

2. ***Descarregue a tensão.*** A consciência, assim como a água, deve correr livremente, sem interrupção. Quando a consciência estanca, cria-se uma tensão no corpo. Cãimbras, dores e enrijecimento muscular são os sintomas mais comuns, porém, em um nível mais profundo, seu corpo está armazenando a memória de um antigo estresse. A ioga é uma das melhores maneiras de liberar essas memórias corporais. Mesmo assim, o corpo de cada pessoa possui um mecanismo natural para descarregar tensão, e você pode tirar vantagem disso imediatamente.

À noite, quando for dormir, deite-se de costas sem o travesseiro; abra seus braços e pernas para os lados. Inspire lenta e profundamente e solte o ar pela boca em um suspiro, tão livre e naturalmente quanto seu corpo desejar. Alguns suspiros poderão ser rápidos, quase ofegantes; outros tão profundos como um choro. Você poderá sentir uma espécie de alívio, tristeza, pesar, iluminação ou qualquer outra emoção. Esteja consciente das emoções à medida que elas aparecem; você não está unicamente liberando tensão física, está, ao mesmo tempo, acessando memórias corporais. A descarga natural de tensão junta pensamentos, sentimentos e sensações, portanto livre-se delas de uma só vez. Não ultrapasse 10 minutos para esse exercício porque ele pode ser intenso; durma, se achar que o corpo pede. Isso também faz parte do processo de retirada da carga.

3. ***A luz purificadora.*** Quando você está no fluxo, há um sentimento peculiar associado a ele: luz, abertura, frescor. Quando você está nesse clima, a negatividade e resistência são delicadamente expulsas. Uma forma de auxiliar a esse processo de purificação é trazer luz aos pontos escuros que procuram esconder-se, onde a consciência encontra maior dificuldade para atingir. Visualizar a luz interior é o mais próximo que se pode chegar da consciência em seu estado puro; a coisa real é invisível, por isso quando dizemos que alguém está radiante de vida, estamos nos referindo ao íntimo relacionamento entre energia vital e consciência.

Sente-se ou deite-se, preferivelmente quando não estiver cansado a ponto de cair no sono. Direcione sua visão para o interior, ou seja, sinta seu corpo de dentro para fora. Visualize uma torrente de luz dourada esbranquiçada derramando-se como cascata sobre seu corpo, entrando pelo topo da cabeça e descendo vagarosamente até preencher o peito e os braços, seguindo então até o abdômen para dividir-se e fluir por ambas as pernas. Veja a luz dourada esbranquiçada sair por seus pés e penetrar na terra.

Agora, veja a luz voltando pelo seu corpo, só que dessa vez ela é azul. Veja a luz azul começar por seus pés e vagarosamente ir preenchendo seu corpo até sair pelo topo da cabeça – veja-a formar um feixe de laser subindo o mais alto possível, para dentro do espaço e além.

O ciclo completo deve durar por volta de um minuto. Repita dez vezes.

Uma variação simples é sentar-se relaxadamente e inspirar a luz, depois expirá-la bem devagar. Você pode alternar entre as luzes azul e dourada esbranquiçada, mas termine enchendo o corpo com a luz dourada, vendo-a derramar-se por toda parte, estendendo-se para além de você como uma aura dourada. Peça para ficar envolto nessa luz pelo resto do dia.

4. **Encontrando o tom.** O som pode ser uma ferramenta poderosa para remover energia estagnada. Sensações físicas e emoções estão ligadas ao som. Tristeza dá origem ao choro, alegria, ao riso. Essas são as "assinaturas sonoras" de uma energia básica, e se você consegue encontrar a assinatura, pode conectar-se com a energia. Energias velhas, estagnadas, são mais fáceis de serem localizadas dessa forma do que tentando lembrar-se de quando e onde alguma coisa aconteceu.

Aqui está um exercício que usa o som para localizar e liberar energia oculta:

Sente-se ou deite-se, de preferência em um local isolado onde se sinta à vontade para fazer barulho. Inspire devagar e profundamente, sentindo o ar chegar abaixo do diafragma e dentro do abdômen, mas sem forçar; apenas acompanhe o ato da respiração.

Ao expirar, emita um som grave. Procure mantê-lo estável e contínuo — comece com notas baixas se isso ajudar, mas mantenha a boca aberta. Deixe a nota soar pelo maior tempo que puder até a respiração extinguir-se. Visualize esse som subindo por seu abdômen e saindo pela boca. *Om* é um tom eficaz, mas você não está querendo cantar ou entoar. O que quer é trazer à tona seus estresses profundos. O segredo aqui é deixar o corpo criar o tom que ele quiser.

Criar uma tonalidade exige prática. Você precisa fazer duas coisas ao mesmo tempo: criar um tom e manter a consciência em seu corpo. Não se preocupe tanto com o tom em si. Deixe que surja naturalmente. Um bom exemplo é o suspiro profundo. Quando você suspira e emite algum som ao mesmo tempo, um gemido ou um lamento, por exemplo, os dois combinam-se. Você sente quanto alívio físico o suspiro proporciona emitindo ao mesmo tempo um som natural, inconsciente.

Com a prática, você pode localizar muitas assinaturas sonoras ligadas a sentimentos reprimidos e experiências enterradas. Seu corpo sabe se quer liberar um lamento, um gemido, uma reclamação, um berro, um grito agudo ou um choro. Em vez de irromper todos de uma vez, o que poderia acabar sendo bastante dissonante, você pode produzir um som longo que proporcione uma liberação mais amortecida. Por exemplo, um som grave, de lamento, repercute por toda a região abdominal inferior. Um *iiii* agudo atinge a cabeça. Experimentando, você logo descobrirá qual tom combina com determinada energia. Não há limite para a criação de tons, desde que você tenha adquirido a habilidade de deixar seu corpo descarregar tensão permitindo a energia estagnada desvanecer-se serena e continuamente por meio de um som.

REANIMAR SUA ALMA

A ALMA É SEU CORPO ESPIRITUAL

Ser dono de uma alma pode ser o que há de mais útil em sua vida. Entretanto, utilidade não tem sido o maior atributo da alma. Ouvimos dizer que a alma é nossa conexão com Deus, mas, assim como Deus, ela é invisível e permanece bem distante dos afazeres diários. Sua alma o mantém com saúde? Ela o ajuda a tomar decisões ou resolver uma crise? Temos sempre nos referido à alma com reverência, em um tom de voz que não usaríamos para falar de nosso carro. Na verdade, porém, as pessoas são muito mais reverentes com seus automóveis do que com a própria alma.

A alma não possui uma função porque ninguém conseguiu defini-la com sucesso. Ninguém espera que todas as religiões do mundo concordem entre si. Talvez os budistas estejam mais certos ao adotarem um enfoque completamente prático — eles dispensam a alma de forma geral sob o argumento de que se não pode ser definida, a alma não é real. Essa opinião, porém, não satisfaz as milhões de pessoas que acreditam possuir uma alma. (Afinal, sabemos que possuímos uma mente embora também não haja dois filósofos que concordem sobre uma definição a respeito dela.) Podemos reanimar a alma de seu estado entorpecido invertendo o processo: em vez de primeiro definir a alma para depois questionar o que ela faz, por que não buscar primeiramente a necessidade que a alma preenche para depois vir a se preocupar com uma definição estrita?

A principal coisa que sua alma faz já foi mencionada: ela o conecta com Deus. De certo modo, ela é como um transformador de saída. A eletricidade enviada por meio dos cabos de alta-tensão é milhares de vezes mais poderosa do que a energia que utiliza em sua casa; ela queimaria todos os circuitos em um piscar de olhos. Da mesma forma, o poder espiritual de Deus não pode vibrar diretamente dentro de nós sem queimar nossos circuitos. Ele precisa ser diminuído e adaptado à vida humana. A alma existe para executar essa função.

Entendo que esse conceito esteja subordinado à existência de Deus, mas isso não é necessário. Sem precisar recorrer a qualquer crença religiosa, sabemos que o universo contém quantidades praticamente infinitas de energia, e com tudo isso, a natureza encontrou um meio de diminuir o calor da estrela mais próxima, que queima a milhões de graus Celsius, para dar condições de vida a nosso planeta. Ela diminuiu a força da gravidade — que é tão condensada no coração de um buraco negro que tempo e espaço são sugados para fora da existência — ao ponto de exercer força apenas suficiente para sustentar o corpo humano. Finalmente, o mesmo eletromagnetismo contido na força de um raio — responsável pelas explosões que fustigaram a superfície da Terra milhões de vezes por dia durante a infância do planeta — foi reduzido a minúsculas faíscas elétricas emitidas por células cerebrais, tão fracas que são necessários instrumentos extremamente precisos para captá-las. (O potencial elétrico total do cérebro é equivalente ao de uma lâmpada de 60 watts mas essa carga é subdividida entre 100 bilhões de neurônios, dando a cada célula cerebral um potencial infinitesimal, medido em microvolts.)

Se forças físicas do universo têm de ser diminuídas tão dramaticamente para atuarem em escala humana, é possível conceber Deus como uma força universal que também precisa ser diminuída. "Força", porém, é um termo materialista. Quando pensamos em Deus usamos termos como *amor, compaixão, verdade, inteligência* e *criatividade*. Apesar do grau de discordância, cada tradição espiritual enxerga essas qualidades em uma escala de zero ao infinito. Objetos inertes não exibem amor ou compaixão; não possuem inteligência visível. Esse é o zero extremo da escala. Seres humanos são intensamente impregnados de amor, compaixão e inteligência e, olhando ao redor, acreditamos que essas qualidades estão presentes em outras criaturas vivas. Essa é a região central da escala. A seguir projetamos uma realidade superior em que o amor e a compaixão tornam-se incondicionais, em que a inteligência é tão extensa que pode percorrer o universo, e a criatividade pode trazer o universo à existência. Esse é o mais alto grau da escala e também o mais controverso.

A ciência não reconhece a realidade superior porque quando o foco é direcionado para além do cérebro humano, uma região invisível aparece. Você consegue ver um neurônio e por isso afirmar que a inteligência começa por ali, mas desde que um neurônio é composto somente por átomos, como exatamente um átomo adquire inteligência? Sem mencionar os aspectos da mente que mais apreciamos: amor, compaixão, verdade e todas as outras qualidades que dão sentido à vida.

A alma serve para nos ajudar a vencer os muros do materialismo, mas surpreendentemente, ao mesmo tempo, ela nos ajuda a ir além da fé exigida pela religião. O muro erigido pela ciência é que tudo tem de ser material; o obstáculo colocado pela religião é que se deve acreditar em forças invisíveis sem que nunca se tenha uma prova direta de que elas existem. A alma conduz nossa compreensão até um ponto em que ela permaneça útil, mas não cegamente confiante na fé. Como veremos adiante, a alma pode ser mapeada, apesar de invisível. O corpo humano apresenta-se como um complexo sistema de energia e consciência, e a alma pode ser definida como uma versão ainda mais sutil desses dois ingredientes. Funcionando como seu corpo espiritual, a alma gera e organiza a energia do amor, a energia da compaixão, a consciência da verdade, a consciência da criatividade e da inteligência. Sob esse aspecto, ela preenche necessidades que são tão básicas quanto as do corpo físico por alimento e oxigênio.

Um mapa detalhado da alma seria no mínimo tão complexo quanto o de um cérebro humano. Entretanto, aqui está um mapa bem mais simples e que nos será de extrema utilidade.

DEUS = energia *infinita*, amor, criatividade, inteligência

ALMA = *diminuição* da energia, amor, criatividade, inteligência

MENTE/CORPO = *nível humano* de energia, amor, criatividade, inteligência

Uma rápida olhada nesse diagrama nos sugere uma excitante possibilidade: a alma é capaz de trazer mais de Deus para a esfera humana. Para milhões de pessoas, o amor infinito de Deus foi diminuído ao extremo. Eles experimentam apenas uma fração do amor que poderiam, e mesmo esse amor aparece e desaparece; algumas vezes esse amor enfraquece a tal ponto que suas vidas parecem não ter amor algum. O mesmo é verdade quanto à inteligência e à criatividade. Milhões de pessoas vivem o dia a dia dentro da mesma rotina, dentro do mesmo condicionamento do passado, conservando as mesmas reações preestabelecidas. Também não existe razão para acreditar que as qualidades infinitas de Deus devam ser tão diminuídas ao alcançarem o nível humano. Olhando a nosso redor, temos incontáveis exemplos de pessoas que possuem — e utilizam — enormes reservas de amor, criatividade e inteligência. A mera existência de um São Francisco, um Einstein ou um Leonardo da Vinci indica que o potencial humano é capaz de atingir patamares espantosos. Por que e como suas almas se adequaram de tal forma que pudessem manifestar tanto potencial — um arroubo de gênio — enquanto que para outras pessoas essa assimilação parece render quase nada?

A resposta está no nível da alma. Assim como a doença física pode ser rastreada até os padrões de energia distorcidos em um nível sutil do corpo, qualquer limitação da mente pode ser rastreada até as distorções de energia, só que esse nível é ainda mais sutil, o nível da alma. Não que queiramos isolar a alma. A energia do corpo está associada à mente, e uma vez que descobrimos por que nossos pensamentos, crenças, desejos e aspirações não estão sendo preenchidos, remover esses obstáculos ajudará a liberar ainda mais o corpo.

Pessoalmente falando, sinto um grande alívio emocional quando a alma assume um aspecto prático da vida. "Quem sou eu e por que estou aqui?". As duas indagações caminham juntas. Para respondê-las, a religião diz: "Você é um filho de Deus e está aqui para refletir a glória de Deus". A ciência diz: "Você é um complexo aglomerado de moléculas e está aqui para fazer o que essas moléculas ditam". Ambas as respostas produziram tanto transtorno e penúria quanto conformidade.

A visão religiosa é perturbadora, porque parece otimista na superfície, mas profundamente pessimista em essência. O que poderia ser mais otimista do que ver a si próprio como filho de Deus? Você é parte de um plano divino que se estende até os primórdios da criação. À medida que esse plano se desdobra (ao menos segundo o cristianismo ocidental), ele redime cada alma que ama a Deus. Formando a base desse esquema, no entanto, existe um pessimismo obscuro, porque Deus pode nos odiar por nossos pecados e mesmo quando nos esforçamos para não desobedecer nenhum mandamento divino, nós, involuntariamente, cometemos erros. Pior, o plano divino parece oferecer

Reinventando o Corpo, Reanimando a Alma

espaço para uma imensa dose de dor e sofrimento que Deus ou não pode ou não quer evitar. Nosso propósito na vida fica limitado a conjecturas e anseios desesperados para não cairmos em desgraça. Quem pode encontrar a luz quando o caminho está às escuras? Talvez o plano seja conhecido somente por Deus.

A outra resposta pronta, proposta pela ciência, é perturbadora pelo motivo oposto. É pessimista na superfície, mas otimista o bastante por baixo para que não percamos a esperança. A ciência nega que a vida tenha algum propósito. A existência está limitada por leis inflexíveis (gravidade, entropia, as forças fracas) de um lado, e pelo acaso, do outro. Os aspectos mais apreciados da vida, como o amor e a beleza, são reduzidos a faíscas químicas que ocorrem no cérebro aleatoriamente. Comportamentos mais valorosos, como autossacrifício e altruísmo, são tratados como mutações genéticas sem outro propósito que não a sobrevivência. Tomada ao pé da letra, ninguém escolheria viver com uma concepção do mundo tão estática e sem sentido, mas a ciência consegue abrandar essa fria perspectiva permeando-a com um inabalável otimismo e crença no progresso. Se aprendemos mais, dia após dia, se a tecnologia torna a vida menos complicada a cada invenção, o pessimismo da ciência pode ser ignorado. Você pode ligar seu iPod se o vácuo começar a tornar-se intolerável.

Um caminho claro para sua alma encontra-se à disposição, mas assim como fizemos a respeito do corpo, é preciso assumir uma maneira absolutamente nova de pensar. Precisamos adotar um novo conjunto de rupturas, cada uma enraizada em uma nova realidade que não esteja limitada pelo materialismo deficiente da ciência ou pelo falho idealismo da religião. Você tem vontade de ser mais amoroso e criativo, feliz e sábio? Algumas pessoas tornam-se mais amorosas à medida que suas vidas se desenrolam, mas a outras acontece o contrário. Algumas pessoas tornam-se mais sábias, enquanto outras agarram-se a crenças ignorantes. Os opostos se chocam. Juntamos o salgado ao doce porque é preciso. O que isso mostra é que existem tantos colapsos no aspecto imaterial da vida como no material. Cada ruptura nos conduzirá através desses colapsos. Ao mesmo tempo, iremos adquirindo verdadeiro conhecimento da alma para substituir a mera ânsia do desejo. Alcançar a alma significa preencher as mais profundas aspirações do coração humano.

Trazendo o espírito até a terra

A religião cometeu um erro terrível quando atribuiu ao corpo o mundo físico "inferior" e elevou a alma ao reino espiritual "superior". Uma alma em atividade não é muito diferente de um corpo em atividade. Ambos estão envolvidos com as mesmas coisas — consciência e energia — que tornam a vida possível. "Eu sou meu corpo" e "Eu sou minha alma" são dois aspectos da mesma verdade. O problema é que perdemos contato com a alma. Ela não foi criada para ser inútil; nós a fizemos assim.

Imagine que você está sentado em um consultório médico, aguardando nervoso a sua hora. Sua vista se distrai com uma rosa de jardim do outro lado da janela ou com uma árvore solitária. Considere como vivem essas plantas. Uma semente começa a crescer e dentro da semente está contida toda a vida daquela planta. À medida que cresce, uma rosa ou uma árvore não é induzida a desviar-se de sua existência programada. Em harmonia com o ambiente, uma rosa expressa sua beleza sem nenhum esforço, assim como a árvore, sua força. Seres humanos, porém, não estão presos a planos preestabelecidos. Temos maior amplidão para dar forma a nosso próprio destino.

Algumas vezes, ao longo do caminho, usamos esse livre arbítrio para escolher separar o corpo da alma. O corpo passou a ser identificado com o pecado, e a alma, com Deus; o corpo, com a Terra, e a alma, com o Céu. Mas se examinarmos por uma perspectiva funcional, não há necessidade para tal divisão. Não dizemos que rosas possuem um corpo e uma alma. Tudo nela, desde a mais sutil informação contida em seus genes até a ponta de seus espinhos, converte-se em uma vida. A perfeição de uma rosa — tão rica, aveludada, aromática e intensamente colorida — está presente aqui e agora. O mesmo é verdade com você quando consegue romper a separação que impede a presença da alma na vida diária.

Não existe razão alguma para alguém sonhar com um Paraíso perdido, um jardim de onde o primeiro homem e a primeira mulher foram banidos. Na verdade, o Paraíso foi transferido para dentro de nós para tornar-se uma visão de possibilidades infinitas. Sua oportunidade para evoluir está bem aqui, exatamente neste minuto, precisamente neste corpo. Sua alma é a criadora, quem governa e guia sua evolução. Ela pode proporcionar-lhe muito mais da perfeição de Deus do que jamais poderia imaginar. O grau limitado de amor, inteligência e criatividade que você experimenta em sua vida mal se compara às possibilidades guardadas.

Para ressuscitar a alma, é preciso fazer o oposto do que seu antigo condicionamento o obriga a fazer. Em vez de voltar-se para um poder superior, você se volta para si mesmo. Em vez de deixar seu corpo para trás, você o leva junto em sua viagem espiritual. Em vez de condenar o desejo físico e a tentação, você acompanha o desejo para uma região desconhecida onde reside a alma.

É estranho dizer, mas mesmo quando você perdeu o contato com sua alma, seu corpo o manteve. As células mantêm a fé. Elas têm usado uma consciência "superior" desde que você nasceu. Aqui está um exemplo prático: tornou-se um clichê médico que só usamos 10% de nossos cérebros. Em certo sentido, essa afirmação é um engano porque os 90% que não estão sendo usados não foram criados para pensar. Existem bilhões de células conhecidas pelo nome de *glia* ("cola" em grego), que envolvem as células cerebrais para que se mantenham em seu lugar. A proporção entre glias e neurônios é de dez para um. Por muito tempo, foram consideradas como elementos de importância secundária no cérebro, servindo mais de reforço estrutural. Ninguém suspeitava da função secreta da glia, que acabou revelando-se um espetáculo fascinante. A glia é como um porco-espinho com dezenas de filamentos emanando de seu centro.

Quando um embrião no útero fica pronto para desenvolver um cérebro, existe um enorme desafio pela frente. Como podem algumas centenas de células-tronco se transformarem nas bilhões de células cerebrais necessárias? Não é suficiente apenas que as células-tronco se dividam enlouquecidamente até atingirem o número certo (embora isso também seja feito). O cérebro tem muitas partes, e os neurônios responsáveis pela visão ou pela audição, por exemplo, devem ir para seus locais apropriados, enquanto que outros neurônios, responsáveis pelas emoções ou pelos pensamentos mais elevados, também devem se inserir em seus locais de destino.

Para que isso aconteça, cada célula-tronco parte em uma migração. A jornada é geralmente tão longa, relativamente falando, quanto o voo da andorinha-do-mar, que voa quase que de um polo a outro do planeta. No caso da célula-tronco, ela pode migrar quase que de uma extremidade à outra do embrião. Células-tronco migratórias enfileiram-se aos milhões, de ponta a ponta, e viajam ao longo dos filamentos da glia. Pelas lentes de um poderoso microscópio, você pode observar essa jornada e maravilhar-se por como as células-tronco que precisam ir para alguma região diferente abandonam a via principal e seguem os sinais emitidos pela glia, que as leva a seu destino final, enquanto o grupo seguinte de células-tronco toma um sentido diferente. Cada movimento é dotado de um propósito e direção. O cérebro cresce de dentro para fora, de forma que células recém-formadas sobrepõem-se a células cerebrais mais velhas para formar camada após camada de tecido. Quando os pesquisadores descobriram que a glia servia como guia para esse processo incrivelmente complexo, as atenções sobre ela cresceram enormemente, e mais ainda quando se descobriu que depois de servir como guia, glias podem, por si mesmas, transformarem-se em células cerebrais.

De que maneira essa poderia não ser uma viagem espiritual? Células-tronco sendo guiadas para seus respectivos lugares por uma inteligência superior, adquirindo sabedoria ao longo do caminho. Sua vida tem acompanhado o mesmo padrão oculto, mas em vez de seguir faiscantes filamentos de glia, você é conduzido por sua alma. Ela guarda a planta contendo as intenções de Deus da mesma forma que uma planta desenhada em papel reproduz a intenção do arquiteto. Tudo o que uma célula é capaz de fazer deve vir de algum lugar. Seria tolo acreditar que as células cerebrais trabalham aleatoriamente; de outra forma, elas flutuariam a esmo sem ter para onde ir. Nossa melhor prova de que as células cerebrais são conscientes e inteligentes é que elas comportam-se de maneira consciente e inteligente.

A alma, porém, não está confinada a jornadas de células-tronco acontecendo na escuridão da caixa craniana. Sua alma fornece orientação vinda de fora assim como de dentro. Você pode sentar-se em uma cadeira e ter um insight capaz de mudar sua vida ou um grande professor pode entrar pela sala e provocar um. Um evento acontece dentro de você, e o outro, fora. Ambos, porém, são ocorrências que alteram a consciência. Uma vez que você se reconecta-se com sua alma, não fica mais restrito somente a alguns níveis de existência: todos eles se abrem ante a mesma consciência em contínua expansão. E a cada nível, encontra-se orientação.

A conexão cerebral

A maneira mais prática de se pensar sobre a alma é como um conector. Mas se é isso que sua alma está fazendo, conectando-o a níveis sutis e invisíveis da vida, são necessários pontos de junção com seu corpo. Especificamente, precisamos de conexões cerebrais. Do jeito como está, o cérebro é o grande obstáculo para a alma. Por exemplo, os neurologistas não sentem necessidade de nenhuma explicação invisível para o amor. Eles podem exibir análises cerebrais mostrando que várias áreas do córtex e do sistema límbico se acendem em amantes e permanecem apagados em pessoas solitárias; estar amando provoca reações elétricas e químicas, assim como, para o geneticista, estar amando tem uma correlação com um suposto gene do amor (ainda não descoberto, mas a busca prossegue).

Fica por nossa conta, portanto, provar que o amor vem de uma região mais elevada. Se não queremos aceitar que o cérebro cria o amor por meio de uma sopa eletroquímica no interior do crânio, onde estará a evidência de que ele vem de um outro lugar qualquer? Vamos voltar ao exemplo dos monges budistas tibetanos que desenvolveram "cérebros compassivos" como resultado da prática de meditação sobre a compaixão. Uma qualidade espiritual foi transformada em manifestação física. A separação entre corpo e alma foi desfeita. Em sânscrito, a mesma palavra, *Daya*, aplica-se tanto à compaixão como à expressão tradicional de simpatia. Acontece que o comportamento do cérebro é bastante sensível quanto à questão da simpatia. Imagens de ressonância magnética funcionais tomadas em uma prisão do Novo México (o único programa desse tipo) mostram que prisioneiros com alto grau de psicopatia também apresentam funções cerebrais distorcidas. Os psicopatas possuem o menor grau de simpatia que se possa imaginar. Eles não têm consciência, são capazes de cometer atos da mais intensa crueldade sem ter a menor noção da dor que estão impondo. Observar o sangue escorrendo de um ferimento à faca é um ato indiferente, como assistir a caldo pingando de um filé.

Pode o cérebro de um psicopata ser transformado em um cérebro cheio de compaixão? Ninguém sabe; a psiquiatria praticamente desistiu de tentar mudar o comportamento psicopata, seja por meio de drogas ou por terapia convencional. Entretanto, sabemos que o cérebro é maleável o suficiente para adaptar-se a qualquer estado moral, e que cada estado de consciência requer uma mudança no cérebro. Apenas pensar que você tem compaixão não resolve a questão, o que me leva a concluir que a compaixão não é um estado de espírito, um ensinamento moral, uma obrigação ética ou um ideal social. É, sim, uma atividade sutil do cérebro que precisa desse nível sutil para existir. Por si só, o cérebro não é capaz de efetuar mudança; ele simplesmente adapta-se à sua intenção. Assim conseguimos configurar um mapa ligeiramente mais sofisticado do que a alma está fazendo ao converter energia sutil para a escala humana. Pense em qualquer coisa que você queira da vida. Sua alma contém o potencial de tornar isso realidade. Sua mente traz o potencial ao nível de pensar, sonhar, querer e desejar. Seu cérebro, então, produz o resultado; você aprende a alcançar o que quer.

Aqui está uma representação de todo o esquema reduzido a uma simples formulação:

A alma carrega o *potencial*.
A mente carrega a *intenção*.
O cérebro produz o *resultado*.

Essa é a descrição básica do fluxo da vida. Ela reverte o fluxo que a ciência adota, em que tudo deve começar no cérebro. Não existe razão, no entanto, para que o nível físico tenha de ser o primário. O cérebro aprende novas habilidades por meio da formação de redes neurais mas o próprio desejo de mudança deve vir de algum outro ponto. Se você pensar na compaixão como uma habilidade, como aprender a tocar violino, ela devia ser instigada pela vontade de querer aprender compaixão em primeiro lugar. Isso nos dá um insight sobre a principal função da alma: ela nos motiva a chegar mais alto.

Uma alma útil lhe dá a visão, o desejo e a vontade de evoluir. Sua mente carrega a visão para a área do pensamento e do querer. Seu cérebro recebe a mensagem e começa a dar-lhe forma física. Esse processo já é familiar a qualquer um que tenha aprendido uma nova habilidade. Mas quando aprendemos a fazer alguma coisa agora, estamos apenas conscientes em pensar e querer. O cérebro não está acessível, já que não imergimos nele para religar as conexões manualmente. O nível físico funciona por si só, assim que começamos a pensar. O nível da alma também é inacessível. Não perguntamos a Deus como se anda de bicicleta. Somente no compartimento isolado que denominamos espírito, onde as orações acontecem, dizemos que estamos pedindo a Deus. Não há necessidade para tamanho isolamento. Toda habilidade, desde a mais mundana até as mais exaltadas, como a compaixão, seguem o mesmo processo. É um processo mental que reverbera através do corpo e da alma ao mesmo tempo.

Eis aqui os passos a tomar:

1. Tornar-se verdadeiramente interessado.
2. Perseguir seu interesse espontaneamente.

3. Praticar até notar melhorias.
4. Continuar praticando até obter o domínio de sua nova habilidade.

Simples como são, esses passos requerem motivação consciente; o processo não pode ser induzido simplesmente pelo cérebro. O primeiro passo, tornar-se verdadeiramente interessado, requer inspiração. Interessar-se por compaixão não é uma ocorrência comum em uma sociedade movida pela autogratificação, mesmo entre pessoas maduras e psicologicamente desenvolvidas. Mas se você ler a coletânea de fatos e tradições sobre a compaixão difundidos pelo budismo e pelo cristianismo, a inspiração pode surgir naturalmente. O mesmo pode acontecer quando você é tocado por atos de compaixão mostrados em bravos resgates ou em missões humanitárias atuando em locais de grande sofrimento.

O segundo passo, buscar seu interesse espontaneamente, requer voltar-se para dentro, porque a paisagem interior é a terra da compaixão. Uma vez encontrado o local onde a empatia reside em seu interior, ela passa a querer manifestar-se. Empatia pode trazer algum desconforto (a própria palavra *compaixão* significa "sofrer com"), portanto você precisa vencer seu impulso natural de dar as costas ao infortúnio de outros. Também em algumas pessoas, a compaixão precipita uma forma de prazer que elas querem seguir.

O terceiro passo, praticar até notar melhorias, requer disciplina, porque você precisa constantemente renovar sua dedicação em face ao velho condicionamento, que está sempre pondo-o à prova na intenção de afastá-lo da compaixão e ceder em favor das constantes exigências do ego. O prazer é tradicionalmente egoísta; consequentemente, ninguém encontra a compaixão sem luta.

O quarto passo, continuar praticando até obter o domínio de sua nova habilidade, requer paciência, porque existem muitas forças internas — e externas também — que se opõem à compaixão. Uma consciência mais elevada não força uma mudança; ela dissolve velhos padrões para que possam ser substituídos por outros novos, o que exige tempo. (Pergunte a voluntários que já trabalharam em áreas de desastre em países em desenvolvimento. O idealismo desaparece em um piscar de olhos diante do choque provocado pela primeira visão de uma região realmente devastada. Eles passam por estágios de desespero, frustração e torpor. Paralelamente, sob a superfície, uma nova força se origina; força que não só se ajusta ao espetáculo exterior de sofrimento, mas desabrocha em forma de uma empatia muito mais forte.)

Esse esboço nos fornece uma ideia mais criteriosa sobre aquilo que denominei "ação sutil", que começa na consciência e estende-se ao corpo. A ação sutil põe fim ao limite entre uma pessoa compassiva e um cérebro compassivo. Um precisa do outro; nenhum dos dois se basta por si próprio. Por mais herético que possa parecer, foi necessária uma ação sutil para que Buda e Cristo fossem criados. Eles estabeleceram uma compaixão inabalável em si próprios tomando os mesmos passos que uma pessoa comum tomaria. Buda e Cristo talvez não tenham percebido que tinham de transformar seus cérebros, mas tinham plena certeza de que uma consciência maior estava atuando. No mínimo, ser compassivo antes que se processe uma mudança no cérebro é um empreendimento temporário, sujeito à sorte. Por termos todos nascidos com a capacidade de simpatizar, nossos cérebros aguardam sua próxima instrução para expandir essa capacidade no nível da alma.

A história de Garry

O nível sutil da mente, que se conecta com a alma, tem afinidade com sinais, presságios, augúrios, prodígios, sugestões e profecias — indicadores da orientação incorporada que é inerente na vida. O pensamento consciente não deve ser envolvido. Mas estamos tão acostumados a pensar no cérebro como o órgão mais importante, que é fácil negligenciar os aspectos silenciosos e ocultos da mente até que eles, subitamente, se façam presentes. E aí, então, torna-se impossível continuar ignorando-os.

— Tornei-me um investigador quando minha carreira ruiu de uma hora para a outra — relembra Garry, um homem de 45 anos e que tinha sido, ainda aos 30 e poucos, diagnosticado como portador de um sério defeito valvar no coração. — Passei por uma delicada cirurgia que resultou em complicações. A recuperação tomou um longo tempo. Os amigos dos velhos tempos de faculdade abandonaram-me; era como se meus problemas tivessem me tornado diferente de alguma forma. E estavam certos. Eu já não era mais como eles. As coisas estavam mudando dentro de mim. Comecei a andar pela cidade, esperando por algo, mas sem saber o quê. Certo dia, ao embarcar em um ônibus, veio-me o seguinte pensamento: *estou fazendo a coisa certa com minha vida?* O homem que estava à minha frente, um estranho absolutamente desconhecido, virou-se para mim e disse — "Confie!". Então, como se não tivesse dito nada, entrou silencioso no ônibus. A partir dali, uma série de estranhos incidentes começou a acontecer. Estava passando por um garoto que carregava um aparelho de CD portátil e naquele momento pensava em voltar para meu antigo emprego. De repente, o garoto aumentou o volume e a música que tocava dizia "não, não, não, Dalila". Soltei uma risada, mas não era de diversão. Sentia um contato fantasmagórico com alguma coisa fora de mim. Pouco tempo depois, decidi procurar um tarólogo e quando perguntei às cartas se deveria lançar-me em uma jornada espiritual, apareceu a melhor carta do baralho; ela mostrava dez taças de ouro com um arco-íris por cima e uma alegre multidão dançando por todos os cantos. Depois de algum tempo, cheguei ao ponto em que me fazia uma pergunta e ligava a TV, sabendo que as palavras que estavam por vir responderiam à minha questão.

— E isso nunca falhou? — perguntei.

Garry sorriu.

— Somente quando tentava controlar. O fenômeno em si trazia um fator de inocência e surpresa, por isso, na maioria das vezes, eu era pego desprevenido. Se tentasse forçar as coisas ou manipular o resultado, nada acontecia.

— Você conseguia respostas profundas? — perguntei.

Ele sacudiu a cabeça.

— Nem sempre, mas todas se adequavam ao momento. Era muito pessoal, referindo-se diretamente à minha situação.

Garry tinha mais histórias a relatar, assim como todos que acreditam que a própria vida seja guiada. Ninguém é particularmente escolhido para ser guiado. Esse é um aspecto da vida que permeia todos os níveis, para todos nós. Certamente os instintos natos das chamadas criaturas inferiores são uma forma profunda de orientação. O salmão, por exemplo, que vive anos no oceano aberto e acaba voltando para procriar exatamente no mesmo riacho em que nasceu. Esta infalível orientação é explicada pelo cheiro — presume-se que mesmo a centenas de milhas em mar aberto, eles consigam detectar moléculas de água que chegam das nascentes nativas de onde vieram. Entretanto, algo mais holístico também acontece porque um salmão não responde a esse cheiro até atingir certa idade, tempo em que encontram a direção correta, mudam de cor, param de comer e começam a secretar grandes quantidades de cortisol, um hormônio que chega a matar qualquer peixe, logo após a desova. Ritmo, química, impulso sexual e expectativa de vida são coordenados com precisão por uma orientação interior que permanece misteriosa.

Em sânscrito, a orientação interior que modela uma vida humana é chamada *Upaguru*, "o mestre que está perto". Nas últimas quatro décadas, a palavra *guru* tornou-se familiar no Ocidente para descrever um mestre espiritual — a raiz significa "dispersador de escuridão". Em outras palavras, qualquer um que possa orientá-lo a ver o que você precisa ver pode ser seu guru. Nenhuma jornada espiritual é igual à outra. Cada uma depende de momentos individuais que só ocorrem uma vez na história de todo o universo. Exige-se uma flexibilidade infinita para sua alma entender o que você precisa a cada momento. Mas toda alma está pronta para o desafio e, por isso, cada momento do dia oculta uma pequena e única revelação. Zen budistas sustentam que toda pergunta contém em si a própria resposta. Sua alma assume a mesma perspectiva.

A consciência encerra a mágica habilidade de mesclar pergunta e resposta. No caso de Garry, tão logo ele apresentava um dilema, a solução aparecia a partir de um evento casual ou uma expressão dita ao acaso. Se não estivesse consciente, jamais relacionaria as duas coisas — você precisa notar uma conexão antes que uma coincidência torne-se sincronismo. Alguém que não esteja prestando atenção não perceberá quando estiver sendo guiado. Você pode ficar surpreso ao ouvir de um estranho exatamente aquilo que precisava ouvir e cético quanto a algum possível significado oculto. Ainda assim, pelo menos uma vez, quem nunca abriu um livro ao acaso e não se surpreendeu ao deparar-se com a informação que queria, exatamente naquela página? (Conheço um estudante cego que me contou, com uma ponta de orgulho, que em um dia bom não precisava consultar o catálogo da biblioteca. Ia diretamente às prateleiras e era guiado até o livro exato que precisava, até que chegou a um ponto em que conseguia erguer o braço aleatoriamente e puxar o livro que queria.)

Upaguru é um fenômeno místico somente se considerar que a consciência está limitada ao cérebro; fazer uma pergunta "aqui dentro" não pode produzir uma resposta "lá fora". Mas a parede entre realidade interior e exterior é artificial. A consciência está presente em todo lugar da natureza. Observando-se como os animais são orientados, é difícil manter o ceticismo nesse aspecto. Baleias migrantes ouvem chamados de sua espécie a centenas de quilômetros de distância. O mesmo acontece com as borboletas migrantes no México, que sempre retornam às áreas montanhosas de onde vieram. Uma ruptura pode ocorrer quando você passa a aceitar que é a consciência que o orienta. Se você se sintonizar com essa possibilidade, estará se reconectando com sua alma, que não é mais do que consciência em sua forma mais ampliada.

Confiando na alma

A consciência vem da alma, ainda assim, muitas pessoas diriam jamais terem sido guiadas, muito menos, transformadas. Há séculos, os seres humanos rogam por sinais que indiquem a existência de um poder superior. Esses sinais estão, na verdade, espalhados por toda parte, mas existe uma diferença sutil entre orientação interior e exterior. O que para uma pessoa é um insight, para outra é uma mensagem de Deus. O que para uma é um vislumbre da luz interior, para outra é a presença de um anjo. O reino da alma tem espaço para ambas.

A orientação externa se dá com pessoas para quem a melhor prova do espírito é física. Existe uma vasta literatura acerca de um esquadrão de resgate formado por anjos e protetores que vêm à terra em tempos de perigo. Muitos são relatos testemunhados recentemente. Viajantes que enguiçam em uma estrada deserta no meio de uma tempestade e de repente veem os faróis de um carro. Um desconhecido para, salta e troca um pneu, conserta o carburador ou reconecta os cabos de vela. Essa pessoa então desaparece na curva, e o motorista agradecido narra que teve um encontro com um anjo.

Fiquei bastante impressionado com uma vinheta na televisão em que uma mulher contava sua história de intervenção angelical. Ela se viu sozinha em uma noite de Natal, sem dinheiro e com duas crianças pequenas para cuidar. Desesperou-se quando teve de dizer às crianças que naquele ano não haveria festa para elas porque não tinha condições de colocar presentes na árvore e servir peru na ceia. Naquela noite, alguém bateu à porta. Um vizinho amável convidou toda a família para passar o Natal em seu apartamento, onde tinha providenciado uma mesa farta e presentes para as crianças. A jovem mãe, que jamais vira aquele homem, ficou encantada com tal gentileza. Ela voltou alguns dias depois para agradecer-lhe, mas o apartamento estava vazio. Foi até a portaria perguntar se alguém sabia para onde tinha ido e a informaram de que o apartamento estava fechado para alugar há meses. O porteiro nunca tinha visto o homem que ela procurava.

Em relatos na primeira pessoa do singular, como este, crença e ceticismo estão ambos fora de questão, penso eu. Também não temos nenhuma prova rápida e efetiva. Os céticos se veem forçados a provar a negação de que anjos não existem. Os crentes, obrigados a produzir um anjo para as câmeras, e isso até hoje não foi feito de maneira convincente. De qualquer forma, nada poderá impedir a circulação de tais histórias. O mais importante é que o mundo espiritual é mantido ao alcance das mãos quando depende de anjos. O que acontece quando os anjos não comparecem? É aí que a orientação interior prova ser tão valorosa, porque o mundo interior nunca está afastado demais.

Sem esse suporte interior que vem de sua própria consciência, você fica em uma situação por demais vulnerável. Em um caso psiquiátrico, uma mulher de meia-idade chegou para terapia em um estado muito agitado, sem conseguir dormir e perturbada por sentimentos de medo. Alguns meses antes ela sentia-se feliz e sem problemas. Mas, certa noite, quando saía sozinha de um restaurante, um batedor de carteira correu em sua direção e arrancou-lhe a bolsa. Ele mal a tocara, portanto ela não tinha se machucado fisicamente. Não trazia nada importante e perdera apenas uma pequena quantia de dinheiro que tinha na carteira.

A mulher dissera a si mesma que havia tido sorte por escapar de um violento assalto, mas, nas semanas seguintes, aquela certeza racional foi sendo reduzida a pó. Ela passou a se sentir insegura pela primeira vez na vida. Não parava de reviver o incidente e as imagens só faziam aumentar seu medo. A maioria das vítimas de assaltos experimentam ansiedade residual, sem conseguirem readquirir a mesma sensação de confiança que tinham antes. Essa mulher, porém, mergulhou em uma ansiedade mais intensa. Durante a terapia descobriu que mascarava um profundo medo da morte. Edificara um meio de sentir-se a salvo acreditando que levava uma vida de sorte. Para essa mulher, que estava envelhecendo sem nunca ter examinado seu jovial senso de imortalidade, um choque foi suficiente para derrubar a fantasia daquela vida de sorte. A partir daí, o caminho estava aberto para que as energias negativas saíssem de seus esconderijos escuros.

A ironia dessa história para mim é que as pessoas *são* imortais. A fantasia da imortalidade mascara a única coisa que, de fato, é verdade. A alma tem início em Deus e chega à dimensão humana, o que nos dá a sensação de sermos mortais. Mas a alma *é* você, é a sua essência. O fato de a alma existir nos dá uma perspectiva sobre *ser* que transcende o ciclo de nascimento e morte. Não temos de separar a doutrina dos anjos da doutrina da alma. O que precisamos é desmistificar o dito sobrenatural que a religião tece acerca de obediência, fé e dogma teológico. Sob essa influência, as pessoas perdem a habilidade de encontrar a própria orientação interior, que nunca dorme e está sempre disponível.

Para quebrar essa influência, você precisa confiar na experiência pessoal. A alma pode ser testada. Você pode pedir à sua alma que produza resultados ligados à sua experiência pessoal. Em verdade, todas as rupturas nesta parte do livro são experiências pessoais para provar que se pode confiar em uma consciência mais elevada. Se obtiver um resultado positivo em sua primeira experiência, poderá tentar outra e mais outra. Esse é o modo mais prático de ressuscitar a alma. Quanto mais útil torna-se a alma, mais real ela é, não como dogma religioso, mas como parte de você.

Em sua vida: guiado pela alma

Se seu guia interior o acompanha sempre, porque, então, você não está consciente disso? Na verdade, está. Todo desejo o empurra para uma determinada direção. Todo pensamento projeta-se para a frente ou para trás. Qualquer um que tenha um objetivo na vida, mesmo que esse objetivo seja só chegar ao fim do dia, está seguindo a orientação interior. O importante é o grau de sabedoria dessa orientação. Sua alma traz o potencial de ser um guia perfeito. Você deve primeiro sintonizar a mente em um nível mais sutil e então seu cérebro se adaptará — esse é o fluxo da vida que governa qualquer mudança. Ser guiado é um processo, e, neste momento, você se encontra em algum lugar (no começo, meio ou fim) desse processo.

No início, você só percebe alguns lampejos de orientação sutil. Geralmente eles parecem eventos casuais ou coincidências de sorte. Você sente que tomou uma decisão que o beneficiou mas ao contrário de suas opções diárias, essa decisão tem um certo sentido de retidão, como algo que tinha mesmo de acontecer. Todos nós já sentimos isso alguma vez na vida. Você, então, tem a escolha de dizer: "Tive uma estranha sensação de que isso estava para acontecer," após o que, você ou põe tudo para fora ou para e analisa mais atentamente o que aconteceu. A maneira como faz a escolha determina se você vai começar a ouvir a própria orientação ou não.

No meio do processo, seu questionamento torna-se mais urgente e importante. Você viu repetidas vezes que surgiram situações em seu favor. Em vez de se acomodar em um sentimento vago de que Deus estava a seu lado ou de que o destino sorriu-lhe por um momento, você se tornou mais ativamente envolvido. Faz mais perguntas pessoais: por que isso aconteceu comigo? Quem ou o que está zelando por mim? Sou eu que estou fazendo tudo isso? Não há garantia de que você chegará às mesmas respostas dos *rishis*, os sábios da Índia. Eles concluíram que o eu superior, que estamos chamando de alma, é a fonte de tudo, incluindo Deus e o destino.

Hoje em dia, a maioria das pessoas prefere ficar em cima do muro. Enquanto alguns fomentam uma convicção de que Deus os está recompensando e por isso deve ser adorado, outros consideram Deus apenas como uma crença difusa que em nada impinge na vida cotidiana; a recompensa divina, no fim das contas, traz embutida o espectro da punição divina. Em um mundo de tradição secular, causa e efeito não podem operar com base sobrenatural. Ficando em cima do muro, uma pessoa pode lidar com as coisas ruins enviadas por Deus e ao menos obter meios práticos para ter sucesso e evitar o fracasso.

O fim do processo ocorre quando você decide descer do muro. Você já não acredita com restrições em Deus e no destino, mas toma posse desses reinos por si mesmo. Nesse ponto, a orientação torna-se algo familiar para você e para a jornada que está conscientemente fazendo. Enxerga a verdade de *Upaguru* — existe orientação a todo momento, porque o guru está dentro de você. O mestre está tão perto quanto sua respiração. Quando refiro-me a isso como fim do processo, não estou referindo-me a uma parada, mas a um amadurecimento. O processo de ser guiado é inteiramente revelado e nesse ponto você obtém total vantagem dele.

Como chegar a esse ponto?

1. Compreenda que você está em uma jornada para a consciência superior e entregue-se.
2. Amplie sua consciência praticando meditação, contemplação e outros meios.
3. Peça por orientação com simplicidade e sinceridade e então aguarde para que ela apareça.
4. Confie em seus instintos mais refinados. A orientação não surge em forma de medo, premonição, presságios, desconfiança ou arrogância. Todas essas características existem ao nosso redor; elas turvam nossa visão e a verdadeira orientação, que é sempre um marco fundamental para o próximo passo do crescimento pessoal.

A última questão é extremamente importante, mas também ardilosa. Todos nós já reagimos após algum acontecimento desagradável da forma "Sabia que isso aconteceria; tive um pressentimento". Isso, porém, não é orientação. É a voz da ansiedade tendo um momento "Eu-te-avisei". A diferença está em que a verdadeira orientação é sempre isenta de medo. Sua alma não lhe diz: "Cuidado, coisas ruins estão para acontecer." Ela o guia para longe da situação *antes* que as coisas fiquem ruins. Algumas vezes, ela o tira do perigo antes que surja uma possibilidade mínima de algo acontecer. A voz do medo nunca faz isso, visto que ele reage à ameaça imediata, tanto real como imaginária. Vencer a voz do medo é importante porque o medo é parte do escudo que o mantém afastado de seu eu interior. Assim como a fantasia de estar protegido, o medo é a fantasia de que está sempre em perigo. A orientação verdadeira remove essas fantasias e as substitui pela realidade: você possui um guia em seu interior; ele é confiável. Para ativar essa realidade, iremos nos aprofundar em como a alma se conecta com o eu superficial.

O elo de conexão é a mente, e muito dependerá se sua mente está aberta ou fechada à sua alma. Em um estado de abertura completa, a mente oferece possibilidades infinitas, bem além de orientação e proteção. Em seu estado fechado, entretanto, a mente distorce a realidade. Ela cria um mundo aleatório, impessoal e inseguro. Devido ao fato de cada um de nós, involuntariamente, dar a partida neste mundo, nosso objetivo mais urgente é quebrar a concha da ilusão. A consciência superior está pronta para distribuir as recompensas prometidas por todas as tradições espirituais, como graça e providência. Seguindo o fluxo da vida, sem esforço e de maneira constante, esses dons estão destinados a você.

RUPTURA Nº 1

EXISTE UM MODO MAIS FÁCIL DE SE VIVER

Esta primeira ruptura da alma transforma o que era considerado difícil em algo fácil. Conectar-se com sua alma é tão fácil e natural quanto respirar. Quando, então, aconteceu o desligamento? Quando pesquisadores de opinião pública perguntam, "Você acredita que possui uma alma?", quase 90% respondem que sim. Essa estatística, porém, é enganosa porque muito poucas pessoas, na verdade, experimentaram suas almas. Elas evitam a jornada espiritual porque acreditam que será árdua, com muitos sacrifícios ao longo do caminho. No entanto essa definição já não é própria da vida diária? (Um dos melhores best-sellers da década de 1980, *A trilha menos percorrida*, de M. Scott Peck, arrebatou milhões de leitores com as simples palavras: "A vida é difícil".)

Conectar-se à sua alma é mais fácil do que qualquer coisa que você possa estar fazendo exatamente agora. É preciso esforço para manter a alma distanciada. Tudo o que você quiser acontecerá naturalmente. Foi a isso que Jesus referiu-se quando disse, "Peça e receberás. Bata, e a porta se abrirá".

Quando você se depara com os obstáculos do dia a dia, você já colocou obstáculos internos. Esses obstáculos bloqueiam o fluxo vital da alma para a mente e para o corpo. Se o fluxo não tivesse sido bloqueado, ele traria tudo o que a alma tem a oferecer. Da mesma forma, a alma oferece um canal aberto. Se você perguntar pela verdade a respeito de algo, a verdade aparece. Se pedir pela solução de algum problema, a solução vem. É por isso que o budismo ensina que toda pergunta vem acoplada à resposta no exato instante em que a pergunta é feita.

Se qualquer canal da consciência estiver fechado é porque foi temporariamente bloqueado. A cilada está em que boa parte desse bloqueio acontece sem que se perceba. Nós todos nos adaptamos à ideia de que "a vida é difícil", porque não vimos outra alternativa. Como as placas de gordura que crescem nas paredes arteriais até que todo o vaso fique entupido, a formação de resistência e tensão acontece em uma progressão imperceptível.

Fui lembrado disso quando encontrava-me em um aeroporto aguardando para fazer uma escala. Isso aconteceu há alguns anos. Minha filha Mallika tinha uma menina de 2 anos de idade, Tara, minha primeira neta. Eu costumava aliviar o tédio dos aeroportos ligando de meu celular para Tara. Aquilo tornou-se um ritual que divertia a nós dois, porque Tara reconhecia minha voz, e para uma menina de 2 anos, um telefone é como um brinquedo mágico.

Dessa vez, ao desligar, notei uma jovem mulher com a aparência esgotada, caminhando apressada em minha direção para não perder o voo. Carregava duas crianças pequenas além da bagagem e parecia sufocada. Aquela situação, por sua vez, fazia as crianças chorarem. Vi quando ela as puxou para o balcão de check-in. Mas a jovem estava sem sorte. O portão tinha sido fechado e teria de esperar pelo próximo voo. Ela implorou para passar dizendo que precisava chegar logo em casa. Podia-se ver que estava quase fora de seu juízo normal, depois de um dia estressante.

O agente do balcão, porém, mostrava-se inflexível. Regras eram regras. Os passageiros deviam chegar ao portão pelo menos 15 minutos antes do embarque. Frustrada, com os filhos ainda chorando, a jovem mãe saiu dali a contragosto. Quando ela já estava longe, o agente virou-se para sua assistente e disse:

— O que eu podia fazer? Fico de mãos atadas.

A assistente ainda observava a jovem mãe.

— Acho que as coisas estão difíceis para todos — disse, sacudindo a cabeça.

A vida é uma desconcertante mistura da alegria inocente de Tara — a alegria que ela inspirava em mim — com uma batalha constante como à daquela jovem mãe. Nunca nos achamos responsáveis por escolher entre uma e outra situação, mas é isso o que fazemos. Todos nós já fomos como Tara no alvorecer da vida. A tragédia é que aprendemos a lutar cedo demais, quando ainda somos muito jovens para perceber que inocência e simplicidade nunca deviam ser abandonadas. Somente na inocência, você é capaz de receber as dádivas da alma. Quando aceita a ideia de que é preciso lutar para assegurar a sobrevivência, essa pressuposição torna-se sua realidade. Ela une sua energia e sua cinética. Seu cérebro rapidamente aprende a conformar-se. Uma vez condicionado o cérebro, a aparência, a sensação e o som do mundo ficam estáticos — até você escapar desse condicionamento.

Sintonizar sua alma

Já sabemos que o corpo é consciente. Ao sintonizar-se com ele, você pode aumentar essa consciência. Sintonia também é a forma como você abre um canal para a alma. Você se sintoniza com ela cada vez que escolhe crescer e expandir-se. Por outro lado, quando sai de sintonia, a conexão da alma fica bloqueada. Todas as vezes em que você escolhe contrair sua consciência, o canal para a alma aperta-se e fecha. Todas as pessoas passam pelos dois estados. Com a mesma reverência mística que nos referimos à alma, estar conectado com ela reflete-se na experiência cotidiana.

Sintonizado

Está tudo transcorrendo facilmente para mim.

Estou serenamente confiante.

A resposta é clara.

Tudo se encaixa.

Sinto-me em harmonia com a situação.

Não existem obstáculos externos.

Os opostos estão reconciliados.

Estou aberto a qualquer possibilidade.

Não julgo a mim ou a outros.

Eu sou completo.

Sempre que você sai desse estado, fica desconectado de sua alma. Essa condição também é verdadeira na experiência diária.

> **Fora de sintonia**
>
> *Nada está sendo fácil para mim.*
> *Estou confuso e indeciso.*
> *A resposta não está clara. Fico indo e vindo.*
> *Tudo está confuso.*
> *Sinto-me fora de sincronia com a situação.*
> *Há muitos obstáculos.*
> *Tenho um conflito interior.*
> *Acho difícil encontrar uma saída.*
> *Não paro de culpar-me, e a outros.*
> *Sinto-me vazio. Alguma coisa está me faltando.*

Cuidado para não considerar esses dois opostos como absolutos ou permanentes. Todos nós entramos e saímos de sintonia todos os dias. Nossa consciência contrai-se ante o estresse, de forma bem parecida com a resposta do corpo. Nosso objetivo aqui é alcançar uma conexão permanente que não possa ser quebrada, ainda que raramente certas pessoas atinjam momentos de conexão tão intensos que são capazes de mudar suas vidas.

Recentemente, um amigo me contou sobre um incidente em seu passado que ilustra essa questão. Foi um momento em que sua consciência expandiu-se de uma só vez.

— Eu estava rodando pela Europa com uma mochila nas costas. Tinha 26 anos e minha vida era um feriado permanente. Trabalhava em empregos temporários o tempo suficiente para conseguir algum dinheiro que desse para partir em outra viagem. Certa ocasião, fui o último passageiro da fila de espera por desistências a embarcar em um avião. Atirei-me sobre uma poltrona ao lado de um homem que lia um livro. Nenhum de nós olhou para o outro. O avião levantou voo, e eu sentado ali. Por algum motivo, tive uma sensação de vazio, acompanhada de uma vaga insatisfação. Fiquei surpreso porque, no geral, mochilar pela Europa estava sendo a fase mais feliz de minha vida. Mas naquele momento, ouvi uma voz interior perguntando-me, "O que você está fazendo? Isso é um total desperdício". No mesmo instante, notei que o homem ao meu lado tinha baixado o livro e olhava em minha direção.

— Algo errado? — perguntou ele.

— Fiquei assustado, mas por alguma razão não esbocei qualquer reação. O homem me pareceu simpático e então contei-lhe o que estava acontecendo. Ele me perguntou se eu gostaria de saber sua opinião. Eu disse que sim.

— Você chegou a um momento de decisão — disse.

— Que tipo de decisão? — perguntei, surpreso.

— Você está considerando deixar sua infância para trás.

Ele deixou escapar um leve sorriso, mas eu sabia que estava falando sério.

— Como pode saber isso? — perguntei.

— Porque aconteceu comigo — disse ele. — Um dia a ideia simplesmente me veio à cabeça: "Eu sou adulto". Tinha ultrapassado uma linha e não havia retorno. Acho que a mesma coisa acaba de acontecer com você.

Meu amigo sacudiu a cabeça.

— Ele estava certo — prosseguiu. — Eu nem precisava mais relutar contra aquela ideia. Minha adolescência tinha acabado. Peguei um voo para casa e guardei minha mochila no sótão. Parei com os empregos temporários e comecei a trabalhar com seriedade.

— Essas coisas não são incomuns — assinalei.

— Eu sei. Todo mundo tem que crescer em algum momento, mas não é estranho que comigo tenha acontecido tudo de uma só vez e que eu estivesse sentado ao lado de alguém que sabia exatamente o que se passava comigo e tinha vivido a experiência de um momento semelhante?

Esse é um exemplo de como a consciência superior manifesta-se na vida diária. Na superfície, sua mente está completamente ocupada com pensamentos e sentimentos. Um turbilhão de sensações e ideias enche sua cabeça desde o momento em que você acorda. A vida, porém, tem padrões ocultos que despertam de maneira parecida à de um gene inativo quando é subitamente ativado. A partir do nada, você se conscientiza de algo e em um momento toda sua vida pode mudar.

Na maioria das vezes, porém, mudar a trajetória de vida é menos dramático. É um processo que se desenrola segundo seu próprio ritmo e andamento. Rápidas ou lentas, no entanto, as percepções são ocorrências misteriosas. Você descobre que sabe de algo que não sabia antes. Uma perspectiva antiga subitamente abre espaço para uma nova. Os psicólogos já nos forneceram amplas análises de mudanças cruciais, como a "crise de identidade" que transforma os adolescentes em adultos aos 20 e poucos anos. Há também a "crise de meia-idade" quando termina a fase adulta mais jovem, provocando pânico e gerando um poderoso impulso de se querer ser jovem uma segunda vez.

A característica essencial de qualquer ponto crítico é que o significado da vida muda. E quando isso acontece, a mudança pode ser tremendamente drástica, como o Tio Patinhas deixando de ser totalmente egoísta para tornar-se absolutamente altruísta na véspera de Natal. Quando você subitamente se apaixona ou é desprezado por alguém, quando repentinamente encontra a espiritualidade depois de décadas de descrença, ou quando sai para trabalhar e descobre que, da noite para o dia uma carreira promissora perdeu o sentido, é porque ocorreu uma mudança crucial na consciência. Quando o significado da vida altera-se sensivelmente, é sinal de que uma consciência mais elevada atingiu sua vida no nível da alma.

Considere a experiência do amor. O amor é mais irresistível em seu estado físico e emocional, que é como o experimentamos no mundo visível. Estar amando é ser estimulado pela sensação romântica e sexual de outra pessoa: seu amado(a). O coração bate forte, e o pulso dispara. As atividades mundanas da vida diária perdem a importância comparadas ao inebriante efeito da paixão. Quando você procura acalmar essa enxurrada de sentimentos, não consegue. Mas em situações mais tranquilas, o amor é mais estável e puro, como no amor entre mãe e filho. Se continuamos a lapidá-lo, surge um amor pela humanidade — conhecido por compaixão. Mais puro ainda é o amor baseado na abstração, como o amor pela beleza ou o amor pela verdade. Finalmente, para aqueles poucos que conseguem alcançar a essência mais sutil, o amor torna-se um aspecto de Deus. Nem todo amor alcança esse ponto de exaltação. A questão é o processo, o refinamento da consciência até ela se tornar mais delicada, sutil e pura. Você ainda conservará o amor por seu amado(a) — o aspecto físico da vida não desaparece —, mas simultaneamente você sentirá os aspectos mais elevados do amor. É como se você vivesse no corpo e pudesse ver através dele ao mesmo tempo.

Para sintonizar sua alma, você tem de participar desse processo de purificação. No entanto muitos de nós perdemos essa habilidade, o que torna natural a concepção de uma alma abstrata, longínqua, insignificante e indiferente. As pessoas passaram a defini-la como "o fantasma dentro da máquina", uma expressão que reuniu duas falsas ideias, tendo em vista que a alma não é um fantasma, e o corpo não é uma máquina. Essa incoerência não diz respeito a pecado ou desobediência. Você não cometeu um crime terrível pelo qual deva ser punido como alma perdida (entendo que os cristãos mais ardorosos teriam combatido ferozmente esse argumento, porém, em uma sociedade secular, parece evidente que a maioria das pessoas não acredita ter herdado um pecado mortal de Adão e Eva).

Mesmo que você seja um cristão devoto, é fascinante notar que, no Velho Testamento, Deus promete enviar um mensageiro à terra, um que trará o Senhor para o templo, usando estas palavras: "Mas quem suportará o dia de sua vinda? Porque Ele será como o fogo do ourives e como o sabão dos lavadeiros. Ele se assentará como um refinador e um purificador de prata" (Malaquias 3:2-3). Em outras palavras, as pessoas têm de passar por um processo de refinamento antes que Deus torne-se real em suas vidas.

Mudança sem esforço

Seria ideal se a mente estivesse perfeitamente clara e presente no momento, sem nenhum obstáculo ou bloqueio. Para chegar lá, o cérebro precisa mudar. Sendo parte do corpo, seu cérebro possui os próprios mecanismos de cura. Mas o velho condicionamento desde que atuante no cérebro, torna-se parte da rede neural. Do ponto de vista de sua alma, estão essas marcas todas sujeitas à mudança. Ocorrem momentos de compreensão e então, por mais que esteja amarrado, o cérebro se adapta. Infelizmente, a ciência do cérebro na atualidade aceita sem questionamento que as mudanças cerebrais são de ordem física. Podemos mostrar que o cérebro, na verdade, não tem fios? Se pudermos, o caminho estará aberto para a consciência como chave da transformação pessoal.

Essa possibilidade deu um grande salto adiante quando uma equipe de pesquisadores italianos, na década de 1980, estudava cérebros de macacos. Quando um único neurônio era monitorado no córtex inferior, uma região que comanda os movimentos manuais, aquele neurônio faiscava quando o animal pegava uma fruta qualquer, digamos uma banana. Isoladamente, essa foi uma descoberta sem grandes consequências. Músculos se movem porque o cérebro lhes ordena que o façam. Mas quando o macaco viu outro macaco pegar uma banana, o mesmo neurônio faiscou de novo. Em outras palavras, *o ato de ver provocou no cérebro do primeiro macaco um estímulo como se ele próprio tivesse executado a ação.*

Nascia o conceito de "neurônio-espelho", para caracterizar qualquer neurônio que imite uma ação que acontece em outro cérebro. A imitação não tem necessariamente que ocorrer entre dois animais da mesma espécie. Um macaco ao ver um técnico de laboratório pegar uma banana, terá seus neurônios-espelho ativados da mesma maneira que se estivesse vendo outro macaco realizando a mesma ação. Essa resposta não é puramente mecânica. Um neurônio-espelho pode determinar a diferença entre uma ação na qual esteja interessado e outra que lhe seja indiferente. Por exemplo, quando um macaco observa um pesquisador pôr uma fruta em sua própria boca, uma legião de neurônios-espelho é ativada, mas quando o pesquisador apenas coloca a fruta em uma fruteira — uma ação pela qual o macaco mostra pouco interesse —, os neurônios-espelho mal se acendem.

Isso demonstra que as vias do cérebro não são necessariamente construídas pela experiência física direta, mas também de modo indireto, ou sentido por outrem. Será essa a forma como aprendemos pela primeira vez? Parece um ato intuitivo que um macaco bebê, por exemplo, aprenda a pegar coisas esticando o braço na direção delas. Mas nesse caso não é intuição, porque o cérebro de um bebê macaco não possui as vias neurais para executar a ação pela primeira vez. O propósito dos neurônios-espelho é o de construir essas vias simplesmente olhando — ou, mais precisamente, prestando atenção e demonstrando interesse. Tais palavras já deviam ser familiares porque os monges tibetanos cujos cérebros tinham redes neurais para a compaixão, as construíram do mesmo modo.

O cérebro nem sequer precisa de instruções para formar novas vias. Macacos bebês ainda em período de amamentação observarão as mães mastigando comida sólida e os neurônios-espelho, dentro de seus cérebros, serão ativados como se eles próprios estivessem mastigando a comida sólida. Quando chega o tempo de desmamar, o cérebro está preparado. Um mundo desconhecido torna-se familiar apenas pelo olhar. O aprendizado humano pode ocorrer da mesma forma, mas ninguém sabe ainda. Por motivos éticos, células cerebrais humanas não podem ser monitoradas para estudo em crianças, mas observando-se movimentos oculares, parece que os bebês desenvolvem um sistema de imitação no primeiro ano de vida simplesmente prestando atenção a acontecimentos importantes ao redor deles.

É assim também que você aprende com a alma? Temos uma forte indicação que sim. Verifiquemos novamente o fenômeno do *darshan* — a transmissão de uma bênção quando alguém encontra-se na presença de um santo. Os sábios acreditam que um simples olhar sobre um santo já traz a bênção e, agora, podemos ver como: o cérebro do devoto muda pelo ato de olhar. "Bênção" não seria o termo mais apropriado, porque em sua forma mais elevada, conhecida como *atman darshan*, existe uma transmissão direta de uma alma (ou *atman*) para outra. Ninguém poderia prever a atividade dos chamados neurônios-espelho. Eu não conhecia essa noção na infância, quando visitava santos locais. Mas os efeitos que senti — flutuabilidade, entusiasmo, paz interior — não exigiram nenhum entendimento de minha parte. A alma de outra pessoa havia mudado meu cérebro sem esforço.

Por que, então, minha própria alma não seria capaz de fazer o mesmo?

Tudo o que a alma tem de fazer é irradiar sua influência. Se apenas ficar próximo a um santo já é suficiente, o quão mais próximos estaremos você e eu de nossas próprias almas? A consciência elevada é um campo, como eletricidade ou magnetismo, e quando uma pessoa entra em contato com esse campo, o cérebro o reflete. A palavra *darshan* deriva do verbo "ver", mas seus olhos não precisam estar abertos; é a proximidade do campo que provoca o efeito.

Aprofundando, percebe-se que a consciência superior não é estática. Um santo pode transmitir uma energia específica, como a cura, e o alvo pode ser uma pessoa. Tomemos as passagens do Novo Testamento quando imploram a Jesus que cure os doentes. Ele está quase sempre relutante porque deseja que seus ouvintes mergulhem em si mesmos e descubram o Reino dos Céus — essencialmente, está dizendo-lhes que o campo é parte deles mesmos. Milagres externos atraem a atenção na direção errada. Quando Jesus cura os aleijados e os cegos, ele atribui o milagre àquele que foi curado e não a si mesmo.

O Evangelho de Marcos (10:46-52) narra um exemplo dramático de um mendigo cego sentado à beira da estrada na hora em que Jesus passa.

> Quando ele escutou que era Jesus de Nazaré, começou a gritar e a dizer, "Jesus, Filho de David, tenha misericórdia de mim!". Muitos ordenaram-lhe severamente que ficasse quieto, mas ele passou a gritar ainda mais alto, "Filho de David, tenha misericórdia de mim!". Jesus parou e disse, "Chamem-no aqui". E chamaram o cego, dizendo-lhe, "Anime-se; levante, ele o chama". E então, tirando seu agasalho, o cego ergueu-se e foi até Jesus. Jesus, então, perguntou-lhe: '"O que quer que eu faça por você?" O cego respondeu-lhe, "Meu mestre, faça com que eu enxergue novamente". Jesus disse-lhe, "Vá; sua fé o curou". Imediatamente ele recobrou a visão e seguiu atrás de Jesus.

Alguns alegam que o cego parece mais insistente do que fervoroso, mas na tradição do *darshan* o episódio faz sentido. A cura ocorre pela conexão de uma consciência superior a uma inferior, uma alma perfeita enviando energia para um corpo imperfeito. (A intervenção de Jesus não seria necessária, à exceção de como ele refere-se a seus discípulos, "O espírito está pronto, mas a carne é fraca". Em outras palavras, seus corpos não estão perfeitamente sintonizados com a alma, enquanto que Jesus está.) O corpo não tem outra escolha que não uma mudança, da mesma forma que uma bússola não tem outra escolha a não ser apontar para o norte. O que poderia causar menos esforço?

A história de Pauline

— Todos que me conhecem dizem que tenho muita sorte na vida — disse-me Pauline, uma profissional de carreira, agora com seus 40 anos. — Alguns balançam a cabeça e comentam de forma invejosa, ou descrente. Mas quase ninguém sabe da verdade. Há uma razão por que tudo dá certo comigo.

— Tudo? — perguntei, erguendo as sobrancelhas.

Pauline fez que sim com a cabeça.

— Não sofro reveses há vinte anos. Acontecem coisas que podem parecer problemas para as outras pessoas, mas, no fim, tudo sempre acaba bem. Não importa o quê.

Ela não era presunçosa. Tampouco sorria como se guardasse um segredo malicioso. Pauline tinha algo sério em mente.

— Tudo remonta a uma época muito estressante em minha vida. Tinha terminado a faculdade, mas estava sem direção. Aos 25 anos, tinha um emprego que não me oferecia nada além de segurança. Eu namorava, mas ninguém a sério. Essas queixas parecem comuns e não transmitem o quão terrivelmente agitada e insatisfeita me sentia. Acordava no meio da noite com falta de ar, como se estivesse me afogando. Ninguém imaginava como eu me sentia. O que seria isso? Ninguém sabia me dizer o que estava acontecendo, pelo menos ninguém que eu conhecesse.

— E agora você sabe? — perguntei.

Pauline assentiu com um movimento de cabeça.

— Eu estava me corroendo por dentro — disse. — Não, assim é dramático demais; estava me recompondo. Todo o processo devia estar se desenrolando já havia um bom tempo, talvez desde a infância; eu era muito religiosa aos dez anos de idade, me vestia de preto e ficava recolhida ao sótão para ler a Bíblia. Seja como for, não sabia como lidar com meu estado de agitação, que chegou a um clímax em uma tarde de sábado. Estava sentada em uma velha poltrona à beira da janela, a mente em disparada. Não lembro no que estava pensando, mas me recordo de ponderar se aquela era a forma como as pessoas enlouquecem.

— Você se sentia louca? — perguntei.

Ela sacudiu a cabeça.

— Essa é a parte engraçada — respondeu ela. — Eu não estava emocionalmente agitada. Uma estranha calma me envolveu. Era como observar a mente de alguém acelerando cada vez mais. De repente, tudo parou. Vi pela janela a luz clara do sol de verão e então eu soube. *Tudo o que você deseja está vindo para você. Não há nada a fazer.* Simples assim. Não podia acreditar.

— Você escutou uma voz na sua cabeça? — perguntei.

— Não, mas parecia que alguém estava se comunicando comigo. Deus? Meu eu superior? Não gostaria de dar um nome a essa voz interior, mas meu corpo ficou bastante relaxado. Pensei que ia chorar mas, em vez disso, dei um enorme suspiro. Um fardo imenso me foi tirado e eu nem sabia que estava carregando.

— Uma epifania trouxe-lhe sorte na vida?

— Sim — disse ela sem piscar.

— Instantaneamente?

— Nem tanto. No início fiquei eufórica. Confiava inteiramente no que a voz tinha me dito. Enxergava tudo através de lentes cor de rosa. Eu já não tinha mais medo. As pessoas não percebem, mas o medo está sempre à espreita em algum lugar da mente, como cupim na madeira. Quando ele desaparece, o mundo todo se ilumina. Essa fase só durou algumas semanas. Eu baixei de minha excitação e voltei a ser eu mesma novamente. Você diria que foi o fim de tudo, mas, na verdade, a mudança foi efetiva. As coisas ruins pararam de acontecer comigo. Comecei a fazer escolhas que eram certas. Minha vida já não era mais cheia de crises e dramas. Outras pessoas começaram a notar que eu estava levando uma vida de sorte.

Podia-se notar pela serena convicção de Pauline que ela pouco se importava se alguém acreditava nela. Eu a parabenizei, conversamos mais um pouco sobre as coisas boas que continuavam lhe acontecendo, e então ela se foi. Raramente encontro alguém que represente tão bem os efeitos do campo de atuação da alma. A voz que ela ouvira não tinha vindo de fora dela. Podemos dizer que ela escutou a voz de sua alma, mas a alma é silenciosa. Mais precisamente, o que ela ouviu foi sua própria mente colocando em palavras uma mudança de consciência. Tais mudanças são imprevisíveis; você nunca sabe de antemão que passará por uma transição brusca (embora a passagem por um período de turbulência, como ocorreu com Pauline, seja bastante comum). Há muitas formas de revelações divinas, e seria um erro classificá-las todas como de caráter religioso. O que todas elas têm em comum, no entanto, é que a consciência expande para além de seus limites normais.

Esta eu diria que se trata de uma epifania sobre a entrega. Imagine que você está sob influência de duas forças. Uma, a força do condicionamento, o empurra para uma vida cheia de esforço e luta. A outra, a força da alma, o ergue para uma vida sem esforço. O contexto parece gritantemente injusto porque a primeira força vem apoiada em uma enorme aliança. Todos que você conhece concordam que a vida é difícil e consequentemente a sociedade exige que você se dobre a ela, não apenas em palavras e atos, mas até nos pensamentos que fluem em sua cabeça. Porque seus pensamentos não são seus. Você assimilou centenas de vozes do mundo em que vive — família, amigos, mídia de massa, a sociedade em geral —, e agora todos eles dirigem-se a você de dentro da sua mente.

Comparada a essa volumosa aliança, a alma não tem poder visível. Ela não tem nenhuma voz em sua cabeça. Ela é íntima demais para que outra pessoa explique a você. Vimos que a consciência é capaz de mover energia, mas a consciência da alma é tão refinada, que a energia movida por ela é extraordinariamente sutil. Com tantos fatores contra, como pode a alma exercer qualquer força que seja? A resposta é surpreendentemente simples. Sua alma é você. Forças exteriores exercem pressão constante e a curto prazo os sinais de sua alma ficam bloqueados. Mas no fim, você não pode ignorar a si mesmo. Por estar sempre presente, sua alma pode esperar pelo tempo que for necessário.

Você pode fazer uma experiência simples para provar isso a si próprio. Considere outro elemento sempre presente: a respiração. Você passa horas ignorando sua respiração. Ela ocorre ininterruptamente, sem nunca chamar a atenção para si. Agora, sente-se, fique imóvel e procure ignorar sua respiração. Deliberadamente, faça um esforço para impedi-la. Você não pode. Uma vez que a atenção é desviada para a respiração, uma mudança ocorre. Ao final, é claro, sua mente irá para outro ponto. Você deixará de lembrar-se da respiração. Mas isso não interfere. Assim como a alma, sua respiração pode esperar, já que ela está sempre presente enquanto estiver vivo.

No caso de Pauline, o que realmente aconteceu não foi uma revelação divina no sentido convencional. Deus, nas alturas, não se apercebeu dela de uma hora para a outra e então mandou-lhe um telegrama. Na verdade, ela percebeu a presença de sua alma da mesma forma que uma pessoa percebe a respiração. Essa ocorrência, na verdade, não é tão rara. Todos nós passamos por momentos em que inadvertidamente entramos em um estado mais elevado de consciência. O difícil é evitar que a mente se disperse novamente. Pauline conseguiu algo raro: ela conscientizou-se de sua alma e desde então não tirou o foco dela. A presença da alma permaneceu com ela e foi o que tornou sua vida "de sorte".

Esse pode parecer um caso especial, mas a regra geral é comum para todos. Se puder trazer sua atenção para o nível da alma, o esforço cessa. A primeira coisa que muda é sua perspectiva, mas há mudanças também na forma como a vida o trata. Essas são mais misteriosas. Nossa sociedade não aceita que a alma — invisível, eterna, destacada, imóvel e imortal — tenha o poder de transformar o teimoso mundo dos objetos concretos e ocorrências materiais. Entretanto, para a vida tornar-se mais fácil, a alma precisa ter esse poder. Existem níveis de mistérios a serem ainda explorados.

Em sua vida: criando sua própria epifania

É pena que a palavra *epifania* seja tão fortemente associada a um contexto religioso. As pessoas consideram que epifanias são exclusivamente revelações vindas de Deus e ocorrem somente aos santos. Uma epifania é na verdade uma minirruptura. Uma parte do condicionamento é partido. Em vez de vítima de uma convicção rígida, você fica liberto. O que causa uma minirruptura como essa? Você precisa desviar o foco de sua atenção para a alma, porque este é o aspecto de seu ser que não está condicionado. Nesse sentido, a alma representa uma consciência superior — ela é livre de todo condicionamento. Ou, para deixar de forma mais simples, a alma nunca diz não. Para ela tudo é possível. O que quer que se possa imaginar torna-se verdade. Se puder manter a atenção em sua alma, você experimentará uma epifania a cada dia. Em vez do *não*, experimentará um ilimitado *sim*.

Ultrapassar o poder do *não* é de importância crucial. O *não* é muito convincente. As pessoas rejeitam todo tipo de experiência, porque acreditam que é certo rejeitar. Elas se opõem porque não o podem deixar de fazer. Pronunciar a palavra *não* as mantém tão firmes, que pouco mais importa. Alguns exemplos concretos nos ajudarão aqui, depois veremos como cada um deles pode ser revertido.

Ultrapassando o *não*

Você precisa quebrar a rigidez quando sua mente:
- *diz-lhe que as pessoas não mudam.*
- *o mantém preso a hábitos condicionados.*
- *prende-se em pensamentos obsessivos.*
- *cria fixações que não podem ser saciadas.*
- *provoca medo quando você tenta se libertar.*
- *o proíbe de ter certos pensamentos.*
- *faz com que impulsos naturais pareçam ilícitos ou perigosos.*

As minirrupturas necessárias para vencer o poder do *não* são devidas a um excesso de negatividade que assola muitas áreas. Mas em cada uma dessas áreas, aplica-se o mesmo princípio: para tornar a vida mais fácil é preciso que pare o que for que estiver fazendo. Sei que isso parece excessivamente generalizado mas, na realidade, se estivesse fazendo a coisa certa já estaria em contato com sua alma e sua vida estaria florescendo, dia após dia, sobre o princípio do *sim*. Por isso, você deve parar com o que está fazendo e se livrar da negatividade.

Agora vamos examinar as áreas específicas de onde o poder do *não* precisa ser desalojado.

Primeira convicção negativa: as pessoas não mudam. Essa familiar declaração parece razoável em momentos de desânimo e frustração mas, se observarmos mais detalhadamente, o efeito que causa é o de paralisar a mudança em você. Basicamente, se outras pessoas não podem ou não se predispõem a mudar, ficamos destinados a viver no estado atual das coisas. Ao assumir que ninguém mudará, você fecha o baú e os tranca ali dentro. Ao mesmo tempo, você também se tranca. É fácil perder essa referência, porque bem no fundo, secretamente, acreditamos que *nós* podemos mudar; são só as outras pessoas que não podem. Na realidade, elas sentem o mesmo a seu respeito e assim um sistema de mútuo desencorajamento se estabelece. Em poucas palavras, qualquer um que se erga e diga "nós temos de mudar" está avançando contra o estado atual das coisas. E todos os que furam as linhas e conseguem verdadeiramente mudar são vistos com desconfiança ou declarada hostilidade.

Pela perspectiva de sua alma, no entanto, nada disso é real. É óbvio que as pessoas estão constantemente mudando. Somos ávidos por novidades; mergulhamos em crises, grandes ou pequenas. Nosso ânimo se altera, assim como acontece com cada célula de nosso corpo. Dizer que as pessoas não mudam é arbitrário, um ponto de vista que parece seguro. É uma forma de resignação, de ceder ao inevitável. Você deve parar de reforçar o poder do *não* se quiser alcançar sua alma.

- Veja a si mesmo em estado de contínua mutação.
- Encoraje a mudança nos outros.
- Quando escutar a si próprio articulando uma opinião fixa, pare.
- Quando alguém apresentar uma contraopinião, não resista.
- Questione pelo lado oposto, de vez em quando.

› Não reprima o frágil início da mudança, tanto em você como nos outros.
› Pare de ser absoluto. Deixe sua atitude ser mais flexível e temporária.
› Não se orgulhe por estar certo.
› Quando sentir um impulso para crescer e evoluir, siga-o sem se importar com a opinião dos outros.

Segunda convicção negativa: os hábitos nos mantêm presos. Todos sabem o que significa ficar preso a um comportamento habitual. A luta da vida diária é caracterizada por nossa inabilidade de pensar e nos comportarmos de uma nova maneira. Hábitos mantêm casais presos à mesma discussão por anos a fio. Eles nos fazem mergulhar no divã mais do que causar uma mudança. Reforçam dietas inadequadas e falta de exercício. Em geral, o hábito provoca inércia com maior facilidade do que mudança. Aqui a força do *não* é bastante óbvia. Entretanto, se você analisar sem julgamento negativo, um hábito nada mais é que um atalho útil, um caminho automático impresso no cérebro. Um pianista talentoso imprime o hábito de mover os dedos de uma certa maneira; ele não iria querer reinventar sua técnica a cada vez que se sentasse ao piano. Um cozinheiro de lanchonete que prepara seis omeletes de uma só vez confia no fato de que seu cérebro tem impresso um conjunto de movimentos automáticos perfeitamente sincronizados.

Pela perspectiva da alma, um hábito é somente uma escolha que fica gravada na mente por razões práticas. Não há nenhum conceito de bom ou mau, certo ou errado. Você tem sempre a opção de apagar a impressão e criar uma nova. Um pianista que pega um violino para tocar não se atrapalha pelo hábito impresso que seus dedos têm de se mover. O cozinheiro de lanchonete quando está em casa fazendo só um omelete não é impelido a trabalhar em velocidade supersônica. O que nos mantém imobilizados é a influência do *não*. Sob as garras dessa influência, encontramos motivos para ficar presos em uma corrente de pensamentos e comportamentos habituais que já não nos servem mais. Voluntariamente renunciamos ao poder da mudança, enquanto que ao mesmo tempo reclamamos de nossos maus hábitos, como se eles tivessem vontade própria (atualmente está na moda culpar o cérebro, como se suas impressões fossem permanentes e absolutas). Para escapar de qualquer hábito, você precisa reivindicar seu poder de escolha.

- Não lute contra um mau hábito. Encare-o objetivamente, como se fosse outra pessoa que tivesse o hábito.
- Pergunte a si mesmo por que escolheu esse hábito.
- Examine qual benefício você está colhendo, geralmente em um nível oculto.
- Seja honesto acerca de sua escolha. Em vez de afirmar, "Eu sou assim mesmo", admita que você preferiu a inércia em vez da mudança porque mudar o amedronta ou o ameaça.
- Se você se sente vitimado por um mau hábito, pergunte a si mesmo por que precisa fazer o papel de vítima. É uma forma fácil de evitar a responsabilidade?
- Encontre uma razão para adotar um bom hábito no lugar do mau; torne essa razão convincente e continue repetindo isso para si mesmo sempre que o mau hábito voltar.

Seu objetivo é quebrar o conceito que diz que você não tem escolhas. Você sempre tem escolhas.

Terceira convicção negativa: pensamentos obsessivos estão no controle.
As pessoas, em geral, não se consideram obsessivas. Elas identificam as obsessões como desordens mentais quando na verdade uma desordem obsessivo-compulsiva é a variação extrema de uma condição universal. As obsessões são ainda outra forma que o poder do *não* tem para remover sua habilidade de optar. A qualquer momento, você pode se sentir obcecado por manter-se a salvo, evitar germes, enfurecer-se no trânsito, gastar dinheiro, disciplinar seus filhos, derrotar o terrorismo — as possibilidades são infinitas e variadas. Não se pode considerar que um pensamento torne-se obsessão somente se for imoral, errado ou irracional. Uma pessoa pode ficar obcecada com coisas que a sociedade aprova e recompensa. Todos nós conhecemos gente que é obcecada por vitória, ou por se vingar daqueles que lhe causaram algum dano, ou por dinheiro, ou pela ambição. Por definição, um pensamento obsessivo é aquele que é mais forte do que você. É aí que o poder do *não* causa maior estrago.

Pela perspectiva da alma, o pensamento é uma expressão de liberdade. A mente não é forçada a ter preferência por um pensamento em relação a outro. Muito menos é ela uma máquina programada para repetir a mesma mensagem ininterruptamente. O que nos mantém aprisionados na repetição é a convicção de que "eu *devo* pensar dessa forma." Outras alternativas são impedidas por medo, preconceito, interesse próprio e culpa. Para escapar do pensamento obsessivo, você precisa analisar esse nível mais profundo em que o "eu devo" exerce o domínio.

- Não lute contra pensamentos que ficam se repetindo.
- Quando as pessoas lhe dizem que você continua fazendo a mesma coisa, acredite.
- Não aceite a ideia de que vencer sempre, destacar-se sempre como o número um ou estar sempre fazendo *alguma coisa* seja produtivo.
- Não fique orgulhoso por ser consistente, pelo bem da consistência.
- Se você se sentir vítima de uma obsessão, pergunte a si mesmo do que tem medo. A repetição é uma máscara para a ansiedade.
- Pare de racionalizar. Foque a atenção no que seus pensamentos sentem, não no que eles dizem.
- Seja honesto acerca da frustração que sente por ter a mesma ideia repetidamente.
- Não defenda seus preconceitos.
- Tome medidas eficazes para reduzir o estresse, que é uma das principais causas da obsessão. Sob estresse, a mente fica repetindo a mesma coisa porque não está relaxada ou suficientemente aberta para encontrar uma alternativa.
- Por meio da meditação, procure o nível de sua mente que não está obcecado, que não contém ideias fixas.

Quarta convicção negativa: *fixações nunca podem ser saciadas*. Quando as fixações ficam voltando, elas o forçam a ceder ou a resistir (a futilidade dessa luta foi analisada anteriormente). O poder do *não* insiste em que você não tem outra alternativa. Novamente, um padrão repetitivo impresso no cérebro anula a livre escolha. Sua fixação assume vida própria e, se levada a extremos, transforma-se em um desejo compulsivo. A diferença está no seu grau de limitação. Alguém com uma fixação por chocolate não consegue resistir a comer um pouco; mas se for compulsivo, não comerá nenhuma outra coisa. Mesmo em suas formas mais brandas, no entanto, uma fixação pode fazê-lo sentir que você não tem outra escolha.

Pela perspectiva de sua alma, uma fixação é outro exemplo de um atalho impresso no cérebro. A pessoa que sempre come chocolate fez uma escolha implícita de que o chocolate é o melhor tipo de doce e, por isso, em vez de se preocupar todas as vezes em ter de escolher dentre uma variedade de doces, ela escolhe o chocolate automaticamente. Deixar a mente no piloto automático, porém, não significa que você não possa mudar a situação. A opção de restaurar suas reações existe sempre. Sob o domínio do *não*, você, voluntariamente, desistiu dessa opção, mas de tudo o que desiste, você também pode ter de volta.

> Quando aparece uma fixação, não se decida pela opção "tanto faz".

> Em vez de ceder ou resistir, opte por uma das seguintes opções: ir embora, adiar sua opção, encontrar uma distração, fazer uma pausa e observar a si mesmo, ou substituir por um outro prazer.

> Não pense em vencer sua fixação. Em vez disso, pense que está gradualmente apagando uma impressão.

> Quando se sentir desanimado por ceder, recolha-se a seus sentimentos em vez de querer empurrá-los para longe.

> Compreenda por que satisfazer uma fixação nunca funciona: você jamais conseguirá obter o suficiente daquilo que você não queria em primeiro lugar.

> Descubra o que realmente quer, se é amor, conforto, aprovação ou segurança. Essas são as necessidades básicas que as fixações tentam substituir.

> Procure sua real necessidade. Se o fizer, a fixação irá automaticamente perder a força e com o tempo desaparecerá.

> Se por alguma razão você conseguir livrar-se de sua velha fixação, agarre esse momento, mesmo que a fixação retorne. Cada pequena vitória imprime no cérebro um novo padrão. Não encare como uma vitória temporária — considere como um sinal de que você pode encontrar o botão que desligará de vez sua fixação.

Quinta convicção negativa: o medo o impede de ser livre. O poder do *não* usa o medo para se reforçar. Assim como uma arma de aluguel, ele carrega uma impiedosa e indiferente ameaça. Sob o domínio do *não*, a mente encontra toda e qualquer razão para ter medo. As coisas mais simples tornam-se objetos de ansiedade. Os riscos mais improváveis manifestam-se como perigos que podem abater-se sobre você a qualquer momento. Quando se encontra em uma postura defensiva, já negou a si mesmo a liberdade mais essencial, que é a de estar no mundo em segurança. Projetamos nossas convicções congeladas sobre qualquer situação, portanto sentir-se seguro ou não se torna uma questão de decisão pessoal.

Pela perspectiva da alma, você está sempre em segurança. O universo aprecia sua existência. A natureza é feita para preservar seu bem-estar. Se você se sente sob ameaça, pode ser bem proveitoso avaliar o perigo e escapar dele. Mas se estiver paralisado pela ansiedade, a ameaça torna-se incontornável. Alguém com medo de altura, por exemplo, achará impossível subir em uma escada. O perigo de cair não impede outras pessoas de subirem na escada, porque elas têm a liberdade de avaliar que o risco é pequeno. Mas a fobia retira a liberdade de avaliar o perigo realisticamente; o medo adquire poder absoluto, a força do não. Para vencer a fobia, você tem de enfrentar a ameaça e reafirmar que está em segurança.

> Não tente lutar contra seus medos quando você realmente estiver com medo.

> Quando se sentir calmo e seguro, traga seu medo à mente para que possa examiná-lo.

> O medo é convincente, mas não funciona. Certifique-se de enxergar essa distinção.

> A ansiedade conduz à obsessão sobre os motivos do medo, atiçando o próprio fogo. Não se engane com a repetição. Uma situação não fica mais perigosa só porque você não para de pensar que sim.

> Separe a energia do medo do teor de sua experiência. Em vez de preocupar-se sobre aquilo que o deixa ansioso, vá diretamente ao sentimento de ansiedade e mova essa energia como faria com qualquer outra, por meio de liberação física, sintonia, meditação e outras técnicas.

> Entenda que você não está essencialmente com medo. O medo é uma emoção passageira que pode ser liberada.

> Saiba que tem a opção de agarrar-se ao medo ou deixar que ele se vá. Se estiver ansioso, tome providências imediatas para deixá-lo ir. Não resida no medo ou tente raciocinar com ele.

> Evite culpar a si mesmo. O medo é universal. É sentido pelas pessoas mais corajosas e fortes. Estar com medo não significa que você é fraco. Significa que ainda não o deixou ir embora.

⟩ Seja paciente consigo mesmo. Medo e ansiedade são os maiores obstáculos para todos. Seja grato e congratule-se cada vez que sobrepujar o medo.

⟩ Não considere uma derrota se o medo voltar. Logo chegará o tempo em que poderá sentar-se calmamente e remover a energia do medo. No final das contas é você que está no controle.

Sexta convicção negativa: "maus" pensamentos são proibidos e perigosos. As pessoas gastam muita energia sutil empurrando para baixo do tapete pensamentos que não querem encarar. Negação e repressão parecem convenientes como soluções de curto prazo. Aquilo em que você evita pensar poderá desaparecer. Entretanto, existe uma qualidade viscosa nos maus pensamentos — que são quaisquer pensamentos que o fazem sentir-se culpado, humilhado ou angustiado. E a negação apenas torna a dor pior com o tempo. O atraso também piora a liberação de energia velha e estagnada, quando você finalmente decide que elas devem ser combatidas.

Se você escolher livrar-se dos maus pensamentos de uma vez por todas, a decisão é sua. O perigo surge quando começa a acreditar que certos pensamentos são proibidos como que por força de uma lei exterior. Quando isso acontece, o poder do *não* o terá convencido de que sua própria mente é a inimiga. Muita gente, inclusive psicoterapeutas treinados, sente-se ameaçada pela "sombra", um nome dado à zona proibida da mente em que impulsos perigosos ficam à espreita. Sob o domínio do *não*, você teme sua sombra e acredita que nunca deverá se aproximar dela.

Pela perspectiva da alma, a mente não tem limites. Se você sente que é proibido olhar de frente sua raiva, medo, ciúme, desespero e sentimentos de vingança, você está recorrendo a um falso conceito do eu. Especificamente, está dividindo-se em bons e maus impulsos. O paradoxo é que seu lado bom nunca consegue obter a vitória definitiva, porque o lado mau está constantemente lutando para se soltar. Segue-se um conflito interior. Você acaba vivendo em um estado de guerra às escondidas. Em vez de tentar ser bom o tempo todo, procure conquistar a liberdade. Quando a mente está livre, os pensamentos vão e vêm espontaneamente. Sejam bons ou maus, você não se agarra a eles. Desde que a mente possa fluir, nenhum pensamento é perigoso e, portanto, nada é proibido.

- Perceba a diferença entre ter um "mau" pensamento e agir de acordo com ele.
- Não se identifique com seus pensamentos. Eles não são você; são eventos passageiros na mente.
- Resista ao impulso de julgar. O julgamento faz com que impulsos ilícitos continuem rondando.
- Aprenda o valor da aceitação.
- Não condene os outros pelos pensamentos deles.
- Não crie um falso ideal de si mesmo. Veja com clareza que todo tipo de pensamento, ânimo e sensação existe na sua formação.
- Comemore a diversidade de sua mente. Uma mente livre para pensar de todo jeito que quiser deveria ser valorizada e, não, reprimida.
- Se ensinaram-lhe que Deus o odiará por pensamentos pecaminosos, procure permanecer à margem dessa perspectiva. Conservar a ideia de um Deus arbitrário, responsável por seu próprio autojulgamento é uma ilusão.
- Não se preocupe em estar certo o tempo todo. Estar certo é só um disfarce para acusar outra pessoa de estar errada. Nas sombras, você secretamente teme que algo esteja errado com você, e é por isso que luta com tanto ardor para parecer infalível — você pensa que isso o torna bom.
- Quando se vir tentado a controlar sua mente, dê um passo atrás e compreenda que, de início, a missão é impossível. Mesmo a mais disciplinada das mentes tem uma forma de partir suas correntes.

Sétima convicção negativa: impulsos naturais são ilícitos ou perigosos. Desde que não existe algo como um impulso artificial, todos os impulsos são naturais. Eles nascem ou de um desejo ou de uma necessidade. Entretanto, quando a mente intervém, qualquer impulso pode transformar-se em um perigo. Comer uma barra de chocolate parece perigoso se estiver obcecado com seu peso. Amar alguém pode parecer perigoso se você teme a rejeição. Existe uma dança desordenada entre o que sentimos e o que achamos que deveríamos sentir, e todos nós somos arrastados pela dança, motivo pelo qual disputas sobre valores sociais podem conduzir à violência. As pessoas põem muita coisa em jogo ao julgar o que é certo ou errado, ou apelar para Deus, ou uma moralidade elevada que justifique o próprio senso de culpa e vergonha. O poder do *não* insiste em que certo e errado são valores absolutos.

Sob essa influência, você passa a ter medo do que realmente sente. Incapaz de avaliar pensamentos sob a clareza de uma luz positiva, você permite que eles se distorçam. Como resultado, mais e mais energia é gasta defendendo o claro contra o escuro, sem levar em conta o fato de que a violência, mesmo quando em defesa do certo, está errada.

Pela perspectiva de sua alma, todos os impulsos são baseados em necessidades legítimas. Quando a carência é detectada e preenchida, o impulso perde força, assim como a fome esmorece depois que você come. No entanto, quando uma necessidade é negada ou recebe um veredito contra, ela não tem escolha a não ser tornar-se mais insistente. Os impulsos crescem, lutando contra a resistência que tenta anulá-la. Em um determinado momento, essa guerra travada entre impulso e resistência torna-se tão intensa que você perde a noção da carência original.

Quando uma pessoa é atraída por impulsos sexuais proibidos, por exemplo, é absolutamente certo que uma simples carência — de amor, gratificação, valor próprio, ou aceitação — foi profundamente soterrada. Só o que se vê é o impulso ilícito e a guerra que trava contra a vergonha e a culpa. Se o impulso ilícito for de violência e hostilidade, a carência oculta é quase sempre a necessidade de se sentir seguro e sem medo. Portanto, a questão definitiva não é se pode vencer a batalha contra os "maus" impulsos, mas se pode encontrar a carência que atua como combustível. Quando você pode satisfazer uma necessidade primária, controlar o impulso deixa de ser problema.

Pare de pensar nisso como uma questão de autocontrole. Todo tipo de impulso vai e vem em todas as pessoas.

> Procure não julgar negativamente a si próprio. Maus impulsos não o tornam uma má pessoa.
> Saiba que nenhum dos lados será capaz de vencer uma guerra interna.
> Não faça disso um teste de força de vontade. Ceder a um impulso não é prova de que você precisa disciplinar-se ainda mais.
> Permissividade não é uma solução viável, da mesma forma que seu oposto, a autodisciplina rígida. Agir de acordo com impulsos serve apenas como uma liberação temporária de energia, como abrir e fechar um bico de gás. Sempre haverá mais gás no bujão.
> Seus demônios pessoais irão ficar piores se continuar a se envergonhar deles.

- Culpa é uma percepção, e todas as percepções estão abertas à mudança. Não se pode transformar a culpa instantaneamente em aprovação, mas você pode torná-la negociável. Ao remover a energia oculta que o força a se sentir culpado, uma nova percepção pode aflorar.
- Compreenda que sua alma nunca o julga. Com esse conceito em mente, a meta é viver no nível da alma. Essa é a resposta definitiva para a guerra entre o bem e o mal.

RUPTURA Nº 2

O AMOR DESPERTA A ALMA

Uma ruptura no nível da alma faz o amor expandir, mas também traz desafios. A alma capta o amor infinito de Deus e o converte para a escala humana. O grau de intensidade do amor que você pode receber depende de muitas coisas. A maioria das pessoas sonha com mais amor em suas vidas, ainda que, na verdade, a porção que desfrutam neste exato momento corresponde àquela a que se adaptaram. Existe também a questão do grau de aceitação de uma demonstração de amor intenso. Nem todos se sentiriam confortáveis se você repentinamente os confrontasse com uma investida de amor incondicional. Ficariam desconfiados se esse novo tipo de amor é confiável. Teriam dúvidas se é real ou duradouro. Bem no fundo de seus corações achariam que não são merecedores de um amor tão aberto, completo.

Muitas pessoas já fizeram um contato momentâneo com o amor mais puro e intenso da alma. Quando isso acontece, há uma maravilhosa sensação de acordar. O amor desperta a alma. Isso acontece porque os semelhantes se atraem. A alma não é passiva. Ela vibra em simpatia com você todas as vezes em que tenta libertar-se de limitações. Há uma sensação parecida, de expansão e liberação, quando você experimenta a beleza ou a verdade. Você está liberando energia potencial e deixando que ela flua. A eletricidade em sua casa não produz luz e calor antes de você apertar o interruptor. Algo bem parecido ocorre quando você desperta a energia da alma.

As pessoas experimentam uma oscilação da energia da alma sem saber exatamente como. Sem nenhum aviso, têm um vislumbre do amor incondicional ou sentem a presença de Deus. Existe uma sensação de serem abençoadas e ilimitadas. Subitamente torna-se real a quebra de todos os limites. Por que, então, a vida diária as puxa para baixo novamente? Essas expedições privilegiadas ao reino da consciência expandida são quase sempre breves — uma questão de momento, talvez alguns dias e raramente mais que alguns meses.

Ano após ano, o cérebro adaptou-se a um modo de vida no qual é normal ser pouco amoroso e alegre. Já que você não tem como obrigar-se a adotar uma nova atitude, o que seria capaz de fazê-lo? A resposta, creio, é o desejo. O desejo de amar e ser amado impulsiona qualquer pessoa para a frente. Quando esse desejo está mais vivo, procuramos o melhor da vida. Quando ele bate as asas, a vida se torna estática.

Inúmeras pessoas preferem viver sem amor, porque têm medo demais de arriscar qualquer forma de conforto que tenham; outros fracassaram no amor e sentem-se feridos ou acabaram enjoando da pessoa que uma vez amaram. Para toda essa gente, o amor chegou ao fim, o que significa que um aspecto da alma ficou entorpecido. Dizer a alguém nessas condições que o amor é infinito pode ser inspirador, mas a inspiração é vazia, a menos que ela possa experimentar não o amor infinito, mas o passo seguinte. E o passo seguinte é sempre o mesmo: despertar a alma. Porque cada pessoa é diferente, não existe um método pronto para se obter êxito. Pode funcionar dizer a uma pessoa solitária para sair de casa e procurar gente nova, marcar um encontro ou procurar um serviço na internet que junte casais. Como também pode não funcionar.

O segredo do desejo

Por que o amor é como a água para uma alma com sede ao mesmo tempo que é rejeitado por outra? Lembro-me de uma comovente história que me foi contada por uma mulher do Sudoeste que abandonou um trabalho lucrativo na mídia para tornar-se construtora. Ela comprou uma área de terra na parte mais depredada do bairro, onde pretendia reformar um grupo de casas de barro.

— Foi duro ser construtora naquelas redondezas — relembra. — Contratei operários locais, mas havia muito roubo na construção. Muitos dos homens eram ex-desempregados e ressentiam-se em ter uma mulher como chefe. Todos os dias, a criançada do quarteirão se juntava na calçada para me espiar trabalhando em um telhado ou emboçando uma parede. Nenhum deles jamais vira uma casa nova sendo construída, penso eu. Duas crianças chamaram-me a atenção. Antônio era mais velho que os outros, talvez tivesse uns quinze anos. Tinha um histórico de drogas e várias prisões. Um dia, porém, cheguei na construção e vi um mural da Virgem Maria pintado em uma parede. Quando perguntei ao pessoal, Antônio confessou que tinha sido ele quem pintara. Foi então que fiz um pacto secreto com ele. Comprei os materiais que os pintores locais usavam para fazer os tradicionais *retablos*, imagens sagradas pintadas em lata. Ele começou a trabalhar com vontade e não demorou muito para que tivesse um pequeno e lucrativo negócio. Ninguém comentava sobre o que eu tinha feito por ele, mas todos sabiam.

— A outra criança era uma garotinha, Carla, que tinha uns oito ou nove anos, muito viva e curiosa. Ficamos amigas e eu conheci sua mãe. Fiquei tão sensibilizada com a doçura delas, pessoas quase sem nada, que fui à melhor escola particular da cidade e consegui do diretor uma bolsa integral para Carla. Tirei umas horas de folga para ajudar sua mãe naquela primeira manhã e voltei para o trabalho. Por volta de uma hora, estava passando e vi Carla no lugar onde sempre ficava, junto com os outros garotos olhando os homens trabalhando. Já estava sem o uniforme da escola. Fiquei muito aborrecida e corri até o trailer onde a família morava. Perguntei à mãe o que tinha dado errado. Teria Carla se comportado mal? Será que os outros garotos a perseguiram? Ela disfarçou, evitando me olhar de frente.

— Dei uma passada lá ao meio-dia e a trouxe de volta — disse ela. — Você teve boa intenção, mas aquele lugar não é para ela. Nunca se adaptaria.

— Procurei não me zangar. Tentei persuadi-la e induzi-la a desistir daquela ideia, mas a mãe estava firme, e a garotinha nunca mais voltou.

A moral dessa história é que amor e desejo precisam estar juntos. O caminho espiritual se abre, quando você faz uma coisa que ama após outra. No interior de cada pessoa existe um lugar que é íntimo, vivo e cheio de desejo. Ele não quer saber de Deus ou da salvação ou de amor incondicional. Ele só precisa da próxima coisa que deseja. Se essa próxima coisa for saciada, haverá uma outra próxima coisa, e outra, e assim indefinidamente. As tradições religiosas não dão atenção a esse ponto tão pragmático. Elas oferecem uma gloriosa recompensa final a pessoas que não conseguem saber como conseguir a próxima pequena recompensa. Nenhuma religião pode oferecer orientação de fora. Somente você está em contato com o impulso vivo do desejo que quer se deslocar para a frente.

Mas e se a próxima coisa que quiser for comer um bolo de chocolate? E se sua fome maior for por uma segunda casa ou uma terceira esposa? A alma não julga seus desejos. Ela trabalha com quem você é e onde está agora. A dica é alterar o caminho do desejo, que para a maioria das pessoas é focado em coisas mundanas e redirecioná-lo para um plano mais elevado.

O problema dos limites

Por mais que você ame um bolo de chocolate ou uma segunda casa, há um limite para o prazer que as coisas materiais trazem. A grande desvantagem do desejo externo é que a repetição mata o prazer. Casais se defrontam com esse problema no casamento, porque a vida cotidiana ao lado de outra pessoa, por mais que se ame essa outra pessoa, inclui uma grande dose de repetição. O conselho de praxe é que se acrescente algum tempero inventando algo novo. Surpreenda seu marido com uma nova lingerie. Surpreenda sua esposa com umas férias nas Bermudas. Esse conselho pode funcionar em curto prazo, mas é só uma distração temporária. Existe uma resposta mais profunda baseada na alma.

Do modo como a alma o vê, o desejo não tem interesse na repetição. Ele quer ir mais fundo. Quer mais intensidade, mais significado, mais expansão. O que mantém um casamento vivo é que você descobre que há mais para amar em seu cônjuge; as possibilidades crescem com o tempo. Intimidade com outra pessoa é uma descoberta extraordinária, para a qual não há substituição. Quando encontra tal intimidade, você naturalmente quer mais — quer que ela cresça. Por outro lado, um desejo que não se aprofunda, que dá voltas repetindo sempre o mesmo padrão, foi de alguma forma desviado de seu curso natural.

Se essa descrição lhe traz à mente imagens como a de um cão perseguindo a própria cauda, você entendeu perfeitamente. Desejo que persegue seu objeto sem nunca ganhar terreno é estanque. Um limite funciona como uma cerca invisível ou uma linha que não deve ser cruzada. Por que colocamos limites ao redor de nossos desejos? Primeiramente, para manter de fora experiências desconfortáveis. Pense em quantas vezes já passou por um mendigo pedindo esmola na rua — ou um Papai Noel com um sino na mão convocando as pessoas para doações de caridade no natal. Se você decidir congelar seus apelos, você constrói uma barreira invisível. Por ser psicológico, um limite pode ter implicações emocionais para a pessoa que o estabelece. Ponha-se no lugar do mendigo, por exemplo. Quando disser "Uma esmola?", algumas pessoas simplesmente o ignorarão; outras apertarão o passo para fugir da culpa; muitas mais ficarão irritadas ou zangadas; algumas poderão ocasionalmente lhe atirar uma moeda ou reagirem profundamente escandalizadas.

A segunda razão para determinar um limite é proteger sua zona de conforto. Dentro dessa zona você se sente satisfeito. Também sente-se seguro e protegido. Há muitos tipos de zonas de conforto. Para cada pessoa que só se sente em segurança quando está sozinha, existe uma outra que só se sente segura quando cercada de pessoas. Mas seja qual for o tipo de zona de conforto que crie, estará na verdade criando dificuldade para permitir mudança em sua vida. Quando eu era médico residente em um hospital, aprendi algumas lições importantes sobre a razão de as pessoas não mudarem. Uma de minhas mais fortes lembranças de um hospital de veteranos de guerra perto de Boston, era de estar debruçado sobre a janela da lanchonete, observando os pacientes a distância.

Todo paciente era conduzido em cadeira de rodas até a porta do hospital, de onde se levantava e ia embora. Uma imagem feliz, você diria. Um dia, porém, vi um paciente meu que tinha câncer de pulmão atravessar a rua e entrar em uma mercearia. Dois minutos depois, saiu com uma caixa de cigarros debaixo do braço. Já tinha aberto um maço e acendido o primeiro cigarro. Quando comentei o fato com um oncologista residente há mais tempo, ele sacudiu os ombros e disse que se olhasse pela janela, veria metade de seus pacientes fazendo a mesma coisa. Tinha aprendido a não olhar.

Isso foi há 30 anos, e felizmente a tendência hoje é diminuir o número de fumantes. Mas o ponto em questão é que as pessoas podem ir bem longe para proteger suas zonas de conforto e isolar a realidade dolorosa. Outra lembrança daqueles dias é de uma época em que estava no rodízio da psiquiatria: uma mulher apareceu para uma avaliação e, enquanto a examinava, contou-me que tinha quatro crianças pequenas em casa e um marido que tinha perdido o emprego e começara a beber. Ela era diabética e com muitos quilos acima do peso ideal. Senti uma grande pena dela imaginando como era sua vida, mas quando perguntei por que ela tinha procurado a clínica, disse:

— Tenho uma sensação de que estou deprimida, mas não consigo saber por quê.

Naquela ocasião compreendi que oferecer gentileza, simpatia e atenção traria alento a qualquer um — eu tinha subestimado o nível de proteção que os limites realmente proporcionam, achando que seria fácil derrubá-los. Limites são feitos de consciência congelada, o que é muito difícil para se compreender. Eu tive um mentor de grande coração em meu rodízio na psiquiatria, que era considerado o médico de maior empatia do hospital. Ele conseguia fazer com que pessoas aparentemente gélidas ou distantes se abrissem inteiramente. Ele próprio era uma pessoa encantadoramente alegre e despreocupada e sabia usar seu charme natural para desarmar pacientes amedrontados.

Mas ele também tinha uma profunda compreensão de por que aquelas pessoas eram inacessíveis. Uma coisa é não se sentir amado, ele disse, mas para alguns "eu não mereço ser amado" é uma convicção tão arraigada que chega a parecer parte do que eles são. E, então, quando os expõe ao amor e atenção, eles fogem. E por que não deveriam? Você está ameaçando tomar uma parte de suas identidades, o que seria ameaçador para qualquer um. Tente voltar para casa no próximo Natal, ou na Páscoa, e ser amável com o parente que mais o aborrece. Quando irradiar amor onde antes irradiava desafeto, a primeira reação dele será provavelmente de desconfiança, e, se você persistir, ele poderá ficar ansioso ou zangado.

Em poucas palavras, nossos limites são parte de nossa identidade. A alma pode mudar essa identidade, e o processo começa negociando-se com os próprios limites. Você sabe, no fundo do coração, que não está verdadeiramente seguro, protegido ou realizado. Se quer que isso se torne realidade, algumas novas coordenadas entram em cena:

› Você não tem tanto medo de correr riscos.
› Você não tem que estar certo o tempo todo.
› Você acredita que o amor está destinado a você.
› Você recebe com alegria a oportunidade de expansão.
› Você vê a abundância como natural à vida.
› Você não nutre expectativas.

Essas são convicções poderosas e elas desintegram os limites. Vamos examinar mais atentamente como funcionam.

Você não tem tanto medo de correr riscos. Assumir um risco é o mesmo que pisar fora do seu limite. Todos queremos ser livres, mas a ansiedade nos impede. Toda mãe conhece o olhar de uma criança quando ela arrisca seus primeiros passos — é uma mistura de curiosidade, intenção, ansiedade e um espanto maravilhado. "O que estou fazendo? Sei que quero tentar isso, mas parece perigoso". Essa é a visão de uma pessoa que corre riscos. Ela expressa os sentimentos embaralhados dos quais não se consegue escapar quando abandona o que sabe pelo que não sabe. Os limites procuram nos convencer de que riscos são perigosos demais. Na verdade, assumir riscos é o desejo persuadindo você a procurar por algo novo.

Pessoas que evitam todo tipo de riscos estão fazendo um pacto com o diabo. Em troca de uma realização limitada, elas ganham segurança. Mas a segurança é uma ilusão. A realidade é que elas estão estagnadas, imóveis. Imagine um agorafóbico, alguém que tem medo mórbido de lugares públicos e grandes espaços abertos. Ficar em casa parece seguro a princípio, porque o exterior foi emparedado. Com o passar do tempo, no entanto, até mesmo a segurança de permanecer em casa começa a perder efeito. O sofredor agorafóbico, então, só se sente bem se estiver em um quarto, e depois num quarto menor, até chegar ao ponto que só o menor quarto da casa consegue dar-lhe alguma sensação de segurança. Por que a fobia progride desse modo? Porque o desejo de estar do lado de fora não pode ser suprimido e, à medida que cresce, a fobia contra-ataca criando limites cada vez mais apertados. Aprender que os riscos são positivos, que lhe permitem crescer, é um passo importante.

Você não tem que estar certo o tempo todo. Estar dentro de um espaço limitado é como ser o monarca de uma ilha pequena. Você está no controle, e a essência do controle é estar sempre certo. Certa vez, conheci um homem de mente decidida e resoluta, um executivo de uma grande corporação, que tinha o hábito irritante de contradizer qualquer um que tentasse falar com ele. Sua reação automática para qualquer declaração, não importa o quão óbvia ou inócua, era "Isso não é verdade" (ou "Há outra forma de se ver isso", "Não estou certo sobre isso", ou "Esse argumento é fraco" etc.). Aparentemente, ele não tinha consciência de que agia dessa forma. Apenas adquiriu o hábito de fazer com que todos estejam errados para que assim possa estar sempre certo. Um sócio dele pediu-me para avaliar o que estava acontecendo. Fiquei sentado ouvindo aquele homem por mais de uma hora contradizendo cada pessoa com quem teve contato. Resolvi tentar uma aproximação direta e chamei-lhe a atenção para o fato dele ter dito "Isso não é verdade" pelo menos duas vezes por minuto durante toda a manhã. Sem a menor hesitação ele virou-se para mim e disse "Isso não é verdade".

Repare quanto conteúdo existe nessas poucas palavras. "Isso não é verdade" permite a qualquer um excluir outro que discorde, estampando um sinal de aviso em que se lê "Fique de fora. Minha mente já está fechada". Os limites, ao que parece, servem a complicados propósitos; não podem ser definidos exclusivamente como defesas psicológicas. Nesse caso, aprender que você não tem que estar certo significa aprender a confiar, porque a necessidade básica exprimida é por controle. O limite só fica fortalecido quando você o desafia; tentar provar a uma pessoa de personalidade controladora que ela está errada é perda de tempo. Em vez disso, você deve mostrar, cada vez mais, que o seu amor pode ser confiável.

Se esse limite é próprio de você, o melhor começo é confiar um pouquinho só em alguém, todos os dias. Isso se traduz em não ficar dizendo às pessoas como as coisas devem ser feitas, parar de exigir perfeccionismo nos outros, parar de contradizer e insistir que só você sabe como fazer certo. Reverter nosso hábito de estar certo será incômodo — o que é bastante natural. Mas a cada vez que sua confiança for recompensada, terá uma razão a menos para reerguer seu velho muro.

Você acredita que o amor está destinado a você. Muitas formas de limite escondem autojulgamento. Pessoas que rejeitam a intimidade sentem que não merecem o amor. Elas têm medo de expor-se, não querendo que as pessoas vejam o quanto não são merecedoras de amor. Criar um limite também permite a elas evitar a busca do motivo por que se sentem não merecedoras de amor. (Em lugar do amor, pode-se substituir por respeito, admiração, aceitação, apreciação — todos servem como compensações para o amor.) O mais afortunado entre nós foi amado desde o nascimento. Mas isso é raro. A maioria das pessoas viveu uma combinação de amor e rejeição, mesmo quando ainda muito jovem. Elas foram expostas a situações negativas em que seu valor permanece duvidoso.

A única cura para essa dúvida é ser amado e isso não acontecerá se você se trancar, isolando-se. Infelizmente, quanto mais você sente que não merece amor, mais se isola e então a certeza de que não é merecedor de amor cresce. Em essência, você só é capaz de atrair e manter a mesma capacidade de amor que sente por si próprio. Uma pessoa neutra pode perceber evidência disso quando uma mulher diz, por exemplo, "Fico saindo só com o mesmo tipo de homem o tempo todo", ou "Só conheço homens que acabam me rejeitando". No caso dos homens, a queixa é a mesma, porém com as variações típicas do sexo: "Encontro muitas mulheres, mas nenhuma com quem me casaria," ou "Amo as mulheres, mas não quero ser pressionado para me estabelecer". A sociedade fornece todos os tipos de respostas prontas por trás das quais uma pessoa pode se esconder de seu autojulgamento.

Este limite repressor pode ser derrubado se você acreditar que é uma pessoa merecedora de amor, não inteiramente (aí já seria pedir demais), mas o suficiente para permanecer do lado de fora de sua zona de conforto. Você pode ajudar uma criança carente, trabalhar para os pobres, ser o tutor de um adolescente rebelde — esses são atos de amor que trazem recompensas tão grandes como sair para um encontro, e geralmente ainda maiores. À medida que o amor chega para você, ele vai se tornando parte de sua identidade. O amor deseja crescer. Você só precisa plantar a semente.

Você recebe com alegria a oportunidade de expansão . Pessoas que vivem presas a limites têm medo de expandir. Os seres humanos são únicos no que se refere a essa expansão, visto que em nós ela se dá na consciência. Por exemplo, é expansivo compartilhar e doar. Porém o assunto é delicado: o ato físico de doar não é suficiente. É possível uma pessoa distribuir milhões sem deixar de ser a mesma pessoa gananciosa e egoísta intimamente. Parece existir um mecanismo inato que torna quase fisicamente necessário para algumas pessoas adquirir, retirar e esconder. Uma recente pesquisa no campo das ciências sociais reuniu um grupo de pessoas e mostrou-lhes uma série de slides sobre acontecimentos repulsivos, como imagens de guerra e acidentes de carro. Cada pessoa foi monitorada para se determinar as respostas relativas à pressão sanguínea, batimentos cardíacos e resposta galvânica da pele. Todos no grupo acharam estressante olhar aquelas fotos angustiantes. Mas a partir de um determinado momento, alguns foram se acostumando com os assuntos que viam. Sua resposta ao estresse diminuiu de intensidade no que se referia a esses assuntos enquanto que, para outros, não — mostravam-se tão perturbados diante da última exibição da cena quanto ficaram na primeira. A princípio, essa experiência confirmou a rapidez com que alguns de nós somos capazes de erguer barreiras contra situações que achamos temerosas. Outro resultado, no entanto, mostrou-se contraintuitivo.

Antes da experiência, as pessoas foram questionadas a respeito de suas preferências políticas. O resultado foi que aquelas que se afirmaram liberais foram as que rapidamente se recuperaram do choque inicial e se acostumaram às pavorosas imagens. As que se identificaram como conservadoras foram as que permaneceram estressadas. Os pesquisadores quebraram a cabeça para explicar o resultado, porque o estereótipo do liberal compadecido faria as pessoas acharem que eles eram os mais sensíveis. Ou talvez seja necessário uma grande habilidade para aceitar a existência da dor e do sofrimento para poder repará-los, ao passo que as pessoas que permanecem chocadas pela dor e pelo sofrimento só estão, na verdade, querendo parar de presenciá-los. Você precisa estar confortável em relação à dolorosa realidade antes de ter condições reais de fazer alguma coisa para ajudar.

O mesmo se aplica quando decidimos ajudar a nós mesmos. É preciso força de vontade para encarar as trevas antes que a luz possa entrar. Sua alma trata de seus limites com a máxima atenção. Ela nunca pede por cura. Ela nunca atropela, mesmo com amor. Nesse estágio, acredito que a mente conduza as emoções. Limitação e encolhimento são sempre derivados do medo, e as garras do medo são inteiramente emocionais. Como um adulto persuadindo uma criança a entrar na água, você pode negociar com seu temeroso e contraído ego. É preciso destreza.

A chave é entender que até a parte mais comprimida, a mais contraída do seu ser anseia por liberdade. Com esse propósito em mente, você se pergunta: "O que eu quero?". A resposta não precisa ser imponente. Você não precisa querer a total realização, felicidade e amor. Ache um desejo plausível. A próxima coisa que lhe trouxer alegria, seja ela o que for, o trará para mais próximo de sua alma. O desejo pode chegar misturado a um desconforto, mas se você conseguir se entregar a uma experiência verdadeiramente expansiva, sua necessidade de se encolher começará a diminuir. Quanto mais alegria você estiver propenso a receber, menor a necessidade de impor qualquer tipo de limite.

Você vê a abundância como natural à vida. Se você acredita na escassez, só pode viver com medo. A maioria de nós considera nossos empregos, casas, contas bancárias e bens materiais como defesas contra a escassez. Porém, é o vazio interior a verdadeira ameaça. Seu corpo é um exemplo óbvio da abundância da natureza. Centenas de bilhões de células são mantidas em funcionamento. Seu sangue corre pelas artérias em ondas incessantes. Da mesma forma, sua alma é um reservatório de inteligência, criatividade e energia infinitas. Ela não apresenta a menor condição de se esgotar. No entanto tudo isso representa pouco se você acredita que vive em escassez.

Quando essa convicção instala-se, é preciso um enorme esforço só para se conseguir o mínimo para sobreviver. Esse modo de pensar é comum, por mais irônico que pareça, entre pessoas mais ricas. A riqueza os deixa saciados externamente enquanto que, interiormente, sentem-se destituídos. Em consequência, anseiam cada vez mais exatamente por aquilo que não os satisfaz em primeiro lugar.

Existe aí uma grande discrepância entre o que a alma está fornecendo e o que recebemos. Descobri que quando uma pessoa se sente pobre interiormente, o exercício a seguir tem se demonstrado muito útil. Pegue um pedaço de papel e escreva a palavra *abundância*, depois faça um círculo ao redor dela. Agora, escreva cinco palavras ao redor do círculo, cada uma referente a uma área que tornaria sua vida mais abundante. (Quando aplico esse exercício nas pessoas, peço a elas que não escrevam coisas materiais como dinheiro, casa ou posses. Carreira, trabalho e sucesso são bons substitutos porque possuem um significado interior.) Digamos que as cinco palavras que você escreveu tenham sido:

- Paz
- Alegria
- Compaixão
- Bem-estar
- Família

Um homem realmente escreveu essas cinco palavras. Para ele, a vida seria abundante se tivesse maior realização em todas essas áreas. Agora, tomando cada item em separado, escreva três coisas que pode fazer, começando a partir de hoje, para tornar essas áreas mais completas. Aqui temos uma amostra do que esse homem escreveu:

Alegria:	Gastar mais tempo ao ar livre.
	Brincar com as crianças.
	Aprender a me divertir outra vez.
Compaixão:	Fazer uma doação para o sem teto da esquina.
	Oferecer ajuda ao meu companheiro de trabalho deprimido.
	Oferecer-me como voluntário no abrigo para animais.

> **Família:** Dizer à minha mulher que a amo com maior frequência.
>
> Sentar à mesa de jantar e conversar sobre a vida de cada um.
>
> Prestar atenção aos sinais de tristeza e retração.

Não basta ansiar por mais em sua vida. Seu desejo tem de ser específico; ele deve indicar onde você está e aonde quer chegar. Um desejo desse tipo não é caótico nem está fora de controle. Pelo contrário, ele exerce uma pressão suave para que a mudança ocorra.

Você não nutre expectativas. Nada provoca mais infelicidade do que expectativas frustradas. A promoção no trabalho que acabou não saindo, a proposta de casamento que foi adiada uma vez mais, a imagem de uma família ideal que nunca se materializa. Expectativas são uma tentativa de controlar o futuro. Uma expectativa diz: "Eu não serei feliz a menos que isso ou aquilo aconteça". Nesse ponto, porém, precisamos ser cautelosos. Não ter expectativas é uma forma conhecida de dizer que a vida é vazia e sem esperança. Esse não é o objetivo. Ao contrário, é um tipo de abertura em que tudo pode acontecer e o que vier será bem-vindo.

Recentemente, tive uma vívida experiência disso. Estava fazendo escala em uma cidade por dia durante a turnê de lançamento de um livro. Para reduzir o desgaste de tantos aeroportos e hotéis, acabei criando uma rotina. No décimo dia da viagem, porém, nenhuma parte dessa rotina deu certo. Levantei-me para fazer ginástica, mas a quadra do hotel estava fechada. Fui ao restaurante tomar um suco com torradas, mas era domingo e só havia um generoso buffet de almoço. A equipe da manhã se esquecera de entregar o jornal e o carro que me levaria até o local da palestra atrasou-se, forçando o motorista a correr no trânsito, enquanto todo o público esperava.

Encolhido no fundo do banco, não estava nada feliz e sabia por quê. Não era só a interrupção da rotina; eram as expectativas frustradas. Eu tinha desenhado um plano mental projetando um dia bom, mas, uma a uma, as coisas que eu esperava não se concretizaram. Meus desejos ficaram bloqueados. Isso acontece a qualquer um. As expectativas não se concretizam e o resultado é desapontamento. Mais tarde, vim a perceber que poderia ter apreciado melhor o meu dia se o tivesse vivido sem nenhuma expectativa.

1. Eu poderia ter sido mais centrado. Quando você está centrado, não fica tão dependente das circunstâncias. Os altos e baixos de cada dia não o derrubam.
2. Não preciso prever prematuramente o quanto o dia será bom. Nunca se pode ter visão absoluta da situação. É preciso que haja espaço para o inesperado. Dessa forma, quando o inesperado aparece não incomoda.
3. Eu podia ter aceitado os resultados. A única coisa que cada um de nós pode controlar são as próprias ações. Os resultados estão além de nosso controle.
4. Eu podia ter aceitado as coisas de forma menos pessoal. A vida vem e vai. O universo dá e também retira.

Estimular essas atitudes em você o ajuda a não criar expectativas. Não estou dizendo que você pode evitar totalmente a frustração. Nossas mentes estão repletas de imagens de coisas que relacionamos à felicidade e, na expectativa dessas coisas, é que nos expomos a desilusões, embora também saibamos que uma forma melhor de felicidade existe. No próximo Natal, o que o faria mais feliz, um presente vindo de uma lista escrita por você ou um presente que chegasse totalmente de surpresa? Sua alma não existe para responder a uma lista mental escrita no passado. Seus presentes são inesperados. A felicidade que traz é fresca porque vem de fora de nossas expectativas.

A magia do desejo está ligada ao frescor da vida à medida que constantemente se renova. A alma não é uma pretendente que suspira "Eu te amo" em seu ouvido. A alma não tem palavras, não tem voz. Ela expressa o amor por meio de ações, concedendo-lhe a próxima coisa que lhe trará alegria. Essa coisa pode ser insignificante; ou devastadora. Somente uma coisa é certa: o amor desperta a alma e restitui-lhe o próprio amor. Essa é a experiência pela qual você passará assim que seus limites comecem a ceder. Ao fim, uma nova possibilidade se abrirá para uma vida isenta de quaisquer limites. É essa possibilidade que precisamos explorar a seguir.

Em sua vida: deixando sua alma irradiar

A influência da consciência elevada é constante e sempre benéfica. Como uma luz quente derretendo uma escultura de gelo, sem se importar que o gelo tenha sido esculpido no formato de um monstro medonho; tudo o que conta é o derretimento. Se não consegue sentir o calor de sua alma irradiando, ele está sendo bloqueado. A resistência só pode ser atribuída à mente. Esses obstáculos, sendo invisíveis, são difíceis de ser descobertos. Sua mente é hábil em se esconder de si mesma, e seu ego insiste em que a imposição de limites é uma de suas mais importantes tarefas. Portanto, a melhor maneira de observar o que você está fazendo é por meio do corpo. Seu corpo não pode enganar a si mesmo como pode a mente. Ele não tem como negar. Medo e raiva são suas respostas a maioria das ameaças. Quando o corpo registra tais emoções, alguma força exterior está pressionando seus limites.

O medo é fisicamente debilitante, e quando se transforma em terror, ele paralisa. O medo é expresso por uma contração no estômago, câimbras musculares, frio, palidez, tontura, fraqueza e aperto no peito. A raiva é registrada por calor e rubor na pele, tensão muscular, aperto no maxilar, respiração rápida e irregular, ou ofegante, aceleração dos batimentos cardíacos e um zumbido nos ouvidos.

Esses são sinais inconfundíveis, mas a mente pode ignorá-los também. Repare a frequência com que as pessoas dizem "Tudo bem, estou ótimo" quando seu corpo está demonstrando claramente o contrário. Você precisa confiar nas sugestões que seu corpo dá, mesmo quando a mente está dizendo o contrário. A confiança começa por reconhecer a assinatura de cada emoção. Cada uma é uma marca à qual você continua resistindo. Alguma experiência está provocando estresse e isso acontece porque, em vez de fluir através de você, essa experiência encontrou uma barreira. Talvez você não consiga ver o que está acontecendo, mas seu corpo pode sentir. Sentir é o primeiro passo para demolir barreiras e fazer com que não sejam mais necessárias.

É útil, portanto, explorarmos melhor esses fatores físicos. Quando dois sentimentos são relacionados, como raiva e hostilidade ou tristeza e depressão, dediquei à emoção primária uma explicação mais detalhada.

Humilhação se parece com o medo, causando fraqueza, mas não frio. O rosto enrubesce e a pele esquenta. Você se encolhe e se sente menor. O medo extremo faz com que você queira fugir. A humilhação faz com que queira desaparecer. A humilhação fica impregnada no corpo e pode ser detonada pela mais pálida referência ao passado. Alguém que foi severamente humilhado, especialmente na infância, demonstra uma personalidade desatenta, indiferente, lânguida, irresponsável e extremamente tímida; o corpo fica cronicamente fraco e desamparado.

Embaraço é humilhação branda. Apresenta os mesmos sinais físicos, mas passa com maior rapidez.

Frustração é como a raiva, porém mais comprimida. É como se seu corpo quisesse ficar zangado, mas não encontrasse o botão. Os movimentos ficam rígidos, outro sinal de que a saída está bloqueada. Frustração também pode ser a combinação da raiva com a negação, em cuja situação você experimenta sinais de rejeição — olhar desviado, discurso curto e rápido, dar de ombros, tensão nos músculos do maxilar, respiração cansada. Em outras palavras, os verdadeiros sentimentos da pessoa estão estilhaçados. Algumas pessoas mostram sinais sutis de raiva, como incapacidade de permanecer sentadas. Nem toda frustração está associada à raiva, mas mesmo quando alguém reclama estar frustrado sexualmente, por exemplo, irritação e raiva raramente se encontram distantes.

Culpa produz um sentimento agitado, como ser preso em uma armadilha e querer desesperadamente escapar. Você se sente confinado ou sufocado; a respiração fica difícil. O peito se aperta e parece querer explodir, para liberar culpa enclausurada como se estivesse presa fisicamente. Dizemos que a culpa corrói, o que o corpo pode registrar como uma pressão crônica sobre o coração.

Vergonha é outro sentimento quente, provocando rubor no rosto e esquentamento na pele. Mas também ocorre uma sensação de entorpecimento interior que pode parecer fria e vazia. Como a humilhação, a vergonha o faz sentir-se diminuído; você se encolhe e deseja desaparecer. Ela está relacionada à culpa, mas parece mais um peso morto, enquanto a culpa é uma besta selvagem querendo estourar para fora de você.

Ansiedade é medo crônico; é uma emoção que enfraquece o corpo. Os sinais mais agudos de medo podem não estar presentes, porque você cresceu acostumado a eles; seu corpo adaptou-se. Porém o corpo não pode adaptar-se completamente e então o medo extravasa por meio de sinais como a irritação, ausência de autocontrole, entorpecimento e insônia. O corpo pode ficar lânguido ou inquieto, reações que parecem opostas. Mas quando a ansiedade persiste por semanas ou meses, os sintomas têm tempo de mudar e se adaptar às circunstâncias individuais de cada pessoa. Em todos os casos, porém, se você se deitar quieto e mergulhar em seu interior, o medo estará presente logo abaixo da superfície.

Depressão se revela fria e pesada, letárgica e com baixa energia. Existem muitas variedades de depressão porque, assim como a ansiedade crônica, essa condição pode durar semanas, meses ou até mesmo anos. Seu corpo tem tempo de construir as próprias e exclusivas defesas. Por exemplo, alguém que esteja deprimido sente-se tipicamente cansado, mas nem sempre: tipos hiperativos podem agir forçando uma ação energética apesar da depressão. Quando aliada a uma sensação de desesperança, a depressão pode deixá-lo indiferente e entorpecido; por que se mexer se a situação já é desanimadora para começar? Pessoas deprimidas também costumam se queixar de serem frias o tempo todo. Tropeçam fisicamente quando confrontadas com desafios como se ficassem confusas ou sem ação. Muita gente refuga quando fica deprimida, recusando-se a reagir; outras perdem toda a motivação. Seus corpos demonstram essas atitudes pela forma de se moverem hesitante, rígida e vagarosamente.

Tristeza é como a depressão, porém ainda mais fria e dormente. O corpo pode parecer tão pesado e sem energia, que a pessoa se sente morta em vida.

Hostilidade é como a raiva, mas não precisa de gatilho para entrar em atividade. Há sempre insinuações de indignação, combinadas a um tipo de vigilância mantida em ponto de ebulição, alerta ao menor motivo para uma explosão de fúria. O corpo fica apertado, tenso e pronto para ação.

Arrogância é raiva disfarçada, como a hostilidade, e também é crônica. A pessoa vê sinais disso o tempo todo e só precisa do mais leve incentivo para começar a agir de forma orgulhosa, arbitrária e distante. A arrogância, porém, esconde sua raiva essencial em um nível mais profundo do que a hostilidade, tão profundo, que essa emoção, normalmente quente, torna-se fria. Tornando-se comprimida e mantendo o controle, uma pessoa arrogante não explode; em vez disso, ela libera uma dose de fúria gelada, marcada por maxilares apertados, olhar frio e expressões faciais rígidas.

Quando você detecta essas características físicas no próprio corpo, o primeiro passo é confiar nelas. O segundo é examinar sua motivação. Limites o levam a agir de modos que você não está plenamente consciente. Frequentemente, seu ego tem uma postura própria e está sempre tentando impô-la, mesmo que seu corpo não esteja disposto a aceitá-la. Aqui estão alguns exemplos de posturas assumidas pelo ego:

Importância pessoal é uma estratégia global para parecer maior, mais forte, mais no comando ou no controle. As reações físicas tendem a ser arrogância e outros sinais de raiva controlada. Sinais de frustração indicam que nunca nada está bom o suficiente. O corpo costuma ficar rígido, o pescoço empinado e a cabeça erguida; o peito pode ficar atirado para a frente ou expandido. Junto a essas características, pessoas que se julgam importantes mostram um comportamento típico de impaciência, beligerância, indiferença e frieza. Quando desafiados, falam com ênfase, em tom categórico; quando superados, retraem-se e empacam.

Irritabilidade, ressentir-se ou ofender-se com facilidade é a estratégia do ego para lidar com o medo e a insegurança. A pessoa tenta projetar uma autoimagem mais forte do que é na verdade. Consequentemente, as coisas mais inofensivas acabam tornando-se fortes ameaças ou feridas profundas. Existem níveis dessa estratégia, assim como em tudo o que ego faz. Pessoas avarentas e ranhetas são cronicamente irritadiças e não precisam de gatilho; sentem-se zangadas e insatisfeitas o tempo todo. O egoísmo, que é uma instável projeção do foco em si mesmo, sempre aparece trazendo a sensação de que a pessoa é uma fraude. Portanto, ressentir-se é o modo egoísta de atacar primeiro com a finalidade de não ser descoberto.

Excesso de críticas e perfeccionismo são uma outra variação de atacar primeiro, antes de ser atacado por alguém. Nesse caso, o crítico teme ser visto como imperfeito. Há um sentimento oculto de ser errado ou incompleto. A sensação de nunca ser bom o suficiente vem à tona: "Nada pode estar certo com você se eu não estiver certo". Quando nosso ego adota essa postura, ele acredita que está nos protegendo contra a ansiedade e a humilhação. Os perfeccionistas expõem critérios impossíveis, de forma que nada chega a ficar bom o suficiente, provando, dessa maneira, que estão certos em sentir que nunca conseguirão alcançar o que desejam. Existe também, obviamente, um elemento de raiva aqui incluído, visto que o crítico perfeccionista ataca suas vítimas enquanto afirma: "Não é nada pessoal". É sempre pessoal — para eles.

Dependência é a forma de o ego se fingir desamparado para evitar o próprio medo. Pessoas dependentes costumam se agarrar e agir de forma carente. Recusam-se a assumir responsabilidade. Tomam como modelo de perfeição pessoas mais fortes e tentam agarrar-se a elas e não as soltarem mais (venerando-as como heróis, pelo menos em fantasia). As consequências físicas decorrentes são ansiedade, depressão, humilhação. Quando estão felizes são calorosas; adoram ser amadas. Quando não têm ninguém em quem confiar, porém, tornam-se frias, distantes e deprimidas. Há sempre uma sensação de falta de clareza acerca delas, porque não sabem como conseguir o que querem. Dependem de outra pessoa para fazer isso por elas, como as crianças. O corpo irá sempre mostrar sinais infantis e imaturos como fragilidade, descoordenação e predisposição a machucar-se e contrair doenças.

Competitividade, ambição desmedida, comportar-se de forma autoritária e arrogante são estratégias comuns do ego que externaliza satisfação e o torna dependente da vitória. O sentimento oculto é difícil de ser interpretado. Pode ser raiva ou medo, ou qualquer outra coisa, já que a pessoa se encontra tão focada no resultado externo que não há janelas voltadas para o interior. Os sinais físicos também são difíceis de ler porque pessoas competitivas exercem esforços constantes para se manterem enérgicas, positivas e decididas. No entanto, são fáceis de serem interpretadas quando fracassam, pois a reação é de raiva, frustração e depressão. Em vez de cuidar desses sentimentos, o novo vencedor espera até que desapareçam, enquanto recarrega suas baterias antes de voltar ao topo novamente. Mas não importa o quão exuberante e energizadas possam parecer, pessoas com competitividade obsessiva sabem secretamente o preço que pagam para continuarem sendo sempre as "número um". A subida até o topo as excita, mas sentem-se exaustas e inseguras assim que chegam lá, ansiosas sobre o que o amanhã trará — que inevitavelmente será mais novos e jovens competidores como eles. Com o tempo, os vencedores podem acabar aturdidos e confusos. Construíram tantas barreiras internas para proteger seus sentimentos "fracos" — como poderiam chamá-los —, que quando finalmente decidiram olhar para dentro de si mesmos, não tinham ideia de como se mover naquele espaço.

Fracasso, resignação e passividade são as estratégias opostas às do vencedor. O ego, nunca se expondo a competições ou se comprometendo inteiramente, prefere observar à margem. Ele deixa a vida passar enquanto observa. A resposta física não é difícil de se perceber. Por serem lânguidos, esse grupo apresenta sinais de ansiedade, um medo oculto crônico que os torna frios, preguiçosos, hesitantes, indefesos e vulneráveis. Costumam ter os ombros caídos como se tivessem sofrido uma derrota. O peito fica afundado e o corpo inclinado para a frente. Costumam desviar os olhos ou manter o olhar no chão. Transmitem uma sensação geral de que não querem ser vistos ou notados, por isso seus corpos sempre parecem se encolher. A pessoa pode inclusive estar mantendo um emprego e sustentando a família, mas, por dentro, a sensação de fracasso é crônica; isso a faz se sentir pequena, fraca e imatura, como se misteriosamente tivesse fracassado em crescer.

Para que ocorra uma expansão da consciência, você precisa enxergar para além dessas posturas do ego e aprender a ser honesto acerca de suas motivações. Existe um tipo de negociação ininterrupta que acontece entre o ego e o corpo. Quando você fica consciente do que seu corpo está tentando lhe dizer, o ego não consegue mais reforçar sua postura. Você tem prova física de que está bloqueando o fluxo da experiência, que deveria ser sem resistência, despreocupada e espontânea. Portanto, quando você se vir caindo novamente em uma estratégia fixa do ego, considere-a pelo que ela é, e pare. Você precisa se perceber no exato momento em que começa a agir salientando sua importância pessoal, dependência ou arrogância. Seu ego acionará o comportamento pré-arranjado automaticamente; assim como os músculos, comportamentos também têm memória. Uma vez engatilhados — mesmo que ligeiramente — eles entram em ação.

Só pelo fato de estar consciente, você pode checar o seu corpo. Sempre haverá sinal de alguma emoção oculta. Sinta essa emoção; esteja com ela. O contato permite à sensação física dissipar-se naturalmente; seu desconforto diminui à medida que seu corpo libera a energia estagnada ou distorcida à qual você tem se apegado. Somente dessa forma você consegue romper suas defesas. A menos que esteja consciente, a mudança é impossível. Mas quando você traz consciência a seu corpo, pode começar a ficar indefeso. A realidade passa a ser mais aceitável do jeito como é, não como você tenta forçá-la a ser.

Congratule-se por estar disposto a efetuar uma mudança. A consciência é capaz de vencer os limites mais restritos porque todo limite é composto por nada além de consciência que decidiu contrair-se em vez de se expandir. Parabenize também seu corpo pela honestidade. Ele tem deixado sua alma irradiar luz quando sua mente se recusou a fazê-lo. Você está fazendo uma conexão com seu corpo, e cada conexão, por menor que seja, o deixa mais próximo de sua alma como o nível de vida em que você pode residir permanentemente e em total tranquilidade.

RUPTURA Nº 3

SEJA TÃO ILIMITADO QUANTO SUA ALMA

Ultrapassar todos os limites requer uma ruptura profunda. Estamos tão acostumados a pensar em termos limitados que até a própria alma ficou limitada. Ela passou a ser vista como uma coisa, um objeto que por acaso é invisível. Observe atentamente a frase "Eu tenho uma alma". O que a palavra "tenho" significa nesta frase? Parece significar o mesmo que ter uma casa ou ter um emprego. Ela implica em propriedade como se sua alma pertencesse a você. Se você possuísse uma alma dessa forma, as seguintes afirmações também poderiam ser verdadeiras:

Você poderia perder sua alma.

Você poderia dá-la de presente.

Você poderia colocar um preço nela.

Você saberia onde sua alma está localizada.

Você poderia comparar a sua com a de outra pessoa.

Essas são apenas algumas das complicações que brotam com a ideia de que a alma é um objeto invisível. Você encontra gente que acredita em cada item da lista. A maioria das culturas cultiva lendas que contam sobre a perda da alma, sua venda ao demônio ou espíritos que se apoderam dela. Mesmo nos dias de hoje, a perda da alma continua a ser uma ameaça bastante real para muitos cristãos devotos. Precisamos encontrar uma ideia alternativa, porque a partir do momento em que almas podem se perder ou ser salvas, abençoadas ou condenadas, elas se transformam em objetos. Chegou a hora de mais uma ruptura e de considerar a alma como ela realmente é.

No lugar de uma alma que você *possui*, que é uma imagem fictícia, há uma alma ilimitada que existe em todo lugar. A alma é primeiramente um elo com o infinito. Ela consiste de pura consciência, a matéria bruta da qual são feitos todos os seus pensamentos, sensações, desejos, sonhos e visões. Pense na cor branca, em seu matiz mais puro. O branco não parece conter todas as cores nele. Você iria supor o contrário, que nenhuma cor poderia ser extraída, já que o branco em si não possui cor nenhuma. A consciência pura vai ainda mais longe. Ela não é um pensamento, embora todos os pensamentos venham dela. Não é uma sensação, apesar dos sentidos derivarem dela. De fato, a consciência pura está além de qualquer experiência no tempo e no espaço. Ela não tem começo ou fim. Nada pode atá-la ou cercá-la, da mesma forma como você seria incapaz de encapsular toda a energia dispersada no Big Bang. Mesmo assim, a influência da alma permeia toda a criação. A alma ilimitada flui por dentro, ao redor e através de você. Certamente trata-se do seu "eu" real porque ela é o seu manancial.

Acredito que as religiões tenham acabado personalizando a alma como "minha" ou "sua" porque assim como um Deus infinito deixa a mente perplexa, o mesmo ocorre com a alma ilimitada. Era preciso algo mais manejável. Daí a imagem de um Deus pessoal, que se senta acima das nuvens e observa suas crianças — para quem providenciou uma alma pessoal que se encaixa caprichosamente no interior do coração. Reduzir a alma a um pedaço de propriedade privada facilita sua abordagem, porém distorce a realidade. Vamos procurar recuperar a realidade. Podemos, você e eu, sermos tão ilimitados quanto nossas almas? Acredito que sim. É exatamente para lá que nossa jornada está nos levando. Se viver dentro de limites cria restrição e sofrimento, a única alternativa é viver fora deles. Lá está a independência do sofrimento; lá se encontra a plena realização. A alma ilimitada não pode perder-se ou ser salva, não pode ser negada ou evitada por Deus, porque Deus é feito dessa mesma consciência em estado puro.

Quando você desiste do conceito "minha alma", pode participar de uma criação ilimitada. Inúmeras pessoas não percebem que essa escolha existe; muitas mais não escolheriam uma vida ilimitada se lhes fosse oferecido. Viver dentro de limites oferece uma sensação de segurança. Mas essa é uma opção que pode ou não ser adotada. Vamos ilustrar.

Existe uma engenhosa tática utilizada pelos povos bosquímanos da África do Sul para encontrar água. Nas regiões desertas habitadas pelos bosquímanos — eles são considerados a linhagem mais antiga que se conhece da humanidade —, a água é escassa e difícil de achar na estação seca. Porém, existe uma criatura que sempre consegue localizar as nascentes mais escondidas, que é o babuíno. Os bosquímanos pregam uma peça nos babuínos para forçá-los a mostrar onde existe água. Eles colocam algumas nozes dentro de um tronco oco. O buraco no tronco tem o diâmetro suficiente para o babuíno enfiar a pata por ele. Quando pega as nozes não consegue tirar o punho do buraco. O babuíno é ganancioso demais para soltar as nozes e assim, fica aprisionado. As horas passam até que o babuíno é vencido pela sede. Ele solta as nozes e sai correndo para procurar água, com os bosquímanos atrás. O babuíno acaba sendo um guia involuntário.

Há uma lição aqui sobre a alma. Enquanto o babuíno agarra-se àquilo que deseja, ele está aprisionado. Mas no instante em que larga, ele ganha a liberdade. Enquanto você estiver agarrado ao que quer que seja, na qualidade de "meu", você não pode ser livre. Sua alma não é uma coisa que você pode pegar e torná-la sua. Quando preso na armadilha dos bosquímanos, você só pode reaver a liberdade se largar o que tiver na mão. O mistério da alma ilimitada está envolto nessas duas questões: o quanto você deseja ser livre, e como abrir mão.

Como você abre mão?

Na prática, as pessoas ficam divididas entre manter ou abrir mão. Em nossa sociedade, manter é tido como uma atitude positiva: continuamos mantendo nossos sonhos, nossas esperanças, nossos meios de vida, nossa fé. Mas há um traço suspeito do ego aqui. O ego costuma manter as coisas por muito tempo e pelos motivos errados. Ele tem interesse em parecer certo. É certo viver por trás de limites? Você nunca saberá até desafiar a segurança do seu ego. É por isso que abrir mão raramente é uma coisa simples: pense em quantos relacionamentos desgastados persistem, porque a esposa ou o marido insiste em provar que está certo. Dor e sofrimento não são suficientemente fortes para superar o desejo de se ter razão. As intermináveis discussões entre as religiões do mundo, que geralmente acabam em cruzadas, guerras santas e outras formas de violência religiosa, atestam isso. Todas as religiões pregam a paz e, portanto, guerrear por causa da paz destrói o próprio valor defendido. Todas as religiões acreditam que o amor divino deveria ser seguido como um modelo na terra, mas o amor se evapora em meio ao conflito.

Seja como for, no nível da alma é impossível viver sem renúncia. Essa é uma escolha que você acaba fazendo. Na vida diária, essa alternância de escolhas é bem definida. Aqui temos como os dois lados se parecem.

ALMA	EGO
Aceita	Rejeita
Aprova	Critica
Coopera	Opõe-se
Destacada	Agarrado
Serena	Agitado
Pronta para perdoar	Ressentido
Abnegada	Egoísta
Pacífica	Conflitante
Não julgadora	Julgador

Sua alma é tão parte de você quanto seu ego. Se nos for dada uma escolha simples, todos nós optaríamos pela maneira da alma. Preferiríamos aceitar que rejeitar. Escolheríamos ser pacíficos em vez de agitados. A vida, porém, traz dificuldades e, para lidar com elas, somos forçados a tomar decisões nada simples. Por exemplo, se sua casa tivesse sido assaltada, e a polícia encontrasse uma dupla de adolescentes com sua TV de tela plana que foi roubada por eles. Você teria sua propriedade de volta. Optaria por não registrar queixa? E se a polícia prendesse os adolescentes, mas sua TV já tivesse sido passada adiante? Estaria então mais disposto a fazer o registro? Esses jogos entre perdão e punição estão presentes sempre que o ego toma uma direção e a alma, outra.

As ações mais comuns do dia a dia o desviam de sua alma. Hoje ou amanhã, você pode

> **rejeitar** uma experiência por antecipação.
> **criticar** alguém ou a você mesmo.
> **opor-se a** uma nova ideia.
> **aferrar-se** a seu ponto de vista.
> sentir-se **agitado** interiormente.
> **ressentir-se** da posição em que foi colocado.
> elevar o nível de **conflito** na situação.
> considerar seus próprios interesses **egoístas** antes de qualquer outra coisa.
> emitir um **julgamento** e pôr a culpa em outros.

Em cada uma dessas situações, o ego está sendo reforçado. É claro, qualquer um pode cair em uma dessas reações comportamentais sem pensar. Ou, no caso de pensar, a pessoa sente-se justificada por escolher o ego. No entanto a atitude resultante, fixa e teimosa, é extremamente prejudicial. Todos nós já ficamos enlouquecidos por pessoas que levam o ego a extremos, que são tão previsíveis como um relógio, porque não importa o que você diga ou faça, são sempre inflexíveis em sua oposição, teimosia e egoísmo. Contudo, as mesmas tendências também o impedem de abrir mão.

Não é que o ego tenha uma postura totalmente negativa. Sob circunstâncias normais, ele não tem. Ele age principalmente com o intuito de autoproteção. Algumas pessoas — bastante raras — aprenderam conscientemente a lidar com o mundo sem se protegerem. Elas confiam em um poder superior para protegê-las, e é isso o que você e eu temos de aprender a fazer. De outra forma, jamais nos livraremos de nossas defesas. Não somos chamados para agirmos como santos. Não se trata da questão de ser uma boa pessoa ou não. Só é preciso entregar-se, tendo em mente que renunciando abre-se caminho para tudo.

Vamos examinar por que é tão difícil abrir mão. Procure pensar na última vez em que rejeitou alguém, porque discordava de você. Ou sinta em seu íntimo como é ter sua colaboração recusada porque você é dono de um forte impulso para se opor. Todos os dias, a vida nos põe diante desses impulsos em centenas de pequenas ou grandes situações. O seu ego continua reforçando o mesmo argumento incessantemente: *Cuidado para não deixar de ser o melhor. Ninguém mais vai tomar conta de você. Você não pode sacrificar aquilo que deseja.*

Psicologicamente, essas reações não têm relação com o presente e, sim, com o passado. Seu ego está querendo forçá-lo a pensar e agir como uma criança mimada. Uma criança assim apenas quer por querer. Ela não tem habilidade para enxergar além do momento imediato, e quando a criança mimada não consegue o que quer, ela faz beiço, empaca e tem acessos de cólera. Compreendo que a expressão "criança interior" tenha sido romantizada como um ideal de inocência e amor. Essa criança também existe em todos nós; podemos vê-la todas as vezes em que nossa alma irradia alegria. Mas sua criança interior tem um ego nebuloso que incorpora as táticas de uma criança egoísta, magoada e com raiva. Quando o ego mergulha nessas energias sombrias, elas o impelem a agir de modo regressivo.

Não é fácil, como adulto bem ajustado, aceitar o fato de que você está abrigando uma sombra que, além de destrutiva, também é infantil e irracional. Ainda assim, algo de positivo fica bem à mão logo que você atravessa as sombras. Toda tradição espiritual invoca nosso, assim chamado, eu superior, o lado da natureza humana em que reside a alma. Nós nos identificamos com o amor pregado por Jesus e na compaixão do Buda. Toda tradição espiritual também torna claro que nossa, assim chamada, natureza inferior, identificada com o pecado e a ignorância, deve ser transformada. Infelizmente, a escolha nos é apresentada de um modo inútil. Como você pode adotar o amor quando lhe é dito que a natureza inferior é pecaminosa? Condenar o eu inferior é o oposto do amor. Como poderia adotar a paz quando ao mesmo tempo lhe é dito para lutar contra a tentação? Você acaba aprisionado por sua natureza dividida em vez de curá-la.

Na prática, a parte do ser que você julga negativamente não mudará. Ela não tem motivação para cooperar — muito pelo contrário. Tudo contra o que você luta infiltra-se ainda mais fundo. Afinal, você está ameaçando sua sobrevivência. Citarei um exemplo no campo da política, já que para a maioria de nós é mais fácil entender o mundo exterior do que o eu interior. Nos Estados Unidos, uma divisão profunda cresceu entre aqueles que apoiavam a segunda fase da guerra no Iraque e os que se opunham a ela. Por fim, os argumentos contra a guerra tornaram-se os mais convincentes, se não avassaladores. Em caráter experimental, um grupo favorável à guerra foi reunido em uma sala e lhes foi pedido que avaliassem seu grau de aceitação do conflito, de 1 a 10.

Depois disso, ouviram uma palestra abordando as razões contra a guerra. Era o ano de 2008, o conflito já se arrastava por cinco anos e, portanto, havia um vasto material sobre os assuntos mais controversos, tais como armas de destruição em massa, a ameaça do terrorismo, baixas de civis e por aí afora.

Os pesquisadores referiram-se à posição antiguerra tão efetivamente quanto possível, mantendo-se deliberadamente imparciais. Ao fim da palestra, foi pedido ao grupo que avaliasse sua posição pró-guerra uma segunda vez, em uma escala de 1 a 10. Os resultados podem parecer surpreendentes, mas o grupo na verdade tornou-se ainda mais pró-guerra. O motivo não era necessariamente o descrédito nos argumentos antiguerra. Eles apenas não gostavam de ver seus erros esfregados em seus narizes.

Da mesma forma, as partes do seu ser que se sentem condenadas pelo julgamento não descansarão. Elas procurarão persuadi-lo para você ser ainda mais egoísta, crítico e ressentido sempre que se deparar com alguma oposição externa. As tradições espirituais não levaram em consideração que há um processo envolvido em desligar o ego de seus caminhos autodestrutivos. Impregnando o assunto em uma aura de moralidade, pecado e sob a ameaça da ira de Deus, o cristianismo tomou o rumo contrário de uma abordagem efetiva. O budismo é menos inclinado ao moralismo e possui um sistema extremamente sutil de psicologia. Mas quando simplificado, a prática do budismo se reduz à "morte do ego", um ataque direto ao ego como fonte de toda ignorância e ilusão.

Para começar, todo o esforço em construir um rigoroso contraste entre o eu inferior e o eu superior não tem nenhuma importância. Não existe uma parte separada, toda-boa, toda-sábia que você precisa ganhar ou perder. A vida é um fluxo de consciência. Nenhum aspecto seu foi construído a partir de nada além. Medo e raiva são, na realidade, feitos da mesma consciência pura como o amor e a compaixão; erigir uma barreira entre o ego e a alma impede o reconhecimento desse fato simples. No fim, consegue-se abrir mão não por condenar o que é mau em você, jogando isso fora, mas por um processo que junta os opostos. Seu ego precisa ver que pertence à mesma realidade que a alma. Ele precisa encontrar o que tem em comum com ela, e assim conseguir abrir mão da postura egoísta em favor de um melhor estilo de vida.

A história de Jordan

Abrir mão é geralmente a última alternativa disponível, mas em seguida pode acontecer algo mágico. Poderes invisíveis que você jamais suspeitaria podem vir em sua ajuda.

Jordan é uma mulher bem sucedida profissionalmente em seus quase 40 anos e acaba de salvar um casamento do qual já tinha praticamente desistido.

— Mike não era minha alma gêmea — disse. — Não foi uma paixão à primeira vista. Conhecemo-nos no trabalho e ele me convidou para sair várias vezes antes que eu dissesse sim. Tive de aprender a amá-lo, mas depois que consegui, parecia bastante real. Um ano mais tarde tomamos a decisão final. Mike estava com 29, eu com 26 anos. Estávamos apaixonados, mas nem por isso deixamos de sentar e conversar acerca do que queríamos daquele casamento. Então, quando os problemas começaram, realmente me pegaram desprevenida.

— Como foi que começou? — perguntei.

— Não sei bem como explicar — respondeu Jordan. — Mas Mike começou a comportar-se como meu pai, um homem que jamais escuta e jamais cede. Tinha me casado com Mike porque achava que ele era exatamente o oposto. Mike era atencioso e aberto. Ele me ouvia. Mas depois mudou. Começamos a brigar muito, e acabei farta.

— Ele acusava *você* de ter mudado? — perguntei.

— Ele ficava muito amargo com isso. Dizia que eu nunca lhe dava espaço. Mas "espaço" não significa ficar ouvindo seus problemas de trabalho por horas e horas e me rejeitar quando eu queria me reconciliar depois de uma briga. Mike me abraçava por um minuto, talvez dois. Mas podia sentir que ele queria ficar sozinho, voltar para seu computador e seus vídeo games.

— Então, o que você fez? — perguntei.

— Não entrei em desespero. Disse a Mike que, se amávamos um ao outro, deveríamos ter o direito de pedir por aquilo que queríamos emocionalmente. Eu não sou carente mas, por Deus, se estivesse me sentindo triste ou precisando de um abraço, ele mal notava.

Reinventando o Corpo, Reanimando a Alma

— Talvez ele visse suas emoções como fraqueza, ou como ameaça — sugeri. Jordan concordou.

— Mike tem medo de emoções e não suporta fraqueza. Ele esperava de mim que eu o fizesse sentir-se um vencedor. Tudo mais era traição. Eu deveria ter visto isso mais cedo. Mike veio de uma família muito rígida na qual ninguém achava que mostrar os sentimentos fosse algo positivo.

— E, finalmente, você chegou a pensar em deixá-lo? — perguntei.

— Aconteceu em uma noite. Ele estava jantando em frente ao jogo de futebol e não importava o que eu dissesse, ele mal se mexia. Levantei-me e disse para ele desligar a maldita TV. Ele só deu uma risadinha cínica. Pensei comigo mesma, "não vou me transformar em um clichê. Tenho uma vida inteira pela frente". Levei muito tempo para deixar de sentir pena de mim mesma. Mas eu vinha lendo muito acerca do autodesenvolvimento e uma coisa que tinha lido ficou em minha mente: assuma total responsabilidade por sua própria vida.

— O que isso representou para você? — perguntei.

— O que não representou — prosseguiu Jordan, sacudindo a cabeça — é que tudo era culpa minha. Fiquei encorajada a ver as coisas de forma mais positiva. Eu era a criadora de minha própria vida. Se quisesse que minha vida mudasse, os meios para isso estavam dentro de mim. Assim que parei de ter pena de mim, percebi que aquilo era um teste. Mike vivia sob total negação. Teria eu condições de salvar o casamento sozinha? Imagine só que vitória isso seria. Não consultei Mike nem ninguém. Aquele era meu próprio projeto secreto. Então comecei a trabalhar nele.

— O que você fez?

— Tinha aprendido um novo termo, "mente reativa", este é o modo em que você se encontra quando reage de maneira automática com a outra pessoa, o que dá a ela poder sobre você. Sempre que Mike me provocava, discutindo sobre quem estava certo ou errado, a única coisa que eu podia fazer era reagir. Quando era menina, minha mãe só tinha duas maneiras de lidar com uma situação negativa. Ou tentava consertá-la ou a deixava de lado. Existe uma terceira maneira, que é esperar até ter condições de enfrentá-la. Assim, em vez de sentir raiva de Mike, ou ficar de mau humor e reclamando, eu me mantinha calma e assim que podia dava um jeito de me retirar e ficar sozinha.

— E o que você fez, então?

— Processei meus sentimentos eu mesma. A mente reativa responde com rapidez, mas quando sua primeira reação se vai, outras respostas encontram espaço para se revelarem. Considerei a raiva como característica minha e não um erro de Mike; a autopiedade veio de mim e não pelo que Mike me tinha feito. Quando Mike e eu brigávamos, tudo era relacionado com minha própria defesa porque ele não admite a derrota. A grande vantagem de aprender que você tem condições de olhar para dentro de si mesmo é que pode parar de ser tão defensivo.

— Como seu marido reagiu? — perguntei.

— No início, Mike não gostou de minha indiferença. Ele achou que, por não revidar, eu agia de maneira superior. Mas isso não durou muito tempo. Depois de negociar com meus sentimentos, voltei a querer ficar com ele, e ele gostou do fato de eu não alimentar ressentimentos ou frustrações reprimidas.

— Assim que você soltou sua ponta da corda — concluí —, deixou de existir o cabo de guerra.

— Essa foi uma lição dura de aprender, mas é verdade. Da mesma forma como odiamos nos outros o que negamos em nós mesmos. Eu odiava quando Mike chegava em casa e no mesmo instante começava a reclamar que queria uma comida quente e uma mulher amorosa, duas coisas que eu não estava proporcionando. Sentia-me agredida. Mas então perguntei a mim mesma se eu não o estaria agredindo passivamente ao sonegar aquelas coisas. Eu o estava desafiando, o que fazia meu ego sentir-se bem, mas que só levou a um impasse.

— Não está querendo dizer que ceder ao Mike foi a solução, está? — estranhei.

— De certa forma, sim, é isso o que quero dizer — afirmou Jordan. — Eu me rendi. Me entreguei. Mas o que fez disso uma experiência positiva foi que primeiro encontrei o lugar dentro de mim onde a rendição não significa fracasso. Render-se pode indicar que você perdeu a batalha. Mas também pode indicar que você está se rendendo ao amor em vez do ódio. — Ela riu. — Muito bem, não consegui deixar de ranger os dentes nas primeiras vezes em que recebi Mike com um beijo e o cheiro fresco de pão assado no ar. Mas, sinceramente, fazia muito tempo que não me sentia tão bem comigo mesma.

A missão de Jordan de resgatar seu casamento tomou vários outros rumos, mas pudemos examinar a parte crítica, aprender como abrir mão. Essa é mais do que uma estratégia de relacionamento; uma mudança pessoal profunda está em jogo. Você se liberta das reações dependentes do ego — o que alguns denominam como mente reativa — e permite a ocorrência de eventos que se desdobram sem uma programação estabelecida. Os riscos podem ser aterrorizantes. Todos têm uma voz interior que previne: render-se é um sinal de fraqueza. Jordan conseguiu expulsar o medo que surge em situações como essa. Perguntei-lhe se não sentira o menor traço de medo em alguma etapa do processo.

— Isso é o que torna tão maravilhoso a saída do outro lado — disse ela.

— Ninguém imagina o terror pelo qual você passa. Ser forte o suficiente para arriscar seu senso de orgulho, sua autoimagem como mulher que não se deixa ser pisada. Somente alguém que já passou por isso sabe como é difícil.

Concordei com ela. As conotações negativas da rendição estão impressas em nosso interior. Nós a relacionamos não apenas com a perda da batalha, mas também com fraqueza e falta de autorrespeito. Nesse caso particular, a rendição do feminino ante o masculino é motivo para levantar todo tipo de bandeira vermelha.

— Você estava consciente disso tudo? — perguntei a Jordan.

— Oh, sim. Lutei muito comigo mesma, sentia muita dúvida interior. Mas o que conta é que eu não estava me rendendo ao Mike. Estava me rendendo à verdade, e a verdade é que eu quero amar e ser amada. Estava assumindo a responsabilidade por minha verdade, o que traz um poder pessoal inacreditável quando você consegue.

Jordan sente-se orgulhosa por ter vencido sua resistência interior, e esse orgulho é justificado. Seu casamento está sólido e floresceu em uma esfera de amor mais seguro do que ela jamais imaginou. A parte que ninguém sabe, o verdadeiro mistério, é que depois que ela mudou, tudo mudou. O marido parou de fazer as coisas das quais ela se ressentia. Passou a vê-la com outros olhos, como se estivesse redescobrindo a mulher pela qual se apaixonara.

Jordan não precisou pedir nada a ele; tudo simplesmente aconteceu. Como? Para começar, existe uma forte conexão quando duas pessoas se amam. Nós sabemos instintivamente quando essa conexão está em funcionamento ou quando está partida. A conexão precisa ser restaurada em um nível profundo, ao qual o ego não possa alcançar. Aqui, o elemento da alma é inevitável. Mas por que deveria uma outra pessoa, ou toda uma situação, mudar somente porque você muda? Se cada um de nós possuísse uma alma como propriedade privada, então a mudança só poderia acontecer em uma pessoa de cada vez. A alma ilimitada, porém, conecta a todos. Essa influência é sentida em todo lugar. Portanto, quando muda seu comportamento no nível da alma, toda a dança deve mudar junto com você.

Em sua vida: "eu não sou você"

A vida apresenta muitas situações em que abrir mão não é fácil. Felizmente, há uma estratégia que funciona sempre. Em vez de focar em sua reação do momento, dê um passo atrás e reafirme para si mesmo quem você é. O seu eu verdadeiro não assume falsas posturas. Ele vive no presente; responde à vida de forma aberta. Assim sendo, a atitude que você precisa tomar diante de qualquer reação pré-programada — que é tudo o que seu ego tem a oferecer — é sempre a mesma: "Eu não sou você". Deixe que venha o medo, a raiva, o ciúme, o ressentimento, a vitimização ou qualquer outra reação condicionada. Não ofereça resistência. Assim, no instante em que você se tornar consciente disso, diga para si mesmo: "Eu não sou você."

Com uma tacada você atinge dois alvos. Você deixa claro para o ego que percebeu a artimanha dele e recorre ao seu eu verdadeiro para que venha em sua ajuda. Se sua alma é o seu verdadeiro eu, então ela tem o poder de transformá-lo, uma vez que se abra para ela. Você saberá que estará reagindo no nível da alma sempre que fizer o seguinte:

Aceitar a experiência que se apresenta à sua frente.

Mostrar aprovação por outras pessoas e por si próprio.

Cooperar com a solução possível.

Isolar-se de influências negativas.

Permanecer **sereno** frente ao estresse.

Perdoar aqueles que o ofendem ou lhe querem mal.

Abordar a situação **desinteressadamente** e com gentileza para todos.

> *Exercer uma influência **pacífica**.*
> *Adotar uma atitude **imparcial**, fazendo com que ninguém se sinta mal.*

Essas reações não podem ser forçadas ou planejadas com antecedência — não se você quer ser genuinamente transformado. É prejudicial tentar adotá-las simplesmente porque pensa que elas o farão parecer melhor. Procurar forçar uma virtude pode ser tão enlouquecedor como lidar com pessoas teimosamente mesquinhas e egoístas. O problema é que o principal — abrir mão — não aconteceu. Os publicamente virtuosos simplesmente encontraram uma nova postura para o ego que os faz parecer melhores do que são.

Quando você se vir reagindo pela lógica do ego, pare e diga: "Eu não sou você". E depois? Há quatro passos que permitem sua alma adotar uma nova resposta.

1. Permaneça centrado.
2. Seja claro.
3. Espere pelo melhor.
4. Observe e aguarde.

1. Permaneça centrado. Atualmente, muita gente sabe o valor de ficar centrado; trata-se de um estado de calma e estabilidade. Quando não está centrado, você se sente disperso e indisposto. Os sentimentos lutam uns contra os outros. Não há estabilidade em suas reações porque o próximo acontecimento pode atirá-lo para um lado ou para outro. Pânico é o estágio final quando não se está centrado, mas existem muitos outros de menor intensidade, como distração, inquietação, confusão, ansiedade e desorientação. Infelizmente, ter o conhecimento de que é melhor estar centrado não é o mesmo que atingir esse resultado.

Onde fica esse centro? Para alguns, no meio do peito, ou no próprio coração. Para outros, no plexo solar, ou simplesmente na sensação abstrata de "penetrar no interior". Minha sugestão, no entanto, é de que não se trata de um centro físico. O coração não pode ser o centro quando se encontra acelerado ou em dor. O plexo solar não pode ser o centro quando seus intestinos estão presos. O corpo sempre reflete consciência, portanto seu centro está na consciência.

Isso nos aponta na direção certa, porém a consciência está sempre mudando, portanto, a questão é, onde se encontra serenidade e paz duradoura?

Você não se surpreenderia, estou certo, de ouvir que a paz e a serenidade absoluta estão situadas no nível da alma, que é alcançado por meio de meditação. Já discutimos isso mas não custa repetir que não importa quem você é ou a crise por que passou, este lugar de paz e serenidade jamais é abalado. Só de aproximar-se dele já se pode sentir seus efeitos. Quando você quiser procurar por seu centro, encontre um lugar calmo onde não possa ser perturbado. Feche os olhos e sinta a parte de seu corpo que está estressada. Respirando tranquila e regularmente, remova a energia perturbada daquela parte do corpo.

Com bastante frequência sua mente abrigará pensamentos estressantes e que desaparecerão naturalmente à medida que equilibrar seu corpo. Se permanecerem, expulse por meio da respiração a energia que se esconde por detrás desses pensamentos, mais precisamente as energias de medo e ansiedade. Há mais de uma maneira de se fazer isso.

Por meio do chacra coronário: na ioga, o topo da cabeça é considerado um centro de energia, ou *chacra*. É um local eficaz para liberar energia. Feche os olhos e visualize um feixe de luz branca estendendo-se através de sua cabeça e saindo por uma pequena abertura bem no topo. O feixe de luz é estreito mas ele recolhe todo o redemoinho de pensamentos e os projeta para fora como em uma fila indiana, através do chacra coronário — você pode visualizar seus pensamentos como uma fumaça esvoaçante que a luz junta e carrega para longe.

Respirando: sopre exalando com firmeza — como soprar uma vela de aniversário, porém mais devagar. Observe a luz branca exalada subindo, levando junto todos os seus pensamentos estressados. Observe a luz subindo cada vez mais e para além da sala até que você não consiga mais vê-la.

Entoando: também ajuda emitir um tom alto enquanto se exala, uma sonoridade como um "iiiihh" suave. Nas primeiras vezes você poderá achar esse exercício estranho, mas mesmo que não consiga entoar e respirar na primeira vez que tentar, a técnica do facho de luz branca para expelir a energia do corpo, por si só, já deverá ser suficiente para produzir um bom resultado.

2. Seja claro. É preciso clareza mental para se conseguir abrir mão. Você deve estar em condições de separar o verdadeiro do falso para poder identificar o que deseja abrir mão. Quando fica amedrontado, o medo parece *estar* com você. Quando fica zangado, a raiva o domina. Mas por trás desse drama e desse distúrbio emocional, seu verdadeiro eu permanece impassível, esperando conectar-se com seu ser.

Posso ilustrar isso melhor contando a história de Jacob, um homem que me procurou depois de passar toda a vida adulta sofrendo de depressão. Ele tem agora 50 anos de idade. Jacob não estava buscando terapia. Só queria encontrar um meio de alcançar uma transformação efetiva. Eu lhe disse que a depressão podia ser vencida abrindo-se mão dela. Para isso, ele teria de esclarecer alguns conceitos básicos.

— Vamos ver como você se sente sobre sua depressão — comecei. — Imagine que ela tomou a forma de uma pessoa que entra pela porta e se senta em uma cadeira de frente para você.

Jacob fechou os olhos e começou a visualizar. Depois de alguns minutos, disse-me que via sua depressão como um velho deformado e corcunda que tinha entrado na sala arrastando os pés. O velho cheirava mal e trajava um imundo uniforme do exército.

— Bom — comentei. — Agora que você pode vê-lo, como se sente a respeito dele?

Jacob disse que se sentia mal.

— Não diga isso a mim — completei — e, sim, a ele.

A princípio, Jacob ficou hesitante. Mas com um pouco de persuasão, ele disse ao velho:

— Você me deixa morto de medo e consome todas as minhas energias. Minha mente dispara ansiosa e, enquanto os outros me veem como uma pessoa indiferente e passiva, sinto-me como se estivesse lutando com um demônio a cada momento do dia.

Uma vez iniciadas, as acusações de Jacob se intensificaram. Despejou sentimentos de hostilidade e angústia. Falou amargamente de como era impossível para ele expressar sua dor e do quão desamparado o velho corcunda o fazia sentir-se.

Deixei Jacob desabafar.

— Você nunca se libertará de sua depressão a menos que deixe o velho ir embora — disse-lhe. — Quanto à questão de empurrá-lo para um canto e insultá-lo, ele simplesmente continuará sendo o mesmo. O problema tornou-se uma parte de você, mas não é quem você realmente é.

Jacob ficou quieto. Éramos velhos amigos e, portanto, eu podia falar com ele de uma forma mais íntima. Disse-lhe que ele não tinha noção de que se agarrava à própria depressão e que aquele velho era um aspecto dele mesmo. Era a criação de uma autoimagem distorcida, que com o passar dos anos acumulara tanta energia que parecia ter vida própria.

— Sua depressão o faz sentir-se desamparado porque você acredita que não tem mais escolha. Não se lembra mais de quando não esteve deprimido. Na verdade, você tem uma escolha. Pode negociar com o velho e dizer a ele que é hora de partir. Você pode liberar a energia da depressão. Pode meditar e chegar ao nível em sua consciência que não está deprimido. Mas se continuar a pensar que ficar deprimido é uma parte permanente de você, essa também é uma opção. Você precisa assumir a responsabilidade por isso.

Estava tentando passar a Jacob clareza suficiente para enfrentar sua depressão, para dizer a ela: "Eu não sou você".

Essa conversa foi só o começo. Tivemos alguns outros contatos, e, então, Jacob sumiu por uns tempos. Recentemente reapareceu, e era óbvio que a depressão havia desaparecido. Sua energia era mais forte e positiva.

— Aquela nossa primeira conversa serviu para mudar a maré? — perguntei a ele.

— Creio que sim — respondeu Jacob com convicção. — O momento não poderia ter sido melhor, porque me rendi. A luta cessou dentro de mim. Eu vivia na ilusão de que um dia venceria a depressão, mas você estava certo. Odiar minha depressão não me trouxe absolutamente nenhum benefício.

Durante a época em que fiquei sem vê-lo, Jacob tinha arrumado sua vida. Deu início a um relacionamento sério; começou a trabalhar para uma causa espiritual em que acreditava. Decidiu ignorar a depressão e minimizar o impacto que ela tinha sobre ele. Mas o principal foi uma mudança de atitude. Ele passou a aceitar a si próprio, a ver que aquele eu da depressão não era o seu eu verdadeiro.

— Passei a ver muitas coisas com clareza. Tornei-me mais gentil e tolerante comigo mesmo. Parei de exigir e julgar a mim mesmo. Levou tempo. Nada aconteceu de uma hora para a outra. Mas quando abri um espaço dentro de mim, algo novo entrou no esquema. Dei permissão à minha mente para que se acalmasse e ela parou com a correria. Deixou de se desesperar. À medida que fui ficando mais sereno, foi como um vagaroso despertar. O mundo ficou mais brilhante. Gradualmente, ser feliz passou a ser possível. Esse é o melhor modo que tenho de definir.

A clareza, por ser uma qualidade interna, traz a verdade que não pode ser absorvida quando se está confuso ou agitado. Você vê que não pode mudar o que odeia em você. Muitas pessoas que sofrem têm a experiência direta da futilidade de guerrear contra si mesmas. A ruptura acontece quando aceitam que a coisa que odeiam não possui existência independente real. *Este não sou eu. É como sou temporariamente. É minha energia até que eu abra mão.*

Se você é um alcoólatra e diz, "Eu sou mais eu quando bebo. Aguenta essa", você não está no caminho da cura. Sua defesa é uma forma oculta de desamparo. Bem no fundo, você pensa que a mudança está predestinada ao fracasso. O que precisa é uma atitude diferente ou talvez nenhuma atitude. Fica claro que existe um grande volume de energias, emoções, hábitos e sentimentos para se abrir mão, e é tudo. Naturalmente, um momento de clareza não muda tudo. O que levou anos para se desenvolver também leva tempo para se dissolver. Mas com a clareza, vem a aceitação, e mesmo um pequeno passo em direção à aceitação abre um canal para a alma.

3. Espere pelo melhor. Você não deve abrir mão na esperança de que algo bom lhe aconteça. Você abre mão para que o melhor em você, sua alma, possa mesclar-se ao seu ser total. Por si só, abrir mão de um pouco de raiva, um pouco de medo, um pouco de ressentimento pode parecer insignificante. Vou reformular a situação. Imagine que está acostumado a viver em uma casa pequena e apertada. Você ficou tão acostumado a esse lugar claustrofóbico, que quase nunca sai de casa. Mas em alguns momentos mais despreocupados você pensa que seria agradável desfrutar um mundo mais amplo. Então, abre a porta e, ao sair, defronta-se com uma vasta paisagem, cheia de luz, estendendo-se até o infinito em todas as direções.

Ah, você pensa, aqui está a felicidade e o amor. Aqui está a verdadeira realização. E então sai vagando a esmo, querendo habitar essa terra de luz para sempre. Entretanto, depois de algum tempo, você começa a se cansar de toda essa felicidade e amor. De certa forma, o espaço exterior é vasto demais, o horizonte por demais infinito. Você sente falta de sua casinha aconchegante, e a saudade o puxa de volta. Então você chega e se sente seguro em casa. Você se resume à sua existência familiar. Por algum tempo, sente-se satisfeito de novo, mas não para de lembrar-se do vasto, ilimitado espaço lá fora. Mais uma vez, você sai e, dessa vez, fica mais tempo fora. Seu senso de amor e felicidade não se mostra tão breve. O espaço exterior ainda é infinito, mas já não o amedronta tanto. A luz que brilha por todo lado não é tão intensa, e você decide que dessa vez ficará morando aqui para sempre.

Essa é uma parábola sobre o ego e a alma. O ego é sua casa segura; a alma é o espaço ilimitado do lado de fora. Toda vez que você sente, por menor que seja, um pequeno momento de alegria e amor, liberdade e felicidade, você terá penetrado na terra iluminada. Você se sente tão bem, que não quer que a experiência termine, da mesma forma que dois amantes apaixonados nunca querem afastar-se um do outro. No entanto o ego, a morada segura, o chama de volta. É nesse padrão de ir e vir que ocorre o processo de abrir mão. É necessária uma exposição repetida à alma ilimitada para que se saiba que ela é verdadeira. Mas seu velho condicionamento continuará puxando-o de volta. Com o tempo, suas incursões ao exterior durarão mais e parecerão mais agradáveis. Sua alma começa a infiltrar-se em você. Com essa imersão, você começa a compreender que é capaz de viver no ilimitado permanentemente. Ele se torna mais natural do que sua casa segura, porque no ilimitado você volta a ser o seu eu verdadeiro.

Consequentemente, esperar pelo melhor não se trata de um pensamento desejoso ou de mero otimismo. Trata-se de reconhecer antecipadamente que sua meta é alcançável. A alma ilimitada é experimentada, mesmo que debilmente, a cada impulso. Essa teoria confronta a opinião vigente na psicologia de que a felicidade é um estado temporário em que se esbarra por acaso. Considero essa atitude deplorável. Declarar que o amor e a alegria, os componentes primários da felicidade, são ocasionais é um ensinamento advindo do desespero. Mantenha na mente a imagem da casa segura e da terra de luz que a cerca. Ninguém jamais o forçará a abrir mão do espaço limitado que ocupa, mas você terá sempre a opção de buscar o infinito, porque é isso o que você é.

4. Observe e aguarde. Render-se na batalha só acontece uma vez, bem no final. Render-se no caminho espiritual acontece o tempo todo e não acaba nunca. Por essa razão, observar e aguardar não é um ato passivo. Não é um exercício de paciência ou uma espécie de tempo de espera até que chegue a hora do acontecimento principal. No momento em que você abre mão de algum velho hábito ou condicionamento, no instante em que se flagra em uma reação programada, o eu muda. Da mesma forma casual com que usamos a palavra *eu*, não se trata aqui de uma coisa simples, mas de um sistema complexo e dinâmico. Seu eu é um microuniverso espelhando o macrouniverso. Incontáveis forças movem-se através dele. Fluido como o ar, o eu muda a cada alteração na consciência.

Por isso, toda vez em que abre mão, você está subtraindo algo velho do universo e acrescentando algo novo. O velho é energia densa e padrões distorcidos do passado. Essas são partes mortas que ficaram presas no sistema do eu. Sem ter como ejetá-las, você trabalhou ao redor delas. Ajustou-se a elementos negativos dentro de você — geralmente por meio de negação e empurrando esses elementos para fora de vista — porque assumiu que precisava. Abrir mão não é uma opção até aprender como tornar isso uma opção. Uma vez que você abre mão, as energias negativas partem definitivamente.

O que permite que algo novo entre? O que poderá ser? É isso que observar e aguardar revela. Pense no que acontece quando respira. Novos átomos de oxigênio entram em sua corrente sanguínea, mas aonde eles vão não é pré-determinado. Um átomo de oxigênio pode acabar em qualquer uma de bilhões de células. Seu destino será determinado por qual célula precisa mais dele. O mesmo é verdade com você. Quando permite que a alma abra mão de velhas energias, a parte de você que estiver mais necessitada, a parte que quiser mais avidamente crescer ou mais seriamente se curar, irá beneficiar-se.

Para tomarmos um exemplo em uma escala maior, eu sempre pensava que Jesus tornara-se o maior mestre do amor porque era disso que seu público mais precisava. Eles não ambicionavam por sabedoria divina, disciplina espiritual ou iluminação — estados de consciência tão almejados em outras tradições como o budismo. Em um nível mais humano, os ouvintes de Jesus desejavam o amor de Deus e foi isso o que receberam. Sem dúvida, Jesus também foi um mestre completo como Buda. Ele ensinou o caminho para a consciência elevada e mesmo para a iluminação. Mas essa parte precisa ser procurada nas entrelinhas de seus ensinamentos; o tema principal é dedicado ao amor em todas as formas.

Para saber o que é sua alma, você precisa seguir o caminho que se abre com ela. Será que o tornará mais amoroso e gentil? Ou talvez mais devoto e respeitoso? Qualquer qualidade pode ser atribuída à alma — força, verdade, beleza ou fé. Mas elas não são derramadas como uma camada de tinta. Ao contrário, penetram em você como oxigênio em seu corpo, procurando o local que for mais necessário. Estamos falando de preencher o corpo com espírito, como se fosse preciso apenas bombear a pessoa da mesma maneira como se bombeia ar para encher um pneu de bicicleta. Na verdade, o espírito é consciência em deslocamento para locais onde há ausência de consciência. Ele acelera enormemente o seu crescimento se estiver lá para receber a cura quando ela chegar.

É muito comum as pessoas não observarem e aguardarem. Elas não percebem o que realmente acontece dentro delas. Fixam-se em desejos e fantasias e, enquanto estão com a atenção distraída, a coisa real passa por elas. Gosto da história de Harold Arlen, um famoso compositor de Hollywood durante a era de ouro do cinema, a quem é atribuída a música do filme *O Mágico de Oz*. Arlen trabalhou intensamente na trilha sonora e achava que tinha feito um bom trabalho. Mas faltava ainda uma canção, aquela especial que daria cara ao filme, o carro-chefe. Nada lhe vinha à mente e então Arlen decidiu parar por aquele dia e saiu com sua esposa para jantar. Quando se aproximavam do Sunset Boulevard, ele subitamente pediu à sua mulher, que estava ao volante, para encostar. Arlen rabiscou algumas notas em um pedaço de papel, que tornou-se o tema da música chamada "Somewhere Over the Rainbow".

De muitas formas, artistas e pessoas criativas sabem como contactar melhor a alma, porque elas sintonizam-se com a inspiração. A inspiração não acontece aleatoriamente. É sempre uma questão de pedir e receber. O pedido é projetado, e a solução aparece. Portanto, assuma uma atitude criativa em relação ao seu crescimento interior. Esteja consciente do seu pedido e aguarde pela resposta. Ao ser perguntado como fez para compor uma música tão boa, Harold Arlen respondeu, "Desligo-me, espero e obedeço". Eu não menosprezaria esse pensamento, que é simples, mas profundo.

RUPTURA Nº 4

O FRUTO DA RENDIÇÃO É A GRAÇA

Uma ruptura pode conduzi-lo à rendição definitiva. Por ser um processo, o ato de abrir mão chegará, inevitavelmente, a seu fim. Entretanto, este ponto final é muito diferente de tudo o que se possa imaginar. Você não será mais a pessoa que viu hoje no espelho. Aquela pessoa carrega todos os tipos de necessidades. Com a rendição definitiva, você desiste de todas as necessidades. Pela primeira vez estará em condições de dizer "Eu me basto". Você se achará em um mundo em que tudo se encaixa sob medida.

Um eu inteiramente novo não pode ser imaginado prematuramente, mas isso também não é necessário. Uma criança pequena não faz ideia das drásticas mudanças que o futuro reserva-lhe na puberdade. Seria complicado tentar entender antes da hora (já é complicado demais no momento em que aparecem). Abrir mão da infância ocorre naturalmente, quando você tem sorte. Abrir mão da identidade adulta é bem mais difícil. Não temos mapas que nos guiem, embora exista certamente um chamado dos grandes mestres espirituais da humanidade. São Paulo compara a um crescimento: "Quando eu era criança, falava como criança, pensava como criança, raciocinava como criança; quando me tornei adulto, pus um fim aos modos infantis".

Deixar de ser criança e tornar-se adulto significa uma troca de identidade, mas Paulo aponta para um tipo de transformação ainda mais contundente. Ele diz "Busque o amor e esforce-se em alcançar as dádivas espirituais" e, a seguir, apresenta uma visão do que acontecerá com quem ouvir o chamado.

> *O amor é paciente; o amor é gentil; o amor não é invejoso ou presunçoso, arrogante ou rude. Ele não procura se impor; não se irrita nem abriga ressentimento; não se regozija no erro e na maldade, mas exulta diante da verdade. É o suporte de todas as coisas, acredita em todas coisas, deseja o bem de todas as coisas, resiste a qualquer coisa. (1 CORÍNTIOS 13:4-7)*

Paulo estava bem consciente de que pedia por uma mudança sobrenatural. Toda a natureza humana seria transformada e o único poder capaz de conseguir isso era o da graça. Não se pode separar a palavra "graça" como aparece na Bíblia de suas conotações implícitas — abundância, pureza, amor incondicional, uma dádiva gratuita. Existe algo de universal aqui que vai além da tradição judaico-cristã. Ao abrir mão completamente, uma pessoa pode obter uma nova identidade. O fruto da rendição é a dádiva da graça, o todo abrangente poder de Deus.

Graça é a influência invisível do divino. Depois que entra na vida de uma pessoa, as velhas ferramentas que usávamos para conduzir a vida — razão, lógica, esforço, planejamento, prudência, disciplina — são descartadas como os pneus de treino de Fórmula 1. Porém, na realidade, o processo é nebuloso e amorfo. A graça é associada com misericórdia e perdão mas, na verdade, sem implicações religiosas, graça é consciência ilimitada.

A graça elimina as limitações impostas pela vida. Não fica nada a temer, nada do que se sentir culpado. Toda a questão do bem contra o mal desaparece. A paz já não é mais um sonho a ser perseguido, mas uma qualidade que brota do coração. Isso não é resultado de intervenção sobrenatural, mas da chegada ao fim do processo. A palavra graça aparece quase 100 vezes no Velho Testamento, mas, curiosamente, Jesus não a usa sequer uma só vez. Uma explicação é que conhecemos Jesus depois de ele já ter terminado seu processo de busca do eu ilimitado; ele é único nesse sentido.

A graça, assim como a própria alma, é convertida do poder infinito de Deus para a escala humana. Ela traz mais do que um sopro de magia ao possibilitar uma transformação total. A mente humana mal consegue compreender como uma lagarta se transforma em borboleta, muito menos o milagre de como seres humanos são transformados por meio da graça. De certo modo, nada mais se exige além da rendição. Mas o processo de nascer outra vez é descrito em todas as culturas, portanto, vamos ver se conseguimos aproximar-nos de um entendimento.

Autotransformação

Antes de ser tocada pela graça, a natureza humana, segundo a terminologia tradicional da cultura judaico-cristã, é decaída, corrompida, pecadora, impura, ignorante, culpada e cega. O grande problema dessas atribuições é o de estarem assentadas no moralismo. A palavra *limite* é neutra; ela simplesmente refere-se a um estado de impedimento. Se você pegar uma pessoa e forçá-la a viver em severa limitação — digamos, em uma masmorra —, todos os tipos de problemas virão à tona, da paranoia à desilusão. Mas eles não acontecem, porque o prisioneiro é moralmente incapacitado. Eles resultam do encarceramento. A diferença entre um prisioneiro trancado em sua cela e você ou eu é que nós escolhemos voluntariamente viver dentro de nossos limites. A parte de nós responsável por essa escolha é o ego.

O ego é o seu ser familiar, o eu que sai pelo mundo e lida com os acontecimentos diários. Enquanto esse ser se sente satisfeito, não existe motivo aparente para nenhum tipo de busca pela alma. Mas será que a vida é mesmo satisfatória? Todo grande mestre espiritual começa pela perspectiva de que não. Jesus e Buda defrontaram-se com um mundo em que as pessoas comuns eram assoladas por doenças e pobreza. O simples fato de sobreviver após o nascimento e manter-se vivo até os 30 anos já era um enorme desafio. Não era difícil convencer pessoas como aquelas de que a vida cotidiana era imersa em sofrimento. Esse problema perdura até os dias de hoje, mesmo nas sociedades mais modernas e que conseguiram substanciais avanços na luta contra as doenças, a pobreza e a fome.

Buda e Jesus não estavam preocupados com as causas materiais do sofrimento. Em vez disso, eles rastrearam a causa até a raiz, o eu que lida com a vida diária. Esse eu é uma falsa identidade, disseram eles. Ele esconde o eu real, que só pode ser encontrado no nível da alma. Esse diagnóstico, porém, não levou a nenhum tipo de cura rápida. O eu não é como um carro que pode ser desmontado e reconstruído como um modelo melhor. O eu segue uma agenda. Pensa que sabe como dirigir a vida diária e, quando ameaçado por algum tipo de desmonte, ele reage — afinal, é a própria sobrevivência que está em jogo. Por esse motivo, o ego tornou-se o grande inimigo da mudança (mais no Oriente do que no Ocidente; no Ocidente, o pecado e o mal assumiram esse papel, também por razões morais). Ficou óbvio que o ego era um oponente sutil, ao revelar-se de forma tão penetrante. A identidade de uma pessoa não é como um casaco que pode ser tirado a qualquer momento. Transformar sua identidade é mais como realizar uma cirurgia em si mesmo; você tem de ser o médico e o paciente. Essa é uma missão impossível no mundo material, mas inteiramente possível na consciência.

A consciência examina a si própria e quando ela o faz, pode procurar por imperfeições e repará-las. A razão por que ela pode consertar a si mesma é que só a consciência está em questão. Não há necessidade de sair do eu, de dormir para bloquear a dor ou de qualquer forma de violência contra o corpo.

Antes que a cirurgia comece, você precisa de uma doença ou de um defeito. O ego, com todas as exigências que faz para organizar a vida diária, possui um defeito ofuscante. A visão que ele tem da vida é impraticável. O que ele promete como uma vida cheia de plenitude é uma ilusão, um delírio que você persegue por toda a vida sem nunca conseguir realizar. Quando você fica consciente desse defeito, o resultado é fatal para o ego. Ele não pode competir com a visão iluminada da alma. Fomos todos condicionados a acreditar que o ego é prático e realista ao abordar a vida enquanto que a alma é um ente isolado e inalcançável para resolver os problemas do dia a dia. Porém essa é uma total inversão da verdade. Deixe-me ilustrar:

Duas visões da realização

A VISÃO DO EGO:

Tenho tudo de que preciso para estar confortável.

Estou sereno porque coisas ruins não podem chegar perto mim.

Por meio de trabalho duro, qualquer objetivo pode ser alcançado.

Meço a mim mesmo por minha realizações.

Eu venço com muito mais frequência do que perco.

Possuo uma sólida autoimagem.

Por ser atraente, ganho as atenções do sexo oposto.

Quando encontrar o amor perfeito, será de acordo com meus termos.

A VISÃO DA ALMA:
Sou tudo o que preciso ser.
Sou seguro porque não tenho nada a temer em mim mesmo.
O fluxo da abundância da vida me fornece tudo.
Não meço a mim mesmo em função de nenhum padrão externo.
Dar é mais importante do que vencer.
Não possuo nenhuma autoimagem; estou além das imagens.
Outras pessoas são atraídas para mim por afinidade de alma.
Posso encontrar o amor perfeito, porque primeiro o descobri em mim.

Não é preciso dizer, creio eu, que a segunda visão descreve a vida em estado de graça. Ela representa a vida transformada, e não escravizada pelo ego. Ainda assim, analisando as duas opções, a maioria das pessoas acharia a versão do ego mais razoável. Uma coisa é certa, já estão acostumadas. Familiaridade acrescida de inércia mantém a maioria de nós fazendo as mesmas coisas todas os dias. Mas deixando esse detalhe de lado, o que faz o caminho do ego para a plenitude parecer mais fácil é que ele é baseado em uma melhoria das condições de vida passo a passo. Se você tem um emprego modesto hoje, ele ficará mais importante amanhã. Seu primeiro e pequeno lar será maior um dia. Se você meter-se em problemas ou encontrar obstáculos ao longo do caminho, eles poderão ser vencidos. Trabalho duro, presteza, lealdade e fé no progresso combinam-se para tornar a vida melhor.

Essa é a versão do crescimento pessoal pela perspectiva do ego: por mais limitada que sua vida possa ser, com o tempo ela irá progressivamente melhorando. Além disso, essa noção, tão focada em circunstâncias exteriores, ignora o que acontece na realidade com o ser interior. Não existe uma correlação entre realização e progresso externo. Um país tão pobre como a Nigéria tem pontuação mais alta em uma escala de felicidade entre as sociedades do que os Estados Unidos (segundo pesquisas em que se pergunta ao povo o quanto eles se consideram felizes). No que diz respeito à questão de dinheiro, as pessoas ficam mais felizes ao deixarem o nível de pobreza, mas uma vez tendo asseguradas as necessidades básicas da vida, o aumento do dinheiro na verdade *diminui* as chances de uma pessoa ser feliz. Estudos sobre pessoas que ganharam na loteria mostraram que, no período de um a dois anos, elas não só pioraram materialmente como também a maioria declarou que desejaria nunca ter ganhado nada. (Não é necessário dizer que essas conclusões não são divulgadas abertamente pelas organizações lotéricas.)

Nós pagamos caro por nos agarrarmos a aparências exteriores como medida de avaliação de quem somos. Quedas na economia criam medo e pânico generalizado. Nos relacionamentos pessoais, o amor enfraquece quando a outra pessoa para de prover suficiente carga emocional e atenção pessoal — aqueles apoios externos sem os quais o ego hesita. Quando o conflito aparece, as pessoas sofrem em silêncio ou lutam inutilmente na esperança de que a outra mude. O ego insiste em que uma esposa melhor, uma casa maior e mais dinheiro trarão a satisfação que você espera há tanto tempo. O que não ocorre às pessoas é que sua insatisfação pode não ser culpa delas *ou* das circunstâncias. Elas podem ter simplesmente escolhido o caminho errado, para começar.

A realização pela perspectiva do ego é inatingível, porque cada eu isolado está sozinho, arrancado do manancial da vida. A prometida melhoria progressiva só pode se dar externamente porque não há segurança interior. Como isso acontece? A única forma que o ego tem de lidar com a desordem psíquica e o desgosto é isolando-se. O eu está cheio de compartimentos secretos em que medo e raiva, remorso e ciúme, insegurança e desamparo são forçados a se ocultarem. Assim, podemos constatar em nossa sociedade índices nunca registrados de ansiedade e depressão, condições tratadas com drogas que apenas mascaram o problema. No momento em que o efeito sedativo da droga passa, a depressão e a ansiedade retornam.

A realização pela perspectiva da alma parece bem mais difícil, mas, apesar disso, ela acontece automaticamente uma vez que você chegue ao nível da alma. Realização não é uma questão de autoaperfeiçoamento. Ela envolve uma mudança que escape à agenda do ego, desligando-se das aparências exteriores para concentrar-se no mundo interior. A alma conserva um tipo de felicidade que independe das condições externas, sejam elas boas ou más. O caminho da alma conduz a um lugar onde você experimenta a realização como um direito de nascença, como parte de quem você é. Você não tem que trabalhar por ela. Você só tem de ser.

O estado de graça vem de uma visão clara de quem você realmente é.

A história de Annette

O único modo de ser completamente feliz é sabendo quem você realmente é. Atualmente existe uma corrente popular sob o lema "tropeçando na felicidade", título de um livro lançado em 2006 por Daniel Gilbert, professor em Harvard. A ideia central é que a felicidade ocorre quase que por acaso — tropeçamos nela no escuro —, porque as pessoas não sabem realmente o que pode fazê-las felizes. Isso se deve grandemente a uma falta de previsão, nos diz Gilbert. Achamos que um milhão de dólares poderia nos tornar felizes, mas o dia em que ganhamos realmente esse dinheiro acaba sendo muito diferente do que tínhamos antecipadamente previsto. O sol não fica duas vezes mais brilhante; a vida não perde suas aborrecidas imperfeições. No mínimo, o dia em que você recebe um milhão de dólares acaba sendo pior do que um dia comum, porque não apresenta nada que possa torná-lo extraordinário.

Posso ver com clareza que faltam às pessoas as ferramentas capazes de torná-las felizes, ou a noção de saber anteriormente o que verdadeiramente causará felicidade. A imagem sentimental do milionário triste é bastante real. Os momentos mais intensos de felicidade ocorrem inesperadamente. Mas é totalmente errado, de meu ponto de vista, afirmar que a vida humana deva ser rachada dessa maneira. A verdade mais profunda é que tropeçamos na identidade. Nós remendamos o ser, usando as estratégias imperfeitas ditadas pelo ego. Somos motivados por lembranças do que nos machucou no passado e do que foi bom, o que nos impulsiona a repetir as coisas boas e rejeitar as ruins. Como resultado, o eu torna-se um produto do acaso, de velhos condicionamentos e das inúmeras vozes de outras pessoas que nos disseram o que fazer e como ser. Em sua base, toda essa estrutura é inteiramente inconfiável e, de fato, irreal. Tendo agora tomado consciência desse eu fraudulento, você deveria abrir mão dele completamente. É o barco errado para levá-lo às praias distantes da realização, e sempre o foi.

— Há anos vinha tendo um problema com relacionamentos. Basicamente, nunca me sentia amada o suficiente — contou Annette, uma mulher independente e bem-sucedida que conheci em um grupo de meditação. — O último homem com quem me envolvi só me escolheu porque a mulher com quem ele queria se casar acabou se casando com outra pessoa. Comecei a sentir que nunca tinha significado absolutamente nada para ele. Então, depois que terminamos, procurei uma terapeuta. Ela me perguntou o que eu pretendia com a terapia. Essa não é uma pergunta fácil, mas sabia que não me sentia amada, então lhe disse que queria por um fim àquele sentimento. A terapeuta perguntou o que ser amada significava para mim. Eu queria ser protegida, cuidada, mimada? Nada disso. Para mim, ser amada significava ser compreendida. As palavras simplesmente vieram à tona, mas couberam bem. Enquanto estava crescendo, absolutamente ninguém me compreendia. Meus pais eram pessoas boas e deram o melhor de si. Mas o amor deles não incluía compreender quem eu era. Estavam muito preocupados com que eu encontrasse o homem certo, construísse um lar e montasse uma família.

— E então você iniciou uma viagem interior — eu disse.

Annette assentiu com a cabeça.

— Minha terapeuta era ótima. Trouxemos à superfície todos os meus traumas ocultos; não retive nada. Eu realmente confiava nela. Durante meses, revivi tudo acerca do meu passado. Foram muitas revelações e muitas lágrimas.

— Mas você sentia que estava alcançando algo positivo — disse.

— À medida que liberava minha antiga bagagem, a sensação de alívio era incrível — prosseguiu Annette. — Antes que percebesse, cinco anos tinham se passado, centenas de sessões. Em uma tarde, estava no consultório da terapeuta quando aconteceu. "Você me compreende totalmente", disse a ela. "Não tenho mais segredos para contar, nenhum pensamento vergonhoso e desejos proibidos". Naquele momento, não sabia se ria ou se chorava.

— Por que isso? — perguntei.

— Tinha à minha frente aquela mulher que me compreendia inteiramente — disse Annette. — Agora eu tenho o que sempre quis e o que ganhei com isso? Não fiquei subitamente mais feliz ou mais contente. Foi isso o que me deu vontade de chorar. O que me fazia querer rir era um pouco mais difícil de explicar.

— Você chegou a um ponto final — sugeri. — Isso implica na tomada de uma nova vida.

— Acredito que sim. Levou um tempo para eu perceber. Mas logo notei que quando caía em alguma situação que costumava me deixar irritada, em vez de me enfurecer, uma voz dentro de mim dizia, "Por que está fazendo isso novamente? Você sabe de onde vem". A voz estava certa. Eu me conhecia muito bem agora. Repetir minhas antigas reações não era mais possível.

Annette encontrou aqui o seu ponto crítico. Conseguiu o raro privilégio de reexaminar a si mesma desde sua estrutura. Ela chegou ao fim de tudo o que o ego havia construído com o passar dos anos. Uma vez de frente com a verdade — uma casual e inconsistente construção sem nenhuma relação com seu verdadeiro eu —, ela pôde seguir em frente. Sua mente já não estava mais atada ao passado.

A mente pode ser usada para muitas coisas, mas a maioria das pessoas a utiliza como um armazém. Elas a enchem com lembranças e experiências, além de todas as coisas que gostam e desgostam. O que nos faz guardar algumas partes do passado e descartar outras? Não é por querermos repetir as boas experiências e jogar fora as dolorosas. Existe uma conexão pessoal em relação a ambas. Sem essa conexão, o passado simplesmente desapareceria. Não quero com isso dizer que você deva ter amnésia. A conexão é psicológica. Ela preserva a dor que ainda arde e a esperança de que um prazer se repita. Estando no passado, no entanto, seu armazém mental fica lotado de coisas que já não lhe servem mais.

Disse algo assim a Annette e ela concordou inteiramente.

— Era uma fantasia minha — disse ela — que meu eu verdadeiro se escondia em algum canto de meu passado. Se alguém mais sábio e forte que eu recolhesse os pedaços, poderia fazer de mim uma pessoa completa.

Chegar além do ego significa deixar para trás ilusões ultrapassadas para começar a viver uma realidade renovada. Todos nós nos agarramos a imagens de nós mesmos que vão se somando ano após ano. Algumas imagens nos fazem sentir bem, outras, mal. Imagens, porém, não podem ser substitutas para a coisa real. Seu eu verdadeiro é vital e muda a cada momento. O que mais me fascina acerca de Annette é que ela é uma das poucas pessoas que conheci que chegaram ao fim do dilema do ego. Trabalhando com sua terapeuta, ela esgotou tudo o que tinha a oferecer. Na vida de cada um, o ego estende seu contrato dizendo: "Espere. Continue tentando, sei o que fazer". Considere, porém, aonde essa estratégia pretende chegar:

> Se você não conseguiu chegar aonde queria com todo seu trabalho duro, trabalhe mais duro ainda.
> Se você não tem o suficiente, consiga mais.
> Se seu sonho fracassar, continue buscando-o.
> Se você fica inseguro, acredite mais em si mesmo.
> Nunca admita o fracasso, sucesso é a única opção.

Esse tipo de motivação do ego, colocado em slogans, está profundamente arraigada na cultura popular. Ir atrás de seu sonho e nunca desistir tornou-se um credo repetido por ricos, famosos e gente bem-sucedida. Entretanto, para cada vencedora de um concurso de beleza, ou de uma corrida de automóveis, ou de um teste em Hollywood, existe uma quantidade inimaginável de pessoas cujos sonhos não se realizaram. Elas perseguiram seus sonhos com a mesma tenacidade e acreditaram neles com a mesma intensidade. A estratégia do ego, porém, não funcionou para eles. Felizmente, há um outro modo, que é exatamente o oposto da estratégia do ego:

> Se com todo o trabalho duro você não conseguiu o que queria, procure por nova inspiração.
> Se você não tem o suficiente, encontre em si mesmo.
> Se seu sonho fracassar e você enxergar que era uma fantasia, encontre um sonho compatível com a sua realidade.
> Se você ficar inseguro, mantenha-se fora da situação até encontrar seu centro novamente.
> Você não se abala nem com o sucesso nem com o fracasso; o fluxo da vida oscila entre ambos, como estados temporários.

O eu real é como um fantasma ardiloso, mutante, sempre um passo à nossa frente. Ele se dissolve no instante em que você pensa que conseguiu agarrá--lo. (Já ouvi uma descrição assim de Deus, como alguém de quem estamos sempre correndo atrás somente para descobrir que onde quer que tenha sido visto pela última vez, ele acaba de ter ido embora.) Você não consegue definir quem você realmente é. Para entender seu eu real, você precisa atualizar-se à medida que ele se move. O encontro com o eu real acontece ao longo do caminho. O mesmo é verdade quanto ao estado de graça, visto que ele faz parte do seu eu verdadeiro.

Colocando fé

Chegamos a uma situação incômoda para muitas pessoas. Um eu mutante, fluido, representa uma mudança radical para o eu fixo e seguro que o ego nos promete. Sentir subitamente o chão se abrir sob seus pés é perturbador. Ainda assim, o processo de abrir mão nos leva até lá. É preciso deixar de ser leal ao ego. A rendição traz a chegada da graça, mas não de uma só vez. Graça reflete-se em uma forma de vida que não se apoia em nenhuma das antigas proposições do ego. Jesus deixou bem claro:

> Não ajunteis para vós tesouros na terra, onde a traça e a ferrugem os consomem, e onde os ladrões minam e roubam; mas ajuntai para vós tesouros no céu, onde nem a traça nem a ferrugem os consomem, e onde os ladrões não minam nem roubam. (MATEUS 6:19-20)

Nosso antigo modo de vida centrado em economizar, planejar, preocupar--se com o futuro, garantir a segurança e confiar em bens materiais deve ser substituído por outro novo, baseado em confiança na providência, nenhum planejamento ou expectativa e nenhum tesouro de ordem material. Este mesmo tema é reiterado ao longo de todo o Sermão da Montanha. Já disse antes que São Paulo não estabelece um processo, pelo qual a graça toma conta da pessoa. O mesmo é verdade no que tange a Jesus, conforme mostram os Evangelhos. É necessário uma profunda transformação embora os passos para se ir daqui para lá não tenham sido especificados. Em vez disso, Jesus e Paulo enfatizam principalmente a fé.

A fé é uma certeza interior de que uma mudança tão radical como essa pode e irá acontecer. A fé, porém, não deve ser cega. Tampouco baseada em alguma coisa exterior a você. Ao longo do processo de abrir mão, você verá que existem razões para se ter fé aqui e agora.

Fé em sua experiência. Abrir mão traz a capacidade de sintonizar-se com sua alma. Como resultado, a alma começa a ter participação mais ativa na vida. Gradualmente, você começa a passar por algumas das seguintes experiências:

> *Sinto-me inspirado.*
> *Vejo a verdade do ensinamento espiritual.*
> *Sinto que possuo um eu superior.*
> *Uma realidade mais profunda está surgindo.*
> *Minha vida interior traz satisfação.*
> *Entendo as coisas de uma nova maneira.*
> *Saúdo cada dia com energia renovada.*
> *Minha vida é mais completa.*

Às vezes, sugiro às pessoas que escrevam essas coisas em um pedaço de papel e coloquem na carteira. Se, quando puxarem a lista, puderem se conectar com pelo menos um item, estarão sintonizadas. Caso contrário, é hora de começarem a se sintonizar. O fluxo da vida é autorrenovador. Ele traz novas energias todos os dias para lançar novos desafios. Mas quando a conexão com a alma está interrompida, essa energia não se comporta como deveria.

Onde entra a fé em tudo isso? Quando você está alinhado com a alma, a vida torna-se ilimitada e sua consciência transborda de alegria e confiança em si mesma. Mas quando você sai de sintonia, essas qualidades desaparecem. Nesses momentos, tenha fé em sua própria experiência, que lhe diz em primeira mão que ser ilimitado é uma condição real. É um estado de consciência ao qual você pode retornar. Posso ver o ego como um pequeno e confortável chalé, enquanto o que a alma oferece é uma vasta paisagem de horizonte infinito. Todos nós nos recolhemos a nosso chalé de tempos em tempos. Algumas vezes, fazemos isso por causa do estresse, outras, só por hábito. A psique é tão imprevisível que você pode ficar inseguro sem nenhuma razão aparente.

Felizmente, a razão não importa. Depois de experimentar a liberdade pela primeira vez, você irá querer voltar a esse estado novamente. Você se sentirá mais confortável para ir além e, com o passar do tempo, o impulso de voltar ao chalé enfraquecerá. Não há motivo para pressionar a si mesmo. A liberdade fala por si; o impulso de experimentá-la é parte de você e jamais morrerá. Esse é o primeiro e mais importante fator para se ter fé.

Fé em seu conhecimento. Gente que se orgulha de ser racional geralmente rejeita a espiritualidade porque ela não está apoiada em fatos concretos. Esse argumento, no entanto, tem um ponto cego, porque nem todos os fatos podem ser medidos. Pode ser um fato o polo Norte estar localizado a 90 graus de latitude norte, mas também é um fato que cada um de nós pensa, sente, deseja e sonha, e dessa realidade invisível dependem todos os fatos externos. O polo Norte não teria localização alguma sem uma mente para medi-lo.

À medida que você avança no caminho, adquire um conhecimento em que pode confiar. Algum conhecimento crucial está sendo comunicado por meio dessas páginas, mas é você quem tem de verificar: "Que fatos trago eu em mente?".

A consciência pode produzir mudança no corpo.
Ação sutil pode lhe trazer mais amor e compaixão.
Padrões de energia distorcida podem ser curados.
O fluxo da vida fornece energia criativa ilimitada e inteligência.
Todo problema contém uma solução oculta.
A consciência pode sofrer contração e expansão.
Existe outro modo de viver que seu ego desconhece.

À esta altura dos acontecimentos, nenhuma dessas afirmações deve ter dimensão mística. Mesmo que você se veja tentado por uma ou mais, tenha fé que o conhecimento real existe na área da consciência. A mesma consciência com a qual você nasceu, se expandiu com o passar dos anos. Você acrescentou novas habilidades e redes neurais ao seu cérebro. Os neurologistas confirmaram que práticas espirituais como a meditação são realidades em termos físicos; o mesmo ocorre com um dote espiritual como a compaixão.

Por conseguinte, o processo de despertar a alma requer pouca fé adicional. É uma extensão natural de descobertas com sólido fundamento na ciência. Não que esta deva ser sua prova final. Há muitos anos, me inspirei em um pensamento do filósofo francês Jean-Jaques Rousseau: ele disse que cada pessoa nasce para testar uma "hipótese da alma". Em outras palavras, você e eu somos grandes experimentos, conduzidos por dentro de nós mesmos, para provar a existência da alma. O experimento renova-se de acordo com a época. Já foi baseado na fé em Deus e nas escrituras. Agora é baseado na fé de que a consciência pode crescer e evoluir. Os termos mudaram, mas não o desafio.

Fé em si mesmo. A cultura popular vive martelando em nossas cabeças que ter fé em si mesmo conduz à mais alta realização. Porém esse eu em questão é na verdade o ego, com sua insaciável fixação pela vitória, a posse, o consumo e a busca do prazer. Essa é a última coisa em que você deveria depositar sua fé. É melhor reformular tudo como um tipo de fé em um eu que você ainda está por encontrar. Ninguém precisa ter fé no eu-ego; suas exigências são ininterruptas. Mas o eu que você ainda está por encontrar requer fé, porque ele é o ponto final da transformação. Antes de submeter-se a essa transformação, você é uma lagarta sonhando tornar-se borboleta.

Como você pode ter fé em um eu que não conhece? Essa é uma pergunta de caráter bastante pessoal e que pode ser respondida de formas diferentes por qualquer um. Portanto, vamos colocar a pergunta de outro modo. O que pode confirmar que você mudou permanentemente e em um nível profundo? Aqui estão algumas respostas que a maioria das pessoas, creio, acharão válidas:

> *Não vivo mais em sofrimento.*
> *Não me sinto mais em conflito.*
> *Venci a fraqueza e tornei-me forte.*
> *Culpa e vergonha desapareceram.*
> *Deixei de me sentir ansioso.*
> *A depressão foi embora.*
> *Descobri uma forma de viver em que acredito.*
> *Experimento a clareza no lugar da confusão.*

Essas mudanças estão todas enraizadas no eu porque as condições que precisam de mudanças mais acentuadas — depressão, ansiedade, conflito, confusão — parecem parte de "mim". Uma pessoa não as adquire como um resfriado. Ela pode se esquecer temporariamente, mas a aflição retorna. Freud comparou a ansiedade a um visitante indesejável que se recusa a ir embora. Cada atitude que você toma para livrar-se do visitante é uma atitude de fé em si mesmo. Você está conseguindo abrir mão. Mais que isso, um novo eu vai gradualmente revelando-se, pois fica claro que o eu transformado não é como um passageiro esperando pela chegada do trem. Seu novo eu se revela em um aspecto de cada vez.

A tradição espiritual afirma que a alma possui todas as virtudes. Ela é bela, sincera e honesta, forte, amorosa, sábia, compreensiva e impregnada pela presença de Deus. Essas qualidades não podem ser removidas. Não podem ser compradas ou adquiridas pelo ego, exceto em base provisória. A pessoa mais amorosa pode trocar o amor pelo ódio. A pessoa mais forte pode ser massacrada. Mas assim que o eu real é revelado, todas essas qualidades tornam-se incondicionais. Você não notará a presença delas — a graça não é uma chuveirada de água fresca ou de luz branca. Melhor dizendo, você será simplesmente você mesmo. Assim, quando o amor for requisitado, ele estará em você, pronto para expressar-se. Quando a força for necessária, você a terá. Por outro lado, você não sentirá nada de especial. A vida prossegue para todos, como sempre. Porém, interiormente, de modo um tanto inexplicável, você se sente em total segurança. Você sabe que possui tudo o que precisa para enfrentar as dificuldades da vida.

O moderno professor sufi, A. H. Almaas descreve maravilhosamente bem essa questão em um ensaio intitulado "Fazendo Nada".

> *Quando sua mente está livre, sem interesses ou preocupações, sem focar em nada especificamente, e seu coração sem se apegar ou se agarrar a nada, então você está livre... Seja o que for que lá estiver, lá estará. A mente não diz "Eu quero isso" ou "Eu quero olhar para isso" ou "Isso tem de ser assim". A mente é solta. A expressão "fazendo nada" exprime o que significa estar liberado.*

O processo de render-se o coloca na situação em que você pode ficar sem fazer nada, sem o impulso de agarrar-se às coisas e preocupar-se com elas. A agenda do ego é desfeita. Isso pode levar tempo, mas acabará por acontecer. Muito antes desse momento, sua mente aprende a ficar quieta, confortável e solta. Você navega apreciando esse estado e, enquanto o faz, a graça conduz o eu verdadeiro preenchendo o espaço antes ocupado pelas angústias da mente. Para sua surpresa, você se vê em uma situação em que existe amor e você tem esse amor. Ele é parte de você (assim como você suspeitava no fundo de seu coração). Da mesma forma inexplicável, a coragem também tornou-se parte de você, e também a verdade. As promessas dos grandes mestres espirituais, que lhe disseram que a graça é dada livremente, acabam por realizar-se. E, então, você sabe, de uma vez por todas, que colocar fé em si mesmo foi plenamente justificável. E assim deve ser justificado neste momento, seja qual for o ponto da jornada em que você esteja.

Em sua vida: encontrando a graça no meio do caminho

A graça causa transformação pessoal, mas isso acontece de forma tão serena, que mesmo as pessoas mais abençoadas podem não perceber, ou, se percebem, podem facilmente se esquecer. É benéfico invocar qualquer oração. Dessa forma, ela se torna uma parte sua que se estende pelo mundo. Você representa a graça por meio de suas ações, não como um objeto particular para ser admirado dentro de quatro paredes.

Se você quer mostrar graça, precisa manifestar suas qualidades. As palavras associadas à graça no Novo Testamento fornecem um guia:

> *Misericordioso*
> *Que se entrega livremente*
> *Disponível a todos*
> *Generoso*
> *Capaz de perdoar*

Não pretendo defender nenhuma dessas qualidades como deveres ou virtudes morais. O importante é que você possa medir o quanto a vida o agraciou pela facilidade ou dificuldade com que consegue executar essas ações. Há uma grande diferença entre o ato de dar com o ego e dar com a alma, entre mostrar piedade e conceder o perdão. A diferença pode ser sentida por dentro e é inconfundível.

Mostrar piedade. A maioria das pessoas demonstra piedade porque traz menos problemas ou porque se sentem magnânimas. O ego tira proveito disso em qualquer circunstância. A imagem de um condenado no tribunal me vem à mente. Ele abaixa a cabeça. Naquele instante, o juiz tem consigo todo o poder, tanto para condenar como para absolver. Mas a misericórdia que provém da graça é abnegada. Você estabelece uma empatia com o infrator. Vê sua vulnerabilidade e desespero. Entende que mais gente mudou por um ato de misericórdia do que por anos de condenação. Em poucas palavras, você compartilha a humanidade com outra pessoa, e isso requer a visão da alma.

Não que a misericórdia deva seguir o modelo de um tribunal. Você demonstra piedade quando não aponta as faltas dos outros, quando se recusa a reclamar mesmo que a reclamação seja pertinente, quando evita falar mal de alguém pelas costas. É misericordioso enxergar as melhores motivações em uma pessoa, dar o benefício da dúvida, procurar a mudança positiva. Em todas essas situações, você evita julgar. É uma dádiva da graça não julgar cada homem pelo que ele merece, mas pelo que roga a misericórdia.

Entregar-se livremente. O ego está sempre à procura de um mundo que funcione em comércio de troca, onde tudo tem um preço e a compensação é a regra. Essa fórmula não se aplica à graça. Ela é dada gratuitamente, sem que se exija nada em troca. É uma pena que o Novo Testamento baseie seu argumento sobre a natureza pecaminosa do homem. Na concepção de São Paulo somos tão degenerados que merecemos a ira de Deus e sua punição, mas como pai amoroso, Deus perdoa suas errôneas crianças. Esse tipo de esquema moral cabe para muitas pessoas. Elas sentem o peso de suas faltas e más ações. Deus torna-se ainda mais amoroso contemplando do alto todos os seus pecados e apagando-os por meio do poder da graça.

Entretanto, moralismo não precisa estar aí presente. É da natureza da alma dar livremente da mesma forma que um rio fornece água. Estabelece um canal, e a água flui. O ego se complica com questões como quem merece o quê, calculando o quanto deve dar e o quanto levar. As dádivas da graça são gratuitas. Ela o ajuda a lembrar que o universo o abastece de tudo e que é irrelevante se o seu ego acha que você já tem o suficiente ou não. Seu corpo vem sendo sustentado gratuitamente com energia, inteligência e alimento desde o dia de sua concepção. Quanto à questão dos seres humanos serem desprivilegiados, o motivo fundamental está na raiz de nós mesmos, ou de nossas circunstâncias. Certamente não estará na gênese da vida que teve início bilhões de anos antes dos seres humanos entrarem em cena. Com a mesma liberdade com que respira, você pode agir sob a aura da graça, dando sem apego.

Disponível para todos. A graça é a grande niveladora. Ela não reconhece diferenças, mas se oferece a qualquer um que se renda. (Na metáfora cristã, a chuva cai sobre o justo e o injusto.) Por outro lado, nosso ego dá uma importância extraordinária ao fato de ser especial. Queremos alguém que nos ame mais do que a qualquer outra pessoa no mundo. Almejamos status, reconhecimento, um senso de singularidade. Não obstante, pela perspectiva da alma, a singularidade é um traço universal. Você é uma criação única, não importa o que faça; não há a menor necessidade de provar isso para mais ninguém.

Quando você faz alguém sentir que é seu igual, você está exibindo essa qualidade da graça. Isso se aplica a qualquer tipo de pessoa. Não é uma questão de nobreza ou de dar aos pobres porque você tem tanto a mais. Aos olhos da alma, a igualdade é apenas um fato, e você está reconhecendo isso. Quando o ego exerce o domínio, todos nós avaliamos nossa posição, de superioridade ou inferioridade, em qualquer situação. Somos atraídos por pessoas que refletem nossa própria autoimagem. Sutilmente, colocamos outros em seus lugares. Sob influência da graça, esse comportamento muda, porque você sente sinceramente que não é superior nem inferior a ninguém. Essa percepção é acompanhada de um tremendo alívio. Tanta energia é gasta para proteger nossa dignidade, status, orgulho e realizações. Quando defender-se de uma queda deixa de fazer sentido, você dá um enorme passo rumo à libertação.

Generoso. Ser generoso é deixar que seu espírito transborde. Você pode ser generoso em todos os níveis da vida — dar a alguém o benefício de sua alegria é tão bom quanto oferecer dinheiro, tempo ou uma oportunidade de ser ouvido. Sempre que é generoso, você marca um ponto contra a escassez. Seu ego teme secretamente a ruína porque acredita que alguma coisa está faltando. Isso pode ser o resultado da escassez de recursos ou de um Deus injusto, má sorte ou defeito pessoal. É raro encontrar alguém que não se preocupa, uma vez ou outra, sobre uma ou todas essas deficiências. A graça traz a prova viva de que nada é escasso, tanto em você quanto no mundo ao seu redor.

Acredito que não haja maior lacuna entre o ego e a alma do que esta. Se você declara que não há escassez no mundo, inúmeros argumentos se levantarão contra e você tem boas possibilidades de ser tachado de insensível, cego, imoral ou pior. Não terá deliberadamente negligenciado a grande massa de gente que vive na miséria e sofre de fome? As palavras de Jesus acerca da Providência observando a queda de um pardal parecem nada convincentes para alguém que não sabe de onde virá a próxima refeição. O ensinamento, porém, é baseado na consciência, não no banquete deste fim de ano, nem na escassez absoluta de víveres. A graça é generosa, uma vez concedida, mas, antes disso, são as forças materiais que exercem o controle.

A generosidade do ego é uma manifestação de ostentação dos ricos; ela concentra a atenção na riqueza do doador e na escassez do receptor. A generosidade da alma não chama a atenção para si mesma. O impulso é natural e abnegado, como uma árvore carregada de frutos cujos galhos curvam-se até o chão. Se você consegue ser generoso com a superabundância do espírito, estará agindo em estado de graça.

Capaz de perdoar. Temos aqui o teste mais convincente. Perdoar de maneira incondicional é uma marca do estado de graça. Seu ego não pode duplicar essa qualidade da alma. Sem a graça, o perdão é sempre condicional. Esperamos até que a raiva passe. Ponderamos o que é correto e o que é injusto. Alimentamos mágoas e imaginamos retaliações (ou a pomos em prática antes de perdoar).

Condições vão sendo impostas. Quando você estiver pronto para perdoar sem pesar essas condições, estará agindo em estado de graça.

Alguns mestres espirituais diriam que o ego nunca é capaz de perdoar, para início de conversa. O cristianismo considera o perdão um atributo divino. A humanidade decaída, com necessidade premente de perdão, não é capaz de abolir o pecado fora da salvação. O budismo acredita que a dor e o sofrimento são inerentes à natureza humana até que a ilusão do eu separado seja desfeita. Não que essas tradições sejam pessimistas ou que o mau procedimento seja uma praga permanente. Mais propriamente, Jesus e Buda mostraram um quadro realista da psique, que fica embaraçada em uma rede complexa de certos e errados. Temos de concordar que é errado sentir dor — nossa própria dor, para que fique bem claro — e com essa ideia em mente, todas as feridas acabam tornando-se provas de injustiça. A dor nos faz sentir vitimizados. Isso significa que a tendência da vida de trazer dor torna tudo e todos passíveis de nossas acusações. Se você tivesse que perdoar tudo que já acusou outras pessoas de terem feito, o processo consumiria uma vida inteira.

Conceder perdão mostra que você encontrou um modo de escapar da armadilha. O perdão torna-se fácil depois que você se livra do impulso de *não* perdoar. O jogo da culpa é encerrado. Assim como a sensação de ser vitimizado. Em presença da graça, o perdão é um reconhecimento de que para cada ferida existe uma cura. Se você se vê curado de maneira antecipada, inicialmente não há nada a perdoar.

RUPTURA Nº 5

O UNIVERSO EVOLUI ATRAVÉS DE VOCÊ

Por fim, é preciso uma ruptura que revele o quão valioso você realmente é. Quase ninguém acredita ser absolutamente necessário no grande esquema do universo. Você, no entanto, sendo a vanguarda da evolução, é preciso para o universo de um modo singular, porque só você tem a experiência que sua vida representa. Pertence a um plano que não pode existir sem você embora seja bastante diferente daquilo que imagina: o plano não tem diretrizes rígidas, limites fixos nem final previsível. É construído à medida que avança, e esse é o motivo pelo qual depende da participação de cada um.

Certa vez ouvi um famoso guru indiano falando a respeito do plano cósmico — ou plano divino, como chamou. Ele falou do plano com as palavras mais inspiradoras, projetando um futuro abençoado com indescritível fartura e total ausência de sofrimento. A plateia era grande, composta em sua maioria por ocidentais. No salão, pude sentir um cabo de guerra emocional — as pessoas queriam acreditar no que tinham ouvido, mas não se atreviam. Finalmente, um membro da plateia levantou-se e perguntou:

— Esse plano divino está em execução exatamente agora? O mundo está caótico e violento. Cada vez menos gente acredita em Deus.

Sem hesitar, o guru respondeu:

— Acreditar em Deus não importa. O plano é eterno, estará sempre em execução. Ele não pode ser parado! — Fazendo um círculo com o braço, acrescentou — Todos aqui deviam aderir. Não há maior propósito na vida, e se vocês se unirem agora, colherão as primeiras recompensas.

O ouvinte franziu as sobrancelhas.

— E se eu não aderir? — perguntou. — O que pode acontecer?

O rosto do guru permaneceu austero.

— Deus não é dependente de ninguém. O plano divino não precisa de você para prosseguir — Ele se debruçou mais perto do microfone —, mas se você virar as costas, não irá se manifestar através de você.

Definitivamente, creio que esta é a resposta certa. Se tirarmos o "divino" da equação e falarmos em termos de um universo em constante evolução, você pode aderir ao fluxo evolucionário ou não. A escolha é sua. Seja como for, a evolução acontecerá, mas se você optar por permanecer de fora, ela não se manifestará através de você.

Por que sou importante?

No passado, a vida ficava mais fácil sabendo-se o que Deus tinha reservado. Se você souber onde se encaixar no esquema divino, as dificuldades materiais da vida se tornam secundárias. Se você não entrar na linha, seu destino será amargo, mas nem por isso, estático. Não sei de nenhuma cultura em que o destino de uma pessoa tenha sido deixado à deriva. Mesmo no judaísmo, em que uma interpretação (mas não todas) nega a existência de uma pós-vida, Deus afirma que esta vida, sendo a única, deveria ser vivida do modo mais devotado possível. A virtude de viver em Deus é que sua ínfima existência não fica dotada simplesmente de um propósito mais alto e, sim, do mais alto de todos, como parte da criação de Deus.

Entretanto, por maior que seja a força de se viver para Deus, a religião esteve sempre atormentada por uma séria contradição. Todas as pessoas são consideradas preciosas para Deus, mas ninguém é realmente necessário. Vidas individuais são desperdiçadas aos milhares a cada ano nas guerras. Outras incontáveis são perdidas por causa da fome, de doenças ou mal conseguem sobreviver a um índice cruel de mortalidade infantil. Poucas pessoas falam acerca dessa contradição que tem um efeito oculto. Médicos precisam anunciar estados terminais a pacientes incuráveis. A notícia chega como um choque, mas vem demonstrando que a maioria dos pacientes terminais são abnegados. A razão pela qual não querem morrer é que suas famílias precisam deles. A grande questão "por que estou aqui?", é deixada para outras pessoas. O mesmo ocorre com o medo dominante expresso pelo idoso, um medo que não é o de morrer ou da dor crônica e incapacitante. Antes de tudo, o que eles mais temem é tornarem-se um fardo para seus filhos.

É humano compreender que todos nós precisamos uns dos outros. Mas se exagerarmos, isso acaba tornando-se um sistema de codependência no pior sentido: eu só existo para ter necessidades e ser necessário. Lembro-me, bem no começo de minha carreira, de um paciente que ao ser informado que sofria de câncer incurável no fígado, ou pâncreas, murmurou "Que grande perda para o mundo quando eu me for". Não só uma perda para a família e para os amigos, mas uma perda absoluta, algo que tornaria o mundo mais pobre. Certamente, todos nós vemos a passagem de gente eminente dessa forma. E também, pela perspectiva de sua alma, você é um complemento para o mundo tão importante quanto Mahatma Gandhi ou Madre Teresa. Subtraí-lo da equação cósmica seria uma perda tão grande quanto. A seda mais refinada permanece intacta se você puxar um fio, mas o rasgo aparecerá.

Muitas pessoas resistem à ideia de possuir um valor absoluto no universo. Inconscientemente, estão adotando um comportamento conhecido como desamparo adquirido. Um exemplo típico vem de um experimento com cães realizado na década de 1950. Dois cães foram colocados em jaulas diferentes e, em cada um, era aplicado um choque de baixa voltagem a intervalos aleatórios. O primeiro cão tinha à disposição um interruptor em que ele podia bater com a pata para estancar o choque e, em pouco tempo, aprendeu a apertar o interruptor. Como os choques eram fracos, esse cão não demonstrou nenhum efeito adverso. O segundo cão recebia os choques no mesmo momento, mas não tinha nenhum interruptor para desligá-los. Sua experiência era bem diferente. Para aquele cão, a dor era uma ocorrência aleatória fora de seu controle.

Porém, foi a segunda parte da experiência que se mostrou mais reveladora. Os dois cães foram colocados em outras jaulas onde a metade do piso dava choque e a outra metade não. Tudo o que o cão precisava fazer no momento do choque era saltar uma divisória de madeira para a parte neutra. O primeiro cão, o que aprendera a desligar o choque, não tinha mais o interruptor. Mas também não precisou de um. Rapidamente aprendeu a saltar para o lado seguro. O segundo cão, no entanto, desistiu de início. Ele se deitou e deixou que os choques acontecessem sem esboçar nenhuma reação para livrar-se deles. Isso é o desamparo adquirido em ação. Quando aplicado à vida humana, as consequências são devastadoras. Inúmeras pessoas aceitam que a dor e o sofrimento apareçam aleatoriamente na vida. Nunca estiveram no controle dos choques por que passa cada existência e, assim, não buscam saída, mesmo quando surge alguma.

Saber como as coisas funcionam é importante. Caso contrário, o desamparo adquirido aos poucos vai tomando conta de nós. O primeiro cão aprendeu que a vida faz sentido: se você atinge o interruptor, a dor passa. O segundo cão aprendeu que a vida não tem sentido: não importa o que se faça, a dor virá de qualquer maneira, o que significa que não há nenhum responsável ou, se houver, ele não se importa. O cérebro de um cão pode não chegar a pensar dessa forma, mas o nosso, sim. Sem um senso de objetividade, nós ficamos desamparados visto que, ou Deus não está presente ou ele não se importa com o que acontece conosco. Para escapar de nosso desamparo adquirido, precisamos adquirir um senso de que somos importantes no esquema mais amplo das coisas.

A história de Brett

Nossa finalidade nos é oculta, embora tenhamos momentos em que a noção de tudo se encaixa. Podemos não saber de que consiste o plano, mas certamente sabemos que *algo* está acontecendo em um nível mais amplo; nesses momentos, compreendemos que os acontecimentos mais comuns combinam-se em padrões extraordinários.

Aos 70 anos, Brett é um jardineiro empolgado. Uma rosa em seu jardim sobressai com sua acentuada beleza, de pétalas amarelo claro com matizes avermelhados.

— Esta é a única rosa mística que cultivo e ela tem uma história — contou-me. — Quando os nazistas invadiram a França, o cultivo de flores teve de ser interrompido. Cada hectare disponível precisava ser aproveitado para plantar alimento, e foi quando um jovem produtor perto de Lyon viu-se obrigado a enterrar 200 mil mudas de rosas. Ele era um produtor dedicado; ficou arrasado por ser obrigado a destruir décadas de trabalho iniciado por seu avô e seu pai e então decidiu guardar as melhores mudas. A guerra se intensificou, e ele teve sorte de enviar em uma caixa brotos dessa nova espécie para a América por meio de um dos últimos correios diplomáticos enviados da França. Ele não teve mais notícias desses brotos enxertados até a libertação da França em 1944. Poucas semanas depois, recebeu um excitante telegrama. A rosa tinha florescido do outro lado do mar e não era um gênero apenas promissor. Era estupendo, talvez a melhor de todas as rosas que já brotaram em sementeiras americanas. Foi determinada uma data para que "Paz", como seria chamada a rosa, fosse apresentada ao público americano. Uma série de coincidências seguiu-se em torno dela. O dia da apresentação coincidiu com o da rendição japonesa. No dia em que Paz ganhou o prêmio de melhor rosa do ano de 1945, a Alemanha rendeu-se. No dia em que os primeiros delegados reuniram-se para formar as Nações Unidas, cada um deles foi homenageado com um buquê de Paz. Este também foi o dia em que os alemães assinaram os termos finais da rendição.

Brett fez uma pausa.

— Todos ligados ao mundo das rosas sabem a respeito de Paz, que se tornou destacadamente a rosa mais famosa do mundo. Ela vendeu aos milhões. Rendeu uma fortuna ao jovem plantador francês, que se chamava Francis Meilland. Mas não é por isso que considero essa rosa mística. Meilland teve a infelicidade de morrer jovem, aos 46 anos de idade. Antes de falecer, ele visitou seu oncologista, e, em uma mesa da sala de espera, havia um vaso com um buquê de Paz, o que poderia não significar nada além de outra possível coincidência. Mas quando Meilland voltou para casa, disse a sua família que tinha visto sua mãe sentada próxima às rosas, sorrindo para ele. Ela tinha morrido 20 anos antes e em sua homenagem, na França, seu filho deu a Paz um outro nome, "Madame Antoine Meilland". O que você acha disso?

Podia perceber que aquela história tinha um grande peso emocional para Brett.

— O que *você* acha disso? — perguntei-lhe.

— Acho que a coisa toda foi predestinada. Como se a primeira semente, que Meilland plantou em 1935, estivesse destinada a se tornar o símbolo da paz mundial após a guerra. As pessoas acreditam nisso. Quem poderá negar?

— Talvez a realidade oficial negue — assinalei. — Uma corrente de coincidências é exatamente assim.

— Eu sei — disse Brett. Você precisa ser ingênuo ou fantasioso para pensar que tudo pudesse encaixar-se de modo tão perfeito. É como se cada evento soubesse ser parte de uma mesma história, e isso não existe, certo?

Depende. Muitas pessoas dizem casualmente que "nada acontece sem uma razão". Ao mesmo tempo, não conseguem definir um propósito em suas vidas. Os animais estão livres desse dilema. Podemos ver seus objetivos simplesmente observando-os. Uma vaca faminta come. Um gato no cio acasala. O propósito humano, no entanto, raramente é visível. Quando você vê uma multidão de consumidores lotando as lojas no natal, todos estão fazendo a mesma coisa, mas não dividem o mesmo propósito. Alguns estão plenos do espírito de natal e querem proporcionar alegria com seus presentes. Outros estão cumprindo um ritual social. Outros, ainda, são consumidores compulsivos.

Seria de grande valia conhecer o plano geral. Sem isso, só nos resta observar uma coleção de indivíduos, cada um procurando no escuro por um propósito, tendo raros vislumbres de tempos em tempos.

As regras do jogo

O plano para o universo em expansão está bem à nossa frente, mesmo que não consigamos vê-lo. Somos cegos para ele, porque o plano *somos nós*. Ou, para torná-lo pessoal, você é o plano cósmico — ou o plano divino, se preferir. Não existem regras fora de sua mente, nenhuma ação fora de seu corpo. Seja o que for que você escolha fazer, o plano se adapta. Quando você tem um novo desejo, o universo muda concomitantemente. Ele não tem escolha, porque não existe propósito na criação além de você, exatamente aqui e agora.

Concordo que essa descrição soa como uma hipérbole. Por toda a sua vida, você absorveu uma visão do mundo que o coloca sob um poder superior. Se não for o poder de Deus, é o poder de forças naturais. Se não for o poder de autoridades, é o poder da natureza humana e seus impulsos autodestrutivos. Nada disso é verdade — ou, para ser preciso, nada disso é verdade uma vez descoberto seu eu real. Em última análise, descobrir seu propósito o conduz à descoberta de quem você realmente é.

O plano cósmico que foi elaborado em seu interior segue certas diretrizes invisíveis:

1. ***Tudo está consciente***. Não existem zonas mortas na criação. A consciência é uma atividade que permeia todo o universo, o que significa que quando você está consciente de alguma coisa, o universo está consciente com você. O que você vê e faz altera todo o esquema.

2. ***Tudo se encaixa***. Não existem peças soltas para o universo, nada é postergado. A totalidade mantém cada peça em seu lugar e determina a cada uma sua função. Quando algo parece aleatório, você está testemunhando um padrão se transformando em outro.

3. **O esquema todo é auto-organizado.** Não é necessário um controlador externo. Uma vez que uma galáxia, uma borboleta, um coração ou uma espécie inteira esteja em movimento, seu funcionamento interno sabe o que fazer.

4. **A evolução se desdobra por si mesma.** Uma vez que alguma coisa cresce, ela procura a forma mais elevada de si mesma – a melhor estrela, dinossauro, feto, ou samambaia. Quando esta se exaure, ela realiza uma transição para uma nova forma que seja mais criativa e interessante.

5. **A liberdade é o objetivo final.** Você não ganha por ter chegado ao fim; você ganha por encontrar um novo jogo no instante em que o velho acaba. Isso não é liberdade vazia. Você nunca se acha flutuando em um vácuo. Melhor dizendo, essa é a liberdade de possibilidades que nunca chegam ao fim.

Em cada nível, a natureza segue essas cinco diretrizes. Elas são invisíveis; existem somente na consciência. A razão pela qual você não percebia não é que seja um segredo de Deus. O plano não é abstrato. Pelo contrário — ele está em cada célula de seu corpo. Você pode tornar-se consciente do plano, se quiser, e então o universo adquire uma nova face.

1. **Tudo está consciente.** Viver em consonância com essa verdade indica que você respeita todas as formas de vida. Acredita que é parte de uma estrutura viva e age de forma que todas as suas ações ajudem o todo a evoluir. Você reconhece uma afinidade em cada nível de consciência, do mais baixo até o mais alto.

2. **Tudo se encaixa.** Essa verdade abre sua mente para que veja como a totalidade da vida interage. Em vez de pensar em termos mecânicos, você vê cada ocorrência desdobrando-se organicamente. Em vez de observar a vida pedaço por pedaço, você observa o quadro inteiro. Seria também natural investigar como e por que as coisas se encaixam. Haverá uma inteligência maior pensando em escala cósmica? Nesse caso, não será você um pensamento nessa mente universal ou parte do processo de pensar – ou ambos?

3. **O esquema todo é auto-organizado.** Essa é uma das verdades mais fascinantes, porque sustenta que nada tem um começo ou um fim. O universo não é como a maré, que sobe e desce continuamente. É como o oceano inteiro, inalando e exalando, enviando ondas que retornam à plenitude. Nenhum evento ocorre separadamente. Nós só vemos a separação porque nossa perspectiva é estreita. Através de uma lente mais poderosa, você pode ver que todos os eventos aparecem juntos.

Imagine uma formiga que aprendeu a ler. É a formiga mais inteligente do mundo, mas ainda é muito pequena, por isso ela lê um livro arrastando-se lentamente de uma palavra para a outra. O plano do livro é inteiramente linear segundo a perspectiva da formiga e por isso seria interessante saber que você – uma criatura muito maior – pode abordar o livro como um todo, e também pode escolher a parte que quiser, ler o fim antes do começo ou selecionar somente o que lhe interessa. Você pode fazer todas essas coisas porque o linear é apenas um modo entre muitos na abordagem de um livro. O mesmo acontece na vida.

4. *A evolução se desdobra por si mesma*. Uma vez que você percebe que o pensamento linear é somente uma opção – e bastante arbitrária, por sinal – você pode considerar a evolução de uma nova maneira. Pense naquela figura de enciclopédias ilustrando um primata encurvado se transformando em um Neandertal, depois em um homem das cavernas e finalmente no *Homo sapiens*, cada qual um pouco mais alto e verticalizado. Esse é um exemplo perfeito do pensamento linear, mas ele não toma conhecimento de que a força primordial da evolução humana está no cérebro, e este não se desenvolveu segundo uma linha reta, nem mesmo que remotamente. Ele cresceu em um padrão global. Cada nova área do cérebro serviu como um acréscimo para a evolução do todo. Cada nova habilidade adquirida foi reconhecida por todo o cérebro.

Por exemplo, quando nossos ancestrais se ergueram sobre os pés pela primeira vez, foram afetados a coordenação motora, visão, equilíbrio, circulação sanguínea e muitos outros aspectos do complexo corpo-mente que você reconhece como seus. O dedo polegar, usado como exemplo textual da evolução física que separa os seres humanos dos primatas inferiores, não teria razão de ser sem um cérebro que fosse capaz de aprender as infinitas possibilidades inerentes nessa nova habilidade de pressionar o polegar contra o indicador. Gerou-se uma resposta global pelo cérebro para desenvolver, a partir dessa habilidade rudimentar, tudo o que se conseguiu em termos de arte, agricultura, ferramentas, construções e armas. A evolução é uma atividade completa do universo.

5. *A liberdade é o objetivo final*. Se a evolução acontece em todo lugar em um padrão global, para onde ela se dirige? Por séculos, os seres humanos acreditaram que éramos a mais alta aspiração da criação de Deus e, apesar de rebaixados por Darwin a uma espécie entre muitas, ainda assim acreditamos ocupar posição privilegiada. Mas não no topo da escada da vida. Em vez disso, somos aquela criatura que percebe a criatividade como infinita. A evolução expande-se para todos os lugares, não para um ponto final. O objetivo final do universo é desdobrar-se sem limites. Para deixar claro em uma só palavra, a evolução está se tornando cada vez mais livre e o objetivo final é a liberdade total.

Leis da natureza determinam como unidades de matéria combinam-se quando um átomo colide com outro, em uma variedade infinita e simultânea. Nós estamos embutimos em um desenho dinâmico, livre, criativo e imprevisível. A evidência disso pode ser notada no que chamamos de jogos. Considere como um jogo de futebol acontece. Ele existe inteiramente na consciência. Seres humanos decidiram que chutar uma bola para dentro de um retângulo tem valor. Foram inventadas regras invisíveis que cada jogador mantém na cabeça. Ninguém fala a respeito dessas regras enquanto o jogo está correndo, mas as infrações são imediatamente reconhecidas e penalizadas. O campo de futebol é estritamente demarcado por linhas e limites mas dentro desses limites os jogadores são livres para improvisar. Dois jogos nunca são iguais, e também nenhum jogador tem o mesmo estilo, nível ou talento que outro. Uma vez iniciado o jogo, essa combinação de regras fixas e jogo livre determina quem será o vencedor. Um jogo de futebol tem um final aberto até o último minuto do segundo tempo, apesar de todo o rígido conjunto de regras que o regulam.

Todo jogo é uma mostra de consciência em modo criativo. O universo atua do mesmo modo. Os defensores do chamado desenho inteligente — a noção de que um Criador onisciente fez com que tudo no universo se encaixasse com perfeição — não estão errados em demonstrar reverência ante a criação. O problema maior é que o desenho inteligente não é inteligente o suficiente. Ele limita Deus a uma figura imutável quando, na realidade, o universo muda constantemente e é cada vez mais inventivo.

Se todo o universo é consciente, temos então uma explicação instantânea de por que nada é acidental. Contudo é difícil imaginar que uma pedra na rua seja tão consciente como você e eu. Há uma forma de contornar essa objeção, no entanto. Imagine que você vive em um sonho, mas não sabe disso. Dentro do sonho, você vê outras pessoas andando, portanto elas parecem conscientes para você. Você vê animais se comportando como se também possuíssem consciência — eles são curiosos e podem, por exemplo, ser treinados para comportarem-se de forma diferente. Mas quando se trata de rochas e nuvens, são seres inanimados, e por isso você acredita que não são conscientes. Mas então alguém aparece e diz, "Tudo é consciente. É preciso que seja. Tudo o que você vê ao seu redor acontece no cérebro de uma pessoa. Essa pessoa é você. Você é o sonhador, e desde que esse sonho é seu, ele compartilha com sua consciência".

Existe apenas uma linha tênue entre "eu estou sonhando" e "eu estou em um sonho", visto que o cérebro cria ambos os estados. Por que não atravessar a linha? Em algumas culturas, não é necessário nenhum convite. Os antigos sábios da Índia comparavam a vida a um sonho, porque toda experiência é subjetiva. Não existe outra forma de vivenciar o mundo a não ser subjetivamente. Se toda experiência acontece "aqui dentro", faz pleno sentido que todas as coisas se encaixem: nós as fazemos se encaixarem. Até mesmo o acaso é um conceito criado pelo cérebro humano. Assim como os mosquitos que fervilham ao cair do dia não se sentem voando a esmo, nem os átomos da poeira interestelar. Não vemos forma ou desenho até que eles se encaixem em nossas ideias preconcebidas, mas isso não tem importância para a natureza. Vista através de um microscópio, cada célula de seu corpo se parece com um redemoinho de atividade, mas isso é só uma impressão. No que diz respeito à natureza, cada aspecto de seu corpo é metódico e determinado.

Você se vê então diante de uma opção. Pode ser da opinião que diz que a ordem só existe onde os humanos dizem que existe ou tomar a posição de que ordem existe em todos os lugares. Seja como for, tudo o que você faz é só adotar um ponto de vista. Se metade da população mundial dissesse que Deus projetou toda a criação e a outra metade que a criação foi um acontecimento aleatório, nem por isso o universo deixaria de ser o que é. A consciência ainda estaria fluindo através de seu corpo, cérebro, mente e de todas as criaturas vivas, ignorando os limites artificiais por nós impostos. A questão não é uma disputa entre ciência e religião, mas se efetivamente participamos do plano cósmico ou não. Existe um aspecto voluntário e outro involuntário. Da mesma forma que em um jogo de futebol, você tem de querer jogar, e, assim que começa, você está nele.

Em sua vida: participação íntima

Uma vez no jogo da vida, você deve jogar para ganhar. Deve se entregar por inteiro. Conhecer as diretrizes do plano divino lhe dá uma enorme vantagem sob esse aspecto. Não conhecê-las é como participar de um jogo em que as regras vão sendo reveladas uma a uma e só quando você as infringe. A vida transcorre dessa maneira para a maioria das pessoas. Elas aprendem a viver por meio de tentativa e erro. Outras recorrem a algum livro guia de uso geral que cubra todas as contingências — a Bíblia é um desses livros, mas existem muitos outros. Na Índia, esses guias para a vida (reunidos em textos conhecidos como os *Puranas*) chegam a milhares de páginas, com descrições minuciosas das mais enigmáticas situações e combinações de comportamento. O certo é que ninguém jamais viveu uma vida exemplar seguindo algum tipo de receita.

Entre não ter regra alguma e impor regras rígidas, o universo deixou espaço para diretrizes dinâmicas que impõe mínima resistência ao livre arbítrio. Para uma total participação, cada diretriz permite máxima realização. Realização não significa sucesso material. Significa total compreensão de como funciona a consciência.

Seu melhor jogo

Deixe a consciência fazer o trabalho.

Não interfira no fluxo.

Enxergue a todos como uma extensão de você.

Fique alerta à mudança e use-a com sabedoria.

Reúna informação de todas as fontes.

Espere até que sua intenção fique clara.

Compreenda que nada é pessoal – o universo está agindo através de você.

Peça por nada menos que inspiração.

Considere cada passo como parte do processo.

Essas táticas têm um fator em comum: estão de acordo com o plano invisível que forma a base da vida de todos. Mas em função de a participação ser voluntária, há um forte contraste entre pessoas que se alinham voluntariamente com o plano e as que não. Vamos ilustrar esse fato item por item.

Deixe a consciência fazer o trabalho. Pessoas que seguem essa diretriz são altamente subjetivas, mas sua subjetividade não é volúvel; elas não se alteram com cada mudança de humor. Em vez disso, são autoconscientes, o que significa que sabem quando estão em posição desconfortável em uma situação e não avançam até que se sintam bem. Seus corpos enviam sinais de estresse e tensão que são levados a sério. Tais pessoas confiam em si mesmas, um estado inteiramente subjetivo, embora extremamente poderoso. Confiar em um eu enraizado no ego seria insensatez, mas quando você verdadeiramente sabe quem é, pode confiar em si mesmo no nível da alma. Nesse nível, a consciência não é meramente subjetiva. Ela flui através do universo, da alma, da mente e do corpo. Deixar a consciência fazer o trabalho significa render-se a um princípio organizador mais amplo do que você, amplo o suficiente para manter toda a realidade concentrada.

Não interfira no fluxo. Existe uma profunda doutrina budista que fala de um grande rio que flui por toda a realidade. Uma vez que você encontra a si próprio, deixa de haver motivo para ação. O rio o pega e o arrasta para todo o sempre. Em outras palavras, o esforço pessoal, o tipo de esforço a que todos nós estamos acostumados na vida cotidiana, torna-se sem sentido depois de um certo ponto. Aí se inclui o esforço mental. Uma vez autoconsciente, você percebe que o fluxo da vida não precisa de análise ou controle, porque tudo é você. O grande rio apenas parece pegá-lo. Na verdade foi você que pegou a si próprio — não como uma pessoa isolada, mas como um fenômeno do cosmos. Ninguém lhe deu a função de dirigir o rio. Você pode apreciar o passeio e observar a paisagem.

Aprender a evitar falsas responsabilidades significa desistir de seu impulso para controlar, defender, proteger e prevenir-se contra riscos. Tudo isso é falsa responsabilidade. À medida que abre mão, você para de interferir no fluxo. À medida que se agarra, a vida continuará a lhe trazer ainda mais coisas para controlar e se defender. Riscos aparecerão por toda parte. A questão não é que o destino esteja contra você. Você está simplesmente testemunhando reflexos de suas convicções mais profundas à medida que a consciência desdobra o drama preparado antecipadamente em sua cabeça. É a tarefa do universo desdobrar a realidade; a sua é de apenas plantar a semente.

Enxergue a todos como uma extensão de você. Quando alguém entra no caminho espiritual, geralmente sente-se mal compreendido. A acusação (quando não é pelas costas) é de que ficam centrados em si mesmos. A insinuação é "você não é o centro do universo". Se esse "você" representar o ego isolado, então é totalmente verdade. Mas no nível da alma, o eu muda. Perdendo seus limites, ele mescla-se ao fluxo da vida. No caminho espiritual, você passa a sentir o fluxo e desejosamente integrar-se nele. Depois então — e somente depois — todos se tornarão uma extensão de você. Como pode saber que chegou a esse ponto? Em primeiro lugar, você não tem inimigos. Em segundo, sente a dor de uma outra pessoa como se fosse sua. Terceiro, descobre que uma empatia comum une a todos.

À medida que essas três verdades despontam, é sinal de que a realidade está mudando. Você está reivindicando seu novo lar na paisagem infinita do espírito. Mas antes mesmo que isso se realize, você está conectado com todas as demais pessoas. Nada o impede de viver essa verdade. Sempre haverá diferenças de personalidade. O que muda é o interesse próprio. Em vez de ser sobre "eu" começa a ser sobre "nós", a consciência coletiva que une a todos. Na prática, significa buscar entendimento, consenso e reconciliação. Esses são os objetivos essenciais para quem vive no fluxo.

Fique alerta à mudança e use-a com sabedoria. Você pode usar a natureza transitória da vida em seu benefício. A maioria das pessoas têm medo de mudar; outras não dão importância. Para usar a mudança de modo criativo, tais atitudes não funcionarão. Nenhuma estratégia de vida funcionará se não for dinâmica e expansiva. A mudança em si é neutra, visto que para cada mudança construtiva haverá uma outra destrutiva. Mas é no *princípio* da mudança que está a chave, pois ele ensina que seguir o fluxo da vida traz crescimento e criatividade, enquanto que tentar congelar acontecimentos, memórias, prazer e inspiração provoca estagnação. Os momentos mais agradáveis e inspiradores de sua vida pedem para ser relembrados e saboreados. Você precisa resistir a essa tentação, porque no instante em que tenta se agarrar à experiência, ela perde a vitalidade que a tornou especial inicialmente.

Use o princípio da mudança para manter sua vida fresca e renovada. Assumir que o fluxo da vida é sempre autorrenovador o ajudará a evitar a estagnação e a ansiedade acerca do futuro. O que torna as pessoas ansiosas sobre o futuro é um medo torturante de que o melhor já passou ou de que uma única oportunidade perdida terá sido decisiva. "A pessoa que se foi" é um tema recorrente de romances fracassados e que se aplica igualmente a carreiras, projetos abandonados e aspirações empobrecidas. Mas, na realidade, "a pessoa que se foi" representa o apego a uma ideia fixa. Todo o sucesso de uma pessoa criativa é baseado na confiança de que a inspiração é permanente. Quanto mais você cria, mais há para se criar. Em um documentário sobre um famoso maestro que completava 80 anos de vida, o momento mais pungente foi o de seu último comentário: "Não tenho o desejo de viver muitos anos a mais, exceto por saber que estou apenas começando a dizer tudo o quero por meio da minha música."

Reúna informação de todas as fontes. O universo é multidimensional e quando nos referimos ao fluxo da vida, estamos nos referindo a um fluxo multidimensional. Imagine não apenas um rio caudaloso correndo para o mar, mas uma centena de pequenos riachos convergindo, misturando-se, cada um acrescentando sua contribuição única. Para extrair o melhor da vida, deve estar consciente de que qualquer coisa pode contribuir para isso. Inspiração vem de todas as direções, tanto de dentro quanto de fora. Você deve permanecer antenado para sentir a continuidade com que sua alma está se comunicando com você. Não é como ficar diante de uma TV a cabo mudando de canal na esperança de achar algum programa interessante. Mais propriamente, na agitação das sensações que bombardeiam o cérebro todos os dias, algumas delas foram feitas para você — elas carregam um significado que lhe é exclusivo.

Na cultura indiana, diz-se que Deus gasta tanto tempo se escondendo quanto se revelando, o que aponta para uma verdade diária. A próxima coisa que o estimulará está adormecida até que você a acorde. O futuro é um esconderijo a que chamamos de desconhecido. Também o conhecido, que é o aqui e agora, não vem de outro lugar que não o desconhecido. O instinto que diz "algo aguarda do outro lado" é válido. Você se encontra na linha divisória entre o desconhecido e o conhecido. Sua tarefa é buscar na escuridão a próxima coisa que faça sentido.

Algumas pessoas evitam essa tarefa repetindo o conhecido incessantemente. O que elas não percebem é que o desconhecido nunca é verdadeiramente invisível. Sua alma antecipa de que você necessita e ela deixa sinais e indícios em seu caminho. Essa é a forma sutil de orientação empregada pela alma. Ela elimina os começos inúteis, sem direção, enganosos e falsos. Se sintonizar-se com atenção, sentirá uma sensação vibrante acerca do que deveria estar fazendo — que é certo, fascinante, tentador, prazeroso, curioso, intrigante e desafiador, tudo de uma só vez. Estar aberto a esses sentimentos, o que é totalmente subjetivo, permite que você recolha os sinais deixados por sua alma. O desconhecido parece obscuro somente para aqueles que não conseguem ver seu brilho oculto.

Espere até que sua intenção fique clara. Inúmeras pessoas procuram por motivação nos lugares errados. Elas procuram aumentar sua energia e vigor. Querem a mais alta recompensa. Ficam à espera de uma ideia luminosa que lhes revele a próxima grande invenção ou um novo negócio para ganhar dinheiro. A fonte real da motivação não é nada disso. O tipo de motivação que faz ideias embrionárias desabrocharem com energia e paixão vem de uma intenção clara. Saber exatamente o que você quer, com resoluta convicção, é a centelha que gera tudo o mais, inclusive as grandes ideias e as grandes recompensas. Confusão e incerteza dividem o fluxo da vida em canais fracos e separados. Em razão da intenção clara não poder ser imposta, muita gente nunca encontra uma. Elas se dedicam um pouco a meia dúzia de áreas em suas vidas. No entanto não existe segredo para se encontrar uma intenção clara; basta, simplesmente, esperar.

Esperar não é um ato passivo; apenas parece passivo. O modo certo de esperar envolve discriminação: você está selecionando em seu íntimo o que parece certo do que não parece. Você permite que fantasias confusas e esquemas idealistas desenrolem-se — aquelas fora de propósito dissolvem-se a tempo. Você ainda fixa-se em uma centelha que se recusa a apagar. Há muito mais em questão — a busca ansiosa, a luta da dúvida interior, a sedução de grandiosas ambições e o desejo de caprichos impossíveis. Ao fim, uma intenção clara surgirá e, uma vez que isso aconteça, as forças invisíveis ancoradas na alma virão em seu auxílio. Para muita gente, esperar por uma intenção clara é tão cansativo, que elas só o fazem poucas vezes, geralmente naqueles anos de indefinição quando o jovem adulto sente-se impelido a iniciar uma carreira. Na procura, sentem-se pressionadas e sem um objetivo concreto; ficam paradas observando, enquanto os colegas mais motivados as vão deixando para trás no mercado de trabalho.

Pode-se notar, porém, que os indivíduos que esperaram até que uma clara intenção fosse revelada foram os que tiveram mais sorte. Apesar do estresse, pressão dos colegas e dúvidas, eles tiveram força interior para confiar que "alguma coisa melhor ainda estava para acontecer". Trata-se de um potencial oculto que precisou ser cuidadosamente extraído da complicada estrutura psíquica. O melhor que você pode fazer é passar por esse processo tantas vezes quanto possível. A névoa que encobre sua alma pode ser densa mas ela se dissipará, se você quiser, por mais longo que seja o processo.

Compreenda que nada é pessoal — o universo está agindo através de você. Pode parecer estranho ouvir que você não deveria considerar sua vida em caráter pessoal. O que poderia haver de mais pessoal? Ainda assim, o plano do universo é composto inteiramente de forças impessoais. Elas se aplicam igualmente a qualquer objeto, qualquer acontecimento. Elas não são elaboradas contra você ou para você mais do que é a própria gravidade. Encontrar sua alma é o mesmo que encontrar o eu impessoal, porque a alma tem acesso direto às forças invisíveis que sustentam o cosmos. A inteligência é impessoal, assim como a criatividade e a evolução. Elas são descobertas somente em seu estado de mais profunda consciência. Para que tenha o melhor aproveitamento delas, considere a vida como uma escola e a consciência como seu currículo.

O ego toma tudo pessoalmente, o que acaba sendo um grande obstáculo; a experiência está acontecendo para "mim". O budismo dispende muito tempo tentando dissipar a ideia de que esse "mim" tenha algum direito a reivindicar a experiência. Em vez disso, dizem os budistas, a experiência desenrola-se por si própria, e você, como experimentador, é somente um canal. Dessa forma produzimos formulações do tipo "o pensamento é o pensamento em si". Pode ser desconcertante desenredar as complexidades de uma afirmação tão simples como "ser é", ou "o dançarino é a dança". Ainda assim, o ponto essencial é prático: quanto menos tomar sua vida pessoalmente, maior a facilidade com que ela fluirá através de você. Aguardar com tranquilidade funciona. Aguardar com ansiedade não funciona. Nem tampouco assumindo que cada experiência o eleva ou o derruba. O fluxo da vida não seleciona em colunas de mais e menos. Tudo tem seu próprio valor intrínseco, medido em energia, criatividade, inteligência e amor. Para encontrar esses valores, a pessoa deve parar de inquirir "Que bem isso pode me fazer?". Em vez disso, você atesta o que acontece, deslumbrando-se com tudo.

Peça por nada menos do que inspiração. A vida diária pode tornar-se enlouquecedoramente mundana. Você pode escapar ao tédio reunindo o maior número de interesses possíveis, mas no fim poderá descobrir que nunca saiu da superficialidade. Pois o que torna a vida mundana é a frivolidade. Em seu âmago, toda experiência é cheia de vitalidade. Você se sente vigoroso, não importa como sua vida esteja na superfície. Em algumas tradições espirituais, tornar vibrante a rotina diária é um objetivo final. A ideia é de que você pode transportar água e cortar lenha possuído de um sentimento universal. Respeito tais tradições, mas às vezes sinto falta da qualidade mais vibrante que a vida pode oferecer, que é a inspiração. Elas limitam a alma a pedir iluminação para sua rotina diária. Por que não iluminar realizações extraordinárias?

A consciência é de livre valia. Ela pode ser moldada em coisas feias, insípidas, inertes, se sua intenção for essa. Como a aquarela de um artista, que é cheia de cores, mas não dá nenhuma garantia de que resultará em um belo quadro, a consciência contém entusiasmo, brilho e fascínio. Entretanto, mesmo uma pessoa autoconsciente não adquire de forma automática uma vida com essas qualidades. É preciso moldar a consciência com intenção, motivo pelo qual pedir por inspiração é crucial. Já disse anteriormente que sua alma deixa sinais ao longo do caminho, pistas da próxima coisa que o estimulará. Para ser mais preciso, esses sinais dependem de onde você vem e para onde vai. Se está trilhando um caminho de baixas expectativas, a próxima coisa que encontrará dará suporte a essas baixas expectativas.

Sua alma não segue uma agenda. Ela não se expõe para torná-lo o melhor que puder, mas sim para preencher o potencial que você descobre em si mesmo, o que significa que você e sua alma estão em um empreendimento cooperativo. Você pede, ela supre. O suprimento que ela fornece o leva a pedir pela próxima coisa. Por ser raro manter uma intenção clara em todas as ocasiões, frequentemente pedimos por coisas confusas e conflituosas. E quando o fazemos, a alma acaba por prover-nos com oportunidades aquém do ideal. Terminamos sem ter o que fazer ou seguindo pistas falsas. Para que isso não aconteça, peça por nada menos do que inspiração. Isso é o mesmo que dizer, mantenha sua visão mais elevada em mente e, em qualquer situação, procure o resultado mais elevado segundo essa visão.

Como sempre, essa estratégia é puramente subjetiva; ela acontece interiormente. Mas somente apegando-se com firmeza à sua visão é que você poderá se alinhar para expressar o potencial mais elevado com que nasceu. O melhor que você pode ser resume-se a uma série de decisões para recusar "menos do que o melhor". Não estou me referindo a compras consumistas. Não é a "menos do que a melhor" amante, casa, "menos do que o melhor" carro ou emprego. Você evita a ideia, a motivação, o propósito, a solução e o objetivo "menos do que o melhor" escolhendo em vez disso aguardar por algo melhor e confiando em que sua alma lhe trará o que deseja.

Considere cada passo como parte do processo. Quando alguém diz "É tudo parte do processo", percebe-se um tom de resignação, como se a vida tomasse tempo e paciência, mas se puder tolerar o aborrecimento por tempo suficiente, o processo acabará sendo eficaz. O processo que estou descrevendo nada tem de mecânico. Ele é dinâmico, imprevisível, fascinante e em constante mutação. Ser conduzido pelo processo leva à plenitude e à felicidade definitiva. Os grandes mestres espirituais, aqueles que veem a vida pelo aspecto metafísico, frequentemente afirmam que o processo acontece por si próprio. Um conhecido guru indiano foi uma vez indagado:

— Minha evolução pessoal é algo que estou realizando ou algo que está acontecendo comigo?

A resposta dele:

— São ambas, mas se tivermos de escolher, é algo que está acontecendo com você.

Por tudo isso, o caminho espiritual não é uma coisa automática. A vida participa aqui e agora, mais pela perspectiva da formiga do que pela da águia. Você deve focar em cada minuto; novos desafios aparecem constantemente e não podem ser ignorados. Assim fica bem fácil observar sua vida como uma sequência de momentos, com passos para a frente ou para trás. Muitas pessoas vivem suas vidas exatamente dessa maneira, "vivendo um dia de cada vez", conforme diz o ditado. Essa perspectiva faria de nós todos sobreviventes. Ela estaria negando a plenitude da vida, e se você não inclui esse fator, uma participação irrestrita torna-se impossível. É claro que você aceitará uma fatia do pão de cada vez se não souber que o pão inteiro pode ser seu.

Somos forçados a falar por metáforas porque o processo da vida é misterioso. Está acontecendo exatamente agora, esteja você enchendo seu tanque de gasolina, trocando a fralda de um bebê ou sentado na cadeira do dentista. Será que se chega a uma conclusão gloriosa com data marcada? A mescla do visível com o invisível, do sublime com o aflitivo, é inevitável. A única conclusão viável acaba sendo "É isso aí". Algumas vezes "isso" não significa nada; você não pode esperar que isso termine. Outras vezes "isso" dá a impressão de que os céus se partiram; você só pode esperar que dure para sempre. Porém, "isso" é como um pássaro no voo. Você nunca o agarrará. O milagre é que as maiores criações, como o cérebro humano, foram feitas para caçar o pássaro. Nós nos entrelaçamos em um bordado de experiências que fica mais compacto com o passar do tempo, em que cada fio não é nada mais do que um fragmento de pensamento, desejo ou sentimento. Cada momento vivido acrescenta outro ponto no bordado e, mesmo que não consiga visualizar como será o padrão final, ajuda saber que o fio é de ouro.

DEZ PASSOS PARA A PLENITUDE

PROMESSAS QUE VOCÊ PODE MANTER

Plenitude é o resultado da conexão entre corpo, mente e alma. Em estado de plenitude, você não está dividido contra si mesmo e por isso as opções que faz são benéficas em todos os níveis. Depois de compreender o funcionamento da alma, parece não haver mais motivo para se voltar a viver de outra forma que não neste plano. Entretanto viver sem contato com a alma pode, por vezes, não parecer difícil. Você pode ignorar que está dividido contra si mesmo. A vida prossegue sem que esse assunto se resolva. Decisões erradas continuam trazendo dor e sofrimento, mas as pessoas aprendem a suportar. Em outras palavras, a vida sem plenitude é "fácil" por causa do hábito, da inércia, e do antigo condicionamento que são difíceis de largar. (Lembro-me de meu primeiro instrutor de meditação, que insistia que se eu não me comprometesse com a prática diária, era melhor nem começar. "Não sei quantos anos leva para se obter a iluminação", disse, "mas só é preciso um dia para desistir".)

O segredo é viver em plenitude agora, antes que você a alcance completamente. O que se precisa é de um estilo de vida que mantenha sua visão ativa. "Holístico" passou a significar comida orgânica, não deixar nenhum vestígio de carbono, praticar a prevenção e confiar na medicina alternativa. Todas essas coisas são inegavelmente boas — são a evidência do crescimento da consciência com que as gerações anteriores apenas sonharam —, mas elas não o manterão no caminho espiritual. Um estilo de vida holístico deveria manter os laços com sua alma mesmo quando esses laços estiverem fragilizados.

Os mestres espirituais combatem esse problema há séculos, tentando decifrar como podem ligar o abismo entre a antiga vida e a nova. Ensinamentos e exortações não são suficientes. Demonstrar com exemplos também não. Ainda assim, muitos seres humanos fizeram a travessia para a luz (considere-os santos, iogues, bodisatvas ou simplesmente exemplos inspiradores) e o que eles conseguiram é real. Se destilarmos suas histórias, vem à tona narrativas de vida que se aplicam a você e a mim nesses tempos de transição. O estilo de vida é simples e pode ser seguido sem que mais ninguém precise saber ou aprovar. Eu os dividi em passos simples.

Dez passos para a plenitude

1. *Alimente seu "corpo sutil".*
2. *Transforme a entropia em evolução.*
3. *Comprometa-se com uma consciência mais profunda.*
4. *Seja generoso em espírito.*
5. *Foque nos relacionamentos em vez do consumo.*
6. *Relacione-se com seu corpo conscientemente.*
7. *Abrace cada dia como um novo mundo.*
8. *Deixe que o atemporal cuide do tempo.*
9. *Sinta o mundo em vez de tentar entendê-lo.*
10. *Busque o seu próprio mistério.*

Esses passos acontecem em estado de consciência. Para mim, particularmente, representam o que há de maior, porque são o fruto de minha própria jornada. Quando ainda criança, na Índia, aprendi que meu destino estava atrelado à balança entre *vidya* (sabedoria) e *avidya* (ignorância). Essa escolha, que remonta a milhares de anos, foi pintada de forma gráfica para que um menino pudesse entender. Eu nasci em uma época de conflitos, quando o país enfrentava todo tipo de infortúnio, desde brigas nas ruas entre hindus e muçulmanos até uma cruel desigualdade social generalizada com milhões de pessoas passando fome. O que poderia nos salvar? Não seria a crença em Deus ou sólidos programas sociais, por melhor que esses recursos possam parecer. Aprendi que a vida se desenrolava a partir dos valores que você mantinha em sua própria consciência. O caminho da luz ou o caminho da escuridão? Já aos

8 anos de idade, sabia que direção tomar. Felicidade, sucesso, prosperidade e bem-estar chegariam para mim se eu vivesse sob a luz de *vidya*.

Com o passar dos anos, perdi minha inocência e comecei a ver essa promessa como algo vazio, como o conselho de Benjamim Franklin de que "dormir cedo e acordar cedo é o que torna um homem sábio, rico e saudável". Mais eficiente era o medo de viver em *avidya*, que trazia doença, pobreza e desgraça. Essa ameaças não me foram impostas da forma como normalmente são para as crianças, de que o demônio está à espera se elas se desviarem de Deus. No entanto, por quase 40 anos, oscilei entre os polos da sabedoria e da ignorância, ou se preferir, entre a crença e a descrença. Conheço por experiência própria o abismo entre visão e realidade. Hoje, com a mesma convicção que tenho na autotransformação, retorno a esse abismo. A maioria das pessoas sabe o que deve ser melhor para elas mas fazer promessas para si mesmo ("Eu nunca vou enganar ninguém", "Não vou me divorciar jamais", "Jamais darei tapinhas nas costas de alguém por interesse") nunca é suficiente.

Um guru certa vez foi questionado por um confuso discípulo:

— Mestre, como posso tornar-me uma pessoa boa?

— É quase impossível — respondeu o guru. — Se você analisar profundamente, existem mil razões para apanhar um alfinete do chão e mil razões para não apanhar.

O discípulo pareceu bastante aborrecido.

— Então, o que posso fazer?

O guru sorriu.

— Encontre Deus.

O discípulo ficou ainda mais aborrecido.

— Mas, senhor, encontrar Deus parece estar tão longe do meu alcance.

O guru sacudiu a cabeça.

— Encontrar Deus é cem vezes mais fácil do que tornar-se bom. Deus é parte de você, e uma vez localizada essa parte, tornar-se bom é uma consequência natural.

Se o caminho espiritual serve para nos levar ao nosso destino, devemos fazer promessas que podemos cumprir todos os dias. Os dez passos que exponho são exatamente isso. Eles não exigem que você ultrapasse seus limites e ainda assim esses limites começarão a se alargar. Os dez passos não são corroídos por velhos hábitos e condicionamentos, porque não lhe será exigido lutar contra o antigo eu. Tudo o que você pode fazer é ajudar o novo eu a crescer em silêncio. Nada mais é necessário. O segredo é que a transformação interior não pode ser vista enquanto ocorre. O cérebro muda à medida que a pessoa muda. Ele não tem condições de preservar seus antigos caminhos depois que outros novos tenham sido criados. Em certo sentido, a alma apaga suas trilhas e ainda assim algo bem tangível está em andamento.

Tenho um amigo que foi um pesquisador dedicado por muitos anos. Pela aparência exterior, parecia levar uma vida comum. Sempre que o encontrava, perguntava-lhe como ia em sua busca. A resposta, sempre acompanhada de um sorriso, era basicamente a mesma: "Está quase pronta para sair da incubadora". E assim foi por vários anos. Ele era uma pessoa solitária e duvido que muita gente soubesse de sua dedicação interior. Chegou então o dia em que interrompeu a austera disciplina espiritual e parecia ter ficado muito mais feliz dessa forma. Quando lhe perguntei o que havia acontecido, respondeu com eloquência:

— No início, eu era tímido em relação à minha espiritualidade. Minha família me considerava antirreligioso desde o momento em que passei a me recusar a ir à igreja com eles, após os 18 anos de idade. Depois que comecei a meditar, pensei que estava mudando, mas ninguém comentava nada. As pessoas gostavam do jeito que eu era. Então continuei assim, e deixei todos pensarem que eu era a mesma pessoa de sempre. Mais tarde descobri que meus desejos tinham mudado. Não havia mais nada que eu quisesse desesperadamente ou deixasse de querer. Parei de correr atrás das coisas que todos achavam tão importantes. Meus amigos e minha família perceberam que eu estava bem mais calmo. Isso foi tudo o que disseram. Prossegui com meu trabalho interior e segui em frente. O tempo passou e outras mudanças ocorreram. Encarei meu ego e todo seu dilema. Mergulhei em minhas antigas convicções e minha necessidade de estar certo o tempo todo. Havia algo novo para ser examinado a cada dia. Eu continuava observando e seguindo adiante. Exteriormente, nada parecia ter mudado muito, mas havia momentos em que ficava espantado que as pessoas mais próximas a mim não percebessem o quanto eu estava diferente.

— Isso tudo acontecia enquanto você estava na incubadora? — perguntei.

Meu amigo sorriu.

— Exatamente. E, então, um dia, tudo acabou. Acordei e não tive desejo de meditar. Sinceramente, senti uma espécie de vazio, como se nada houvesse acontecido nos dez anos anteriores. Olhei no espelho e dei de cara com aquele sujeito comum olhando-me fixamente. Por um segundo, cheguei a sentir um certo pavor. Atirei-me sobre a cama e então, como um líquido quente, senti "aquilo" se derramando em mim. O que era "aquilo"? A própria vida, como um rio me carregando. Desde então, tenho ido aonde o rio me leva, e as coisas simplesmente dão certo. Daquele momento em diante, *tudo* começou a dar certo.

O rosto dele resplandeceu como se estivesse em êxtase. Mas eu ainda tinha uma pergunta:

— Por que não deixar o rio carregá-lo logo do primeiro dia em diante? Por que você teve de esperar até o fim?

— É aí que está — disse o meu amigo. — Tive centenas de dias em que achei que *seria* o fim. E também não saberia dizer qual foi o primeiro. A coisa aconteceu sem aviso.

Com toda a honestidade, nenhum de nós sabe qual foi o primeiro dia em que começamos a trilhar o caminho — ou quando será o último. Consequentemente, o melhor é viver cada dia como se fosse o primeiro *e* o último. Um novo mundo nasce em espírito cada vez que o sol nasce. A vida é eternamente renovada e assim também deve ser o seu caminho. De outro modo, se adiar sua vida esperando que uma grande e gloriosa dádiva lhe seja concedida, a dádiva pode não chegar nunca e sua vida será procrastinada para sempre. A plenitude deve ser aproveitada neste momento porque a eternidade se revela somente em momentos como este. O objetivo dos passos que se seguem é tornar a plenitude uma possibilidade diária. Visão e realidade querem se unir. A hora de fazer com que isso aconteça é agora.

1º Passo: alimente seu "corpo sutil"

A alma age como seu corpo espiritual. Como tal, precisa ser alimentada. Da mesma forma com que suas células promovem o intercâmbio de oxigênio e comida, seu corpo espiritual envia e recebe energia sutil, ou "luz". Seu coração, fígado, cérebro e pulmões — todos os seus órgãos — sobrevivem literalmente de luz emitida pelo sol. Cada mordida de comida representa a luz do sol condensada que seu corpo libera em termos de elementos químicos e energia elétrica. Suas células não têm futuro, exceto por meio da luz.

A "luz" realiza a mesma função em nível mais sutil. Cada mensagem enviada por sua alma é codificada em energia, porque o cérebro deve converter amor, verdade, beleza — todo aspecto significativo — em atividade física. A energia sutil traz a mente para a existência material, portanto, em termos práticos, seu futuro depende da qualidade com que você nutre seu corpo sutil. Se você o provê com energia renovadora a cada dia, ele lhe proporcionará inspiração e orientação. No Ocidente, não estamos acostumados a pensar dessa maneira, mas em sânscrito a palavra *jyoti*, ou luz, é mais do que uma manifestação física. *Jyoti* engloba propósito, crescimento, boas e más influências e toda a trajetória de vida de uma pessoa. Mesmo que você seja um materialista convicto e acredite que o cérebro é a origem da mente, nada é possível no cérebro sem energia; por isso você acaba chegando à mesma conclusão, de que os sonhos, desejos e esperanças de uma pessoa devem ser nutridos por meio de luz — neste caso, luz do sol. E você terá de considerar o quanto de luz pura, composta de fótons, consegue se transformar na imensa gama de significados produzidos pela mente. Não é como se um grão de feijão soubesse pintar uma Monalisa ou uma couve-flor pudesse construir o Parthenon.

A cada dia você tem a opção de converter a energia da alma em significado para sua vida. Não existe experiência sem sentido. Seu cérebro existe para processar o significado. De um modo ou de outro, a luz se voltará para dentro de você. Dará suporte à visão que você tem de si próprio, se essa for a sua escolha. Mas, na ausência de uma visão, ela também pode ser concentrada para sustentar velhos hábitos e crenças ultrapassadas.

Pense na energia de sua alma sendo dividida como a eletricidade para os fios de sua casa. Uma parte deve ser dirigida para o *suporte básico da vida*. Seu cérebro precisa regular os diversos sistemas do corpo para mantê-lo vivo. Outra parte da energia vai para as *atividades de rotina*. Seu cérebro opera para manter sua família, realizar seu trabalho no escritório e assim por diante. Um pouco de energia também é dedicada ao *prazer*. Seu cérebro fica estimulado com sensações agradáveis e procura maximizar essas sensações por meio de lazer, jogos, fantasias, excitação sexual e coisas do gênero.

Até aqui, a analogia entre a energia da alma e a eletricidade que circula em uma residência é bastante semelhante. Muitas pessoas controlam suas vidas e suas casas da mesma maneira: pelo suporte básico, rotina diária e alguma quantidade de prazer. Mas dentro de uma casa pode viver um Picasso ou um Mozart e aqui a analogia se rompe, porque o gênio maximiza a energia da alma para outros fins. A razão de ser torna-se desproporcionalmente importante em sua vida. Felizmente, o suprimento de energia sutil é tão abundante quanto queremos que seja. Uma vez cuidadas as necessidades básicas da vida, sobra bastante para aplicar em sua visão pessoal e metas mais elevadas.

Todos os dias, canalize energia conscientemente para seu objetivo visionário. Pegue uma qualidade qualquer da alma e converta-a para seu próprio uso. Essas qualidades não são misteriosas, e, bem ao seu redor, as pessoas estão criando uma vida com algum propósito a partir do nível da alma. Deixe-me ilustrar para você a riqueza de opções disponíveis.

A alma é *dinâmica*. Essa qualidade pode ser convertida em uma vida de aventura, descobertas e atividade visionária. O tema central aqui é *atingir o objetivo*.

A alma é *amorosa*. Essa qualidade pode ser convertida em uma vida de romance, devoção e adoração. O tema central aqui é *bem-aventurança em eterna expansão*.

A alma é *criativa*. Essa qualidade pode ser convertida em uma vida artística, científica, descobridora e autotransformadora. O tema central é *inspiração*.

A alma é *espontânea*. Essa qualidade pode ser convertida em uma vida de produção dramática, revelação divina e exploração do campo emocional. O tema central é *surpresa*.

A alma é *brincalhona*. Essa qualidade pode ser convertida em uma vida de recreação, esporte e prazer despreocupado. O tema central é *inocência*.

A alma é *sabedora*. Essa qualidade pode ser convertida em uma vida de observação, estudo e meditação. O tema central é *reflexão*.

A alma é *eternamente expansiva*. Essa qualidade pode ser convertida em uma vida de incursões, rupturas e crescimento pessoal. O tema central é *evolução*.

Com essas qualidades em mente, você pode formatar a energia da alma em qualquer tipo de vida que desejar. A configuração nunca é feita automaticamente e ninguém pode fazê-la para você. Não quero com isso dizer que você terá de optar por uma escolha definitiva. Em vários estágios de sua vida qualidades diferentes exercerão maior ou menor influência. A "sabedoria" geralmente predomina durante a época de estudante; a "amorosa" domina durante a fase de relacionamentos e em família; a "brincalhona" é mais presente na infância.

Pode uma vida ser configurada sem recorrer à alma? Uma vida assim seria inconsciente ou de visão curta. É claro que essas vidas existem. Há gente que se dedica a trabalhar exclusivamente para seu próprio proveito, com objetivos materialistas e economizando para o futuro ou para garantir o presente. Não se pode classificá-las como escolhas sem sentido, mas em nada contribuem para inspirar o potencial da alma. Em algumas culturas, uma vida completa é aquela que passa por estágios que se espera que sejam alcançados por todos. Estou pensando basicamente na Índia antiga onde quatro *ashramas*, ou estágios da vida eram designados: estudos, vida familiar, aposentadoria, e, finalmente, a renúncia ao mundo. Cada estágio tinha suas atribuições específicas e o objetivo principal era mesclar a alma individual com a alma universal — em outras palavras, esse era o mapa de uma jornada espiritual com que todas as pessoas concordavam há muitos séculos.

Na sociedade moderna, esse acordo geral perdeu a validade e um tributo é pago com vidas mergulhadas no caos e na agitação, e sem sentido de direção. Mas você não precisa da aprovação da sociedade para utilizar a energia de sua alma de maneira significativa — não precisa da aprovação de ninguém. A trajetória de sua vida pode seguir por qualquer caminho que você escolher. O importante é não desperdiçar energia nos vários modos que somos tentados a desperdiçá-la: por meio de fantasias fora de propósito, sofrimento inconsciente, hábitos inúteis, inércia e repetição cíclica. Esses são os inimigos de uma vida útil. Alimente seu "corpo sutil" nutrindo-o com propósito. Reconheça a qualidade da alma que apela a você e interaja com o potencial que quer desabrochar.

2º Passo: transforme a entropia em evolução

Sua alma lhe oferece um futuro de constante crescimento a partir de agora. Não existirão mais horizontes achatados ou declives escorregadios que o puxem para trás. Esse novo futuro precisa de constante renovação. Sua visão deve permanecer clara e isso só pode acontecer se você achar bons usos para sua energia. No entanto, sem um estímulo constante vindo de sua alma, a energia tende a minguar. As pessoas passaram a aceitar que a vida se exaure à medida que envelhecem. Porém não é bem assim, mesmo que você se coloque exclusivamente em termos materialistas. Conforme já vimos antes, o universo inteiro é um verdadeiro combate entre energia que tende a dissipar-se ou contrair-se (entropia) e energia que quer tornar-se mais coerente e complexa (evolução). O mesmo combate é travado em nível microscópico, em suas células. Suas opções diárias inclinam a balança para um lado ou para outro. Se você favorece a evolução dia após dia, é perfeitamente compreensível que evolua por toda uma vida.

Você tem um aliado poderoso, a mente. A mente não está sujeita à entropia. Quando um pensamento se vai, ela não exaure sua capacidade de repor um novo pensamento, ou cem novos pensamentos. O segredo para derrubar a entropia é construir estruturas cada vez mais fortes em sua mente. São essas estruturas que seguram o tempo e moldam um futuro de constante expansão. Para entender melhor o que isso representa, pense em qualquer projeto que demore mais de um dia para terminar: uma pintura, um livro, um problema científico ou um projeto de trabalho. Quando volta a ele, não precisa começar tudo mentalmente desde o início. Existe uma estrutura em sua mente que mantém intacto o trabalho prévio, permitindo que recomece de onde parou.

Em sânscrito, há uma palavra especial para estruturas mentais que perduram. Chamam-se *devata* (a palavra deriva dos Devas. Normalmente traduzidas como "anjos", os Devas são na verdade os construtores e os que dão forma à realidade. Sem os Devas, a consciência jamais teria forma; ela fluiria como a água da chuva em campo aberto). Para os antigos profetas védicos, a função da *devata* é preservar a criatividade e não permitir que ela se dissolva. Você pode até pensar em várias coisas diferentes, já que a mente é capaz de construir qualquer número de estruturas de uma única vez. E você pode desligar sua mente consciente — para dormir, por exemplo — sem a ansiedade de que a entropia dissipará seus pensamentos como poeira no vento. (Todos já tiveram a experiência de acordar pela manhã e perceber que os primeiros pensamentos continuam exatamente a partir do ponto em que pararam na noite anterior. A química cerebral não consegue explicar essa continuidade, visto que reações químicas mudam constantemente em cada neurônio, a uma velocidade de milésimos de segundo. Apesar disso, *alguma coisa* mantém nossos pensamentos intactos e permite que prossigam uns após outros.)

Utilize o aspecto *devata* de sua mente para construir e continuar construindo. Sua meta é a criatividade infinita. Em termos práticos, isso significa combater o tédio, a rotina e a repetição. Encontre aberturas criativas em cada nível de sua vida, como mostro a seguir:

A vida familiar é criativa desde que cada pessoa esteja interessada nas outras. Ninguém é menosprezado com expressões do tipo "Você sempre faz isso" ou "Você é tão previsível". Ninguém é rotulado para se comportar de acordo com esses padrões. Funções ou posições fixas não podem ser atribuídas (por exemplo: rebelde, mau garoto, boa menina, queridinho da mamãe, brigão, vítima, mártir). Todos são encorajados a ser expressivos. Ninguém é reprimido por agir de forma diferente.

Relacionamentos são criativos se ambos encontrarem coisas novas para descobrir no outro. Isso exige que você vá além do ego. O ego é egoísta por natureza. Ele olha primeiramente para si. Mesmo nos relacionamentos mais estáveis, há uma tendência em depreciar o parceiro, porque dois egos estão envolvidos — você tem de enxergar além de seus próprios limites e do outro também. A motivação para encontrar algo novo em seu parceiro vem do seu próprio senso de mudança. Se você quer que suas próprias mudanças sejam avaliadas, precisa notar a mudança de seu parceiro. Isso gera um dar e receber mútuo. Uma vez iniciado, esse dar-e-receber floresce no aspecto mais rico de qualquer relacionamento: evolução compartilhada.

O *trabalho* é criativo quando satisfaz o âmago da pessoa. Novos desafios aparecem ao se descobrir novos recursos em si mesmo. A maioria das pessoas descobre cedo em suas carreiras que o problema do tédio e da repetição é bastante real em qualquer ocupação. São poucos os locais de trabalho que tomam medidas para solucionar o problema, por isso a responsabilidade é sua. Fique atento a sinais que podem desafiá-lo e quando eles aparecerem, execute uma mudança. Adquira mais responsabilidade; não se esquive dos riscos. Caso sua situação atual não permita expansão criativa, procure por outra situação que o faça. A pior coisa é acomodar-se à inércia no trabalho, usando a desculpa de que criatividade e prazer são para as horas depois do expediente e nos fins de semana. Você estará provocando um grande rombo em sua vida e isso torna a plenitude impossível.

Sua *visão* é a parte de sua vida que abrange a área da pura possibilidade. Independente da quantidade de energia que você dedica à construção de uma família, aos relacionamentos e ao trabalho, ainda há muito a percorrer. Baseie-se em sua visão todos os dias. Não importa o que seja essa visão, mas ela deve ir além de seus limites convencionais. Para algumas pessoas, a visão é humanitária ou religiosa; para outras, artística. (Para mim, no início da vida adulta, sobrecarregado com treinamento médico, família recém-formada e constante pressão econômica, foi espiritual.) Por mais que você aprecie a família, os relacionamentos e o trabalho, tudo isso é passageiro. Sua visão não. É o seu elo entre cultura e civilização. Você passa a participar do mito e do arquétipo, um mundo de heróis e de buscas. Mantendo o foco em sua visão, você pode tocar a margem da eternidade. Entretanto nenhuma dessas coisas é possível sem ela. Com o desdobrar do tempo, a vida material retrocede. Ter uma visão lhe dá segurança de que o vazio não o aguarda ao fim da jornada. O milagre é que, dedicando-se à sua visão, você é carregado pela própria força cósmica da evolução, que não tem começo nem fim.

3º Passo: comprometa-se com uma consciência mais profunda

Imagine que estamos em uma noite estrelada de verão, depois de a lua ter-se posto no horizonte. Encontre um pedaço de chão onde possa se deitar de costas e ficar observando o céu. Consegue ver-se nessa posição? Agora, pense no seguinte: *o infinito espalha-se por todas as direções e eu estou bem no centro dele.* Isso não é nenhum exagero — é literalmente verdade que, não importa onde esteja, você se encontra no centro do infinito que se espalha por todas as direções. O mesmo é verdade no que diz respeito ao tempo. A cada minuto de sua vida, a eternidade estende-se à sua frente e atrás de você. Tendo absorvido essas duas ideias, fica difícil sentir-se limitado por tempo e espaço. Porém ainda há mais um elemento a acrescentar. Feche os olhos, mergulhe em seu interior e pense no seguinte: *o silêncio que experimento é a fonte do infinito e da eternidade.*

Todos os ensinamentos das maiores tradições espirituais chegam a essa mesma conclusão. Jesus e Buda detêm o mesmo conhecimento, que a consciência é a fonte de tudo o que é, foi e sempre será. Na origem, o tempo depende de você e não o contrário. Na verdade, todo evento que ocorre depende de você, porque sem consciência, o universo deixa de existir. Estrelas e galáxias somem. A criação é chupada por um buraco negro. Sua consciência é quem faz a realidade florescer em todas as direções e quanto mais profunda sua consciência, mais rica será a criação. Se puder viver como ponto central da realidade, tendo a eternidade e o infinito se expandindo ao seu redor, você estará vivendo a partir do nível da alma.

É um mistério por que as pessoas não se veem dessa forma. Mas é fácil acreditarmos em nossos olhos de visão curta. É fácil sermos convencidos por nossas mentes e sua percepção limitada. E também é fácil ser enganado pelo ego, que não para de tentar convencê-lo de que você é um indivíduo pequeno e isolado, esmagado pela gigantesca escala do cosmos. Felizmente, à medida que a consciência se amplia, ela ensina seus olhos, sua mente e seu ego a mudar. Em termos práticos, quando você se dedica a obter uma consciência mais profunda, está pedindo por uma nova visão, novas convicções e um novo sentido para o "eu".

Nova visão é possível quando você se desprende dos dados não trabalhados que seus sentidos captam. As pessoas tomam como certo que seus olhos, por exemplo, são instrumentos óticos sendo bombardeados pela luz vinda do exterior. Fótons atingem a retina que então transmite bilhões desses fótons por minuto para o córtex visual para serem analisados. Entretanto, em muitas culturas tradicionais, esse processo é considerado de modo inverso. A visão é projetada pela mente procurando descobrir o mundo. Em outras palavras, a visão carrega a consciência para onde quer que deseje ir. Esse modelo para os sentidos é verdadeiro às nossas experiências de muitas maneiras. Se você não quer ver alguma coisa, não importa quantos fótons bombardeiem sua retina. Por outro lado, se você estiver imensamente interessado em ver, não há limite para o que você possa capturar. Considere um artista inspirado que, ao andar no meio da multidão de uma grande cidade, enxerga inspiração em cada rosto passante, cada nuance na luz do sol, cada ângulo da paisagem urbana.

Nova visão é visão criativa e pode-se cultivá-la a cada dia. Existe uma fonte de inspiração ilimitada no cotidiano, esperando que você a descubra. Uma das mais famosas pinturas chinesas consiste em dois pêssegos colocados lado a lado. O artista reduziu cada pêssego a uma única pincelada. Superficialmente, isso parece a coisa mais simples de se criar, além de não ter nada a ver com arte: você só molha o pincel com um pouco de tinta e, com um giro de pulso, desenha uma esfera que se parece com um pêssego. Mas você conseguiria fazê-lo de forma tão perfeita que ele parecesse maduro, doce e brilhando de frescor? Conseguiria transmitir ao observador, que você, o artista, é extraordinariamente sensível à natureza? Nessa imagem famosa, as duas coisas acontecem.

Reinventando o Corpo, Reanimando a Alma

Agora, aplique esse tipo de visão a si próprio. Você consegue olhar seu filho e sua esposa de forma que a essência deles o atinja intensa e imediatamente? Consegue transmitir amor em seu olhar e sentir amor em retorno? Todos nós temos essa habilidade. Do mesmo modo que você se encontra no centro do espaço e do tempo, também se encontra no centro do amor. Não há nada que precise fazer. A nova visão se origina da consciência de quem você é. Quando renovar sua determinação de adquirir novos olhos, eles se abrirão.

Novas convicções seguem-se automaticamente à nova maneira de ver as coisas. Um discípulo certa vez aproximou-se de seu mestre espiritual e disse:

— Eu não acredito em Deus.

O mestre respondeu:

— Você acreditará em Deus quando o vir. Já olhou bem?

O discípulo enrubesceu, tomando o comentário como crítica.

— Tenho me esforçado muito, senhor. Rezo a Deus para que me responda. Procuro por sinais de que ele me ame. Nada funciona. Talvez Deus não exista.

O mestre sacudiu a cabeça.

— Você pensa que Deus é invisível, por isso não é de se admirar que não consiga vê-lo. O criador está em sua criação. Procure a natureza. Aprecie as árvores, as montanhas, os prados verdejantes. Olhe com total amor e gratidão, não de modo superficial. Em um certo momento, Deus perceberá que você ama sua criação. Como um artista que vê alguém admirando suas pinturas, Deus desejará encontrá-lo. Então, ele virá até você e depois de vê-lo, você acreditará.

Você pode interpretar essa história como uma parábola ou como verdade literal (levando em consideração que Deus é tanto ela quanto ele, ou ambos mesclados em um). Em forma de parábola, a história diz que olhar com amor e gratidão atrai os níveis sutis da natureza — inclusive sua própria natureza —, e à medida que sua percepção se torna mais fina, o nível sagrado da vida se revela. Nesse ponto, você só tem de acreditar naquilo que experimentou pessoalmente. Mas é também conveniente interpretar a história de modo literal. Fixe atentamente o olhar em algo que ame, seja uma pessoa, uma rosa, uma obra de arte, e poderá ver Deus nela. Isso é inevitável, porque não existem coisas fora de você e quando aprende a olhar sob a superfície, vê sua própria consciência. E seu sistema de credibilidade muda de acordo, porque você terá descoberto que acreditar em si próprio é tudo o que você precisa.

Um novo sentido de ser desperta depois que a fé em si próprio é obtida. Todos nós nos agarramos firmemente a uma autoimagem que é em parte fantasia, parte projeção e parte reflexos de outras pessoas. Se a maçã não cai longe da macieira, o mesmo ocorre com nosso sentido de ser. Começando por nossas famílias de origem, sempre dependemos de outras pessoas para nos definir. Você é bom ou mau, amado ou repudiado, inteligente ou estúpido, líder ou seguidor? Para responder a essas perguntas, e outras centenas mais, você acumula informação externa. Estas são misturadas a suas próprias fantasias e desejos. O ingrediente final são as projeções que você lança sobre as outras pessoas; ou seja, você as usa para medir a si próprio. Todo esse sentido de ser é uma construção em vias de desmoronar-se, mas você depende dele porque acredita que deve: de outra forma, não teria a mínima ideia de quem realmente é.

Um novo sentido de ser pode substituir essa construção, passo a passo, à medida que você experimenta sua consciência, mergulha em seu interior e encontra a si mesmo. A pessoa que você descobre não é uma construção inconsistente. Em vez disso, encontra abertura, silêncio, serenidade, estabilidade, curiosidade, amor e impulso para crescer e expandir-se. Essa nova percepção do eu não precisa ser construída. Ela existe desde o início e existirá sempre. Tendo encontrado seu novo eu, torna-se cada vez mais fácil ir aos poucos se livrando das partes e pedaços do antigo eu. O processo exige paciência; você precisa se encontrar consigo mesmo todos os dias. Mas também é um processo alegre, porque no fundo de seu coração você nunca aceitou aquela frágil construção, não completamente. Existem muitas memórias de como elas foram se colando, pedaço por pedaço, às vezes acidentalmente e com frequência contra sua vontade. Ninguém, na verdade, pretende ser mais do que os outros veem. Nós queremos ser verdadeiros, e essa vontade, se você a cultivar na mente, é suficiente. A pessoa que você procura é a mesma pessoa que procura por você.

4º Passo: seja generoso em espírito

A plenitude pode se dar ao luxo de ser generosa. Nela não há falta. Quanto mais você der, mais virá para você. Creio que este é o segredo por trás do ditado "É dando que se recebe". Quando você dá, revela uma verdade espiritual — a de que o fluxo da vida jamais seca. No entanto as pessoas acabam encontrando problemas quando são generosas de forma superficial, mas sentem intimamente o incômodo da falta. A generosidade começa no nível da alma e nunca escapa aos dois elementos essenciais da vida: energia e consciência. Quando se sente seguro de que, como pessoa, não se distancia muito desses dois parâmetros, pode então ser generoso em espírito. Essa é uma dádiva maior para o mundo do que o dinheiro. As duas não impedem uma à outra. Uma vez que se torne generoso de espírito, doar em qualquer nível torna-se fácil e natural.

Em termos práticos, a generosidade de espírito resume-se ao seguinte:

> *Ofereça-se primeiro.*
> *Nunca se abstenha da verdade.*
> *Seja uma força para harmonia e coerência.*
> *Deposite sua confiança no fluxo da abundância.*

Todos esses itens servem a nosso propósito geral de lhe oferecer um estilo de vida que você possa buscar de modo privado ao mesmo tempo em que cria uma mudança real ao seu redor.

Ofereça-se primeiro. Estamos tratando aqui do seu verdadeiro eu. Oferecer uma imagem imitada de si próprio é tentador, e a maioria das pessoas acaba cedendo. Elas interpretam um papel que serve às expectativas da sociedade (esposa, trabalhador, autoridade, seguidor, dependente, vítima). Elas seguem as exigências do ego de compensar uma coisa por outra e, assim, cada doação é feita na expectativa de um retorno. Firmam-se em status e renda como qualidades fundamentais. Esses fatores produzem um falso eu porque são externos. Não há fluxo de dentro para fora, que é exatamente do que se trata a generosidade de espírito. Existe uma imensa diferença entre aparecer como o benfeitor que oferece tempo e dinheiro, e oferecer o eu verdadeiro. O eu real é aberto e vulnerável. Ele sente simpatia pela condição humana. Ele não reconhece divisões entre uma alma e outra.

Pode parecer assustador oferecer o eu real, mas como geralmente acontece, o medo é falso conselheiro. Ao oferecer o eu real, você não se torna vítima das incontáveis necessidades de outras pessoas ou da capacidade delas de tirar vantagem. Melhor dizendo, você se torna mais forte. O falso eu, sendo externo, é como uma armadura inconsistente, nesse caso construída a partir de um senso de insegurança. Renunciar ao falso eu arranca-lhe a armadura que nunca deixou de ser ilusória. Na verdade, seu corpo vem usando o irrefreável fluxo de energia e consciência para se manter vivo. Enquanto você fingia estar fechado, seu corpo permanecia aberto ao universo. Por que não adotar uma estratégia que já se mostrou eficiente? Alinhe seu espírito com os fracos, os despojados, os injustiçados e as crianças da terra. Estando aberto a elas, você não está se oferecendo como alma individual. Você está oferecendo a plenitude de espírito.

Nunca se abstenha da verdade. Quando energia e consciência fluem, a verdade flui com elas. Qualquer coisa que seja falsa bloqueia o espírito na raiz. Ninguém está lhe pedindo que erga uma bandeira em prol da verdade com V maiúsculo, porque os absolutos aqui não estão em questão. No desenrolar da vida você só pode representar a sua própria verdade e ela muda com o tempo à medida que você evolui. Considere a verdade acerca da luta do bem contra o mal. Para alguém menos evoluído, o mal parece poderoso, assustador e completamente contrário ao bem. Com o crescimento, essas coisas mudam: existem áreas obscuras entre o bem e o mal. Mas também há menos medo do mal e crença em seu poder. Quando uma pessoa é altamente evoluída, o bem e o mal são menos importantes do que o afastamento da alma e há confiança de que, em estado de plenitude, o conflito entre o bem e o mal pode ser resolvido. Cada posição contém a própria verdade, da forma como é sentida por cada pessoa.

O importante é nunca se abster de sua verdade, seja ela qual for. Verdade sonegada é verdade congelada e estagnada. A cada vez que declara sua verdade está avançando em sua própria evolução. Mais que isso, você está demonstrando confiança na preponderância da verdade. A falta da verdade é estimulada mais pelo silêncio do que por mentiras. Refiro-me mais à intimidade do ser humano. Em lares onde ocorre abuso físico ou emocional, onde alguém bebe em excesso ou se droga, onde sinais de depressão e ansiedade são inquestionáveis, porém ignorados, o resto da família geralmente mantém silêncio. Eles aceitam passivamente a própria condição de impotência. A vã esperança é de que um dia a situação melhore por si só ou pelo menos permaneça estável. O que na verdade acontece é que o silêncio faz o problema piorar, porque silêncio implica em indiferença, desesperança, hostilidade muda e falta de opções. Dizer a verdade abre novos caminhos. Demonstra consideração. Rejeita a desesperança.

Seja uma força para harmonia e coerência. Por definição, plenitude é um estado de harmonia enquanto que fragmentação é um estado de conflito. Se não estivéssemos divididos por dentro, não estaríamos travando guerras contra a tentação, a raiva, o medo e a dúvida interior. A alma é uma influência harmonizadora e mostra generosidade de espírito para irradiar a mesma qualidade. Um amigo contou-me recentemente um caso interessante: ele vinha caminhando por uma rua de uma grande cidade que visitava e, obedecendo a um impulso, entrou em uma atraente padaria seduzido pela extravagância da vitrine. No momento em que pôs os pés no local, pressentiu um mal-estar. O gerente berrava com a menina que servia por trás do balcão. Ela chorava e ambos estavam tão alterados que nem perceberam a entrada de um cliente na loja. Meu amigo disse ter tido uma súbita intuição. *Eu posso trazer harmonia a este lugar.*

Ele não quis saber o motivo da discussão, que parou assim que sua presença foi notada. Um fato nada incomum. Porém meu amigo continuou silencioso e concentrou a atenção em sua própria paz de espírito — ele pratica meditação há muitos anos. Pôde sentir a atmosfera da loja serenar e, embora poucos acreditem, o gerente e a garota trocaram sorrisos. Ao sair da loja, ele os viu abraçando-se e desculpando-se mutuamente por terem agido daquela forma. Poderia a sua simples presença trazer harmonia a uma situação desse mesmo modo? O primeiro passo é acreditar que sim; o segundo é a determinação de não tomar partido, mas de agir exclusivamente como influência pacificadora, silenciosamente se for possível, mas também falando, caso se faça necessário. No fundo, os conflitos não são sobre o certo e o errado. São sobre incoerências, emoções caóticas e pensamentos derivados de energia caótica e consciência fragmentada. Certo e errado entram em cena como reflexos do distúrbio; ao gritar que está certo, você não precisa admitir que está ferido, confuso e perdido. Em vez de aumentar o distúrbio, você pode inserir paz, não apenas porque soa como algo bom e moralizante, mas porque, sem a influência da paz, nenhuma mudança produtiva é capaz de ocorrer.

Deposite sua confiança no fluxo da abundância. A plenitude contém todas as coisas; consequentemente atrai recursos infinitos. Você pode achar que isso seja uma verdade tentadora em sua vida pessoal, porque ninguém é contemplado com dinheiro, status, poder e amor ilimitados. Onde a falta não é predominante, existe o medo da falta para combater. A abundância precisa ser reenquadrada. Quando você a considera como recurso infinito do espírito, sua atenção distancia-se das coisas materiais. Por sua vez, você acredita que sempre haverá o suficiente daquilo que sua alma tem para dar. Muita gente recorre à fé religiosa — acreditam que Deus nunca trará mais desafios do que podem aguentar. Isso me parece uma solução simplista, porque quando você olha ao redor, muitas pessoas estão silenciosamente esmagadas por seus fardos e muitas mais diminuídas e oprimidas. No campo oposto estão os materialistas espirituais, aqueles que medem a generosidade divina pelo tamanho de suas contas bancárias, que declaram que Deus ajuda a quem ajuda a si próprio. (Dissimuladamente não estarão eles realmente dizendo que Deus ajuda *somente* aqueles que ajudam a si próprios? Isso é um verdadeiro abandono da fé, porque reduz Deus a um líder de torcida pelos abastados.)

Creio que é melhor deixar a fé inteiramente fora disso. A abundância também não é nem materialista nem religiosa. Tem a ver com a certeza de confiar no fluxo, de saber que a plenitude não tem buracos e nunca deixa um vácuo. Você pode ser generoso com tudo o que a alma lhe dá, e mais ainda fluirá. Seja generoso em simpatia, amor, inteligência, verdade e criatividade. Quanto mais você expressar essas qualidades, mais lhe será dado em todos os níveis. Entretanto, não transforme sua alma em um caixa eletrônico. O fluxo não é uma linha reta de A para B, e quando você é generoso, não há nenhuma garantia de que o resultado reverterá em seu benefício. Porém, no plano maior, você estará evoluindo a cada dia enquanto a alma o transforma fluindo através de você.

5º Passo: foque nos relacionamentos em vez do consumo

A plenitude depende de relacionamentos plenos. Você não pode estar pleno em isolamento. O relacionamento é o teste da verdade em qualquer estado espiritual; de outra forma, você poderia estar se iludindo — seu ego poderia estar usando a alma para se fortalecer. É disso que trata um famoso relato das tradições iogues:

> Um recluso espiritual ficou sentado dia e noite dentro de uma caverna no alto do Himalaia em busca da iluminação. Finalmente, após anos de árdua disciplina, a luz revela-se e o recluso compreende que atingiu seu objetivo. Maravilhado, ele desce da montanha para comunicar as boas novas aos aldeões. Chegando às cercanias do vilarejo, um mendigo cheirando a álcool choca-se com ele.

— Olhe por onde anda, imbecil — resmunga o recluso.

Subitamente ele para e sem dar uma palavra retorna à sua caverna.

Relacionamentos tornam-se plenos à medida que você se torna pleno, mas o inverso não é automático. Você deve direcionar sua atenção para o potencial não manifestado na outra pessoa. Fiquei profundamente comovido durante uma viagem que fiz a Cuba há alguns anos. Convidado por meus anfitriões para um passeio pela ilha, vi músicos de rua e dançarinos, coisas comuns na Índia quando eu era criança mas que agora já não existem mais. Vi garçonetes sorrindo e flertando com clientes nos bares; uma atmosfera feliz prevalecia em quase todos os lugares ou pelo menos era o que parecia. Certo dia, pedi a meu motorista que me explicasse o motivo daquela alegria.

— Somos pobres demais para comprar seja o que for — disse-me ele. — Por isso damos importância aos relacionamentos.

Jamais tinha me ocorrido o quão seriamente o consumismo solapa os relacionamentos. Consumir equivale não só a estar sempre focado em bens materiais como também na distração que eles produzem, uma inundação de vídeo games, televisão, música, dispositivos hi-tech e por aí afora.

É degradante definir alguém como consumidor. A imagem de uma enorme e voraz boca aberta logo vem à mente (e o inevitável processo de remoção do lixo, uma vez completada a digestão). Mas não pretendo fazer disso uma questão moral. Assim que sua alma o vê, você passa a estar conectado com tudo. Estar conectado significa estar relacionado. Por trás de cada ocorrência no mundo estão fios ocultos que trepidam como uma teia de aranha. Nós nos comunicamos por meio desses fios de amor, simpatia, cooperação, comunhão e crescimento. Quando os fios enfraquecem, o mesmo ocorre com todas essas qualidades. (Conforme vimos anteriormente, crianças que gastam horas jogando vídeo games provocam uma alteração no cérebro, adquirindo habilidades motoras especiais à custa de habilidade para o contato social — elas podem eliminar 50 invasores alienígenas por minuto, mas não conseguem relacionar-se com seres humanos reais.) O consumismo cobra um alto tributo ao bloquear os canais para o crescimento. Como substituta, a cultura digital surgiu trazendo a rede de comunicações, que serve para conectar pessoas, geralmente em benefício mútuo. Quanto mais conectado eletronicamente, mais amarrado você fica a uma comunidade global. Porém não existe um elo emocional ou senso de segurança em um link. Mensagens de texto carregam algumas palavras, mas elas vêm da camada mais superficial de interação humana.

Se examinar sua própria vida, poderá facilmente avaliar o quanto o consumismo prejudicou os relacionamentos. As perguntas não são difíceis de responder:

> *Minha família encontra tempo para que todos se relacionem uns com os outros?*
>
> *Qual o nosso grau de intimidade familiar?*
>
> *Meus filhos manipulam-me para conseguir o que querem?*
>
> *Costumo acalmar meus filhos subornando-os com novas coisas para comprar?*
>
> *Em nossa família, apressamo-nos para ficar a sós com computadores, iPods, TV e vídeo games?*
>
> *Podemos ter uma conversa familiar sobre o que realmente importa?*
>
> *Com que frequência fugimos de nossos problemas buscando mais distrações?*
>
> *Meço meu valor pela quantidade de dinheiro que tenho e as posses que acumulei?*
>
> *Fazer compras é a minha terapia?*

Poucas pessoas são capazes de responder honestamente a essas perguntas sem sentir algum incômodo. Evidentemente, distrações oferecem a saída mais fácil, e relacionamentos podem trazer aspectos delicados que seria melhor evitar. Relacionar-se, porém, é o único modo que duas pessoas têm para compartilhar a vida. Não é preciso acrescentar adjetivos como *fiéis, de longa data, felizes aos relacionamentos*. Na qualidade de emoção ou estado mental, a felicidade pode ser induzida sem o problema da necessidade de relacionar-se com alguém e, além disso, pedir a outra pessoa que o faça feliz não é nada simpático, nem realista. O que mais importa em qualquer relacionamento é o nível de consciência envolvido.

Na esfera superficial, você se relaciona com alguém para sentir-se melhor, para conseguir o que quer e para compartilhar coisas agradáveis.

Se aprofundar o relacionamento, ele existirá para o compartilhamento de objetivos comuns, amparo mútuo e para expandir o "eu" a um sentimento de "nós".

Se puder mergulhar ainda mais fundo, o relacionamento começa a dissolver os limites do ego. O resultado é uma verdadeira comunhão entre duas pessoas, cada uma vivendo no interior da outra.

Finalmente, no nível da alma, não existirá mais "outra pessoa". A individualidade renuncia a suas exigências depois que o ego rende-se ao espírito. Nesse nível, você participa da plenitude e todos os seus relacionamentos são expansões de plenitude.

Os especialistas dizem, frequentemente, e todos parecem concordar, que relacionamento é trabalho duro. Isso certamente é verdade no nível do ego, porque o conflito é inevitável quando dois egos entram em contato. Entretanto, relacionar-se no nível do ego já é condenável em princípio, porque aponta em direção oposta à da alma. Sempre que se achar trabalhando duro para resolver qualquer coisa em seu relacionamento — tédio, irritação, hostilidade, opiniões intratáveis e áreas de desentendimento —, você terá caído na ordem do dia do ego. Por mais que se esforce em seu trabalho, não estará se relacionando, estará apenas negociando. O segredo é perceber que os relacionamentos existem inteiramente na consciência. Por ser a fonte da consciência, você é capaz de mudar qualquer relacionamento dentro de si. Você não tem que pedir, exigir ou negociar a mudança na outra pessoa. Sei que isso vai contra as bases das psicoterapias, mas tenha em mente que as pessoas que levam relacionamentos conturbados ao psicoterapeuta estão na verdade levando seus egos frustrados; a consciência já fracassou antes da primeira hora de consulta.

Uma vez que você se dedica ao aprofundamento da consciência, os relacionamentos devem melhorar, porque você passa a enviar novas energias ao longo dos fios invisíveis que nos unem a todos. A única advertência é que não faça da consciência uma propriedade privada, outro motivo para se sentir isolado. Deixe a outra pessoa tirar vantagem total de seu crescimento interior. Essa atitude demonstra que qualquer impulso de amor é por ela. Toda manifestação divina existe para ser compartilhada. Ao expandir-se, você deve transformar o ser pelo fazer. Não importa o que aconteça na superfície, seja sincero para com todos a quem você direciona sua energia. Laços não mentem. Não podem ser falsificados, o que realça ainda mais a razão de se encontrar o nível verdadeiro em que os laços ocorrem. Somente lá, os relacionamentos deixam de dar trabalho e se dão sem esforço. Uma vez estabelecido um laço, não há motivo para desconfiar da outra pessoa porque os dois são um, da única forma que importa, compartilhando da mesma plenitude. Solidão, isolamento e a agitada insegurança do ego ficam expostas pelo que são — subprodutos de almas desconectadas, antes de se encontrarem.

6º Passo: relacione-se com seu corpo conscientemente

Fomos todos treinados para ignorar os valores espirituais de nossos corpos. Séculos de direcionamento nutriram a ilusão de que o corpo não possui mente e muito menos alma. Mas como já pudemos notar repetidas vezes neste livro, seu corpo manteve a fé em sua alma mesmo quando você não o fazia. Ele se abre ao fluxo da vida. Ele mantém cada célula por meio dos infinitos suprimentos de energia e inteligência próprios do universo. Ironicamente, a gratidão ofertada a Deus deveria, por direito, ser dada a nossos corpos, que têm nos conservado de maneira mais confiável do que qualquer poder "superior". Todos os dias, seu corpo conscientemente zela por você sem nunca perder o foco ou a atenção. Em troca, você pode agradecer por essa fidelidade relacionando-se conscientemente com seu corpo.

Ou, para ser mais preciso, você estará completando o círculo. A consciência quer fluir livremente do corpo para a mente e vice-versa. No entanto é comum o corpo enviar mensagens que causam curto-circuito na mente. Algumas mensagens amedrontam-nos ou abalam nossa autoimagem. Não temos tempo para escutar o corpo ou procrastinarmos por haver coisas mais importantes a fazer. Considere as seguintes situações do dia a dia:

Você sente uma pontada de dor.
Você vê sinais de envelhecimento.
Você se sente "não muito bem" fisicamente.
Você percebe que sua energia está diminuindo.

> *Você se sente desconfortável em sua pele.*
>
> *Você não vê um paralelo entre a aparência de seu corpo e seu verdadeiro eu interior.*

Há duas maneiras de relacionar-se com essas experiências. Você pode isolar-se das sensações físicas e tratar a si mesmo como um ente separado delas. Ou pode considerar as sensações físicas como mensagens conscientes enviadas de uma parte de você para outra. A primeira reação é a mais fácil e comum. Há uma sensação de falsa segurança por ignorar o que nossos corpos têm a dizer. Você escolhe se quer levá-lo a sério; escolhe quando e onde prestar atenção. Porém, na essência, você está rejeitando seu corpo. A verdadeira segurança aparece quando você passa a se relacionar com seu corpo de modo tão consciente como se relaciona consigo mesmo. Aflição e dor, então, adquirem novo significado. Já não representam sinais de perigo dos quais você quer fugir. São mensagens pedindo por respostas.(Por analogia, se estiver em um restaurante sentado próximo a uma criança que chora, seu instinto é o de irritar-se, e se o choro persistir, provavelmente, pedirá ao garçom para trocar de mesa. Mas se for seu filho chorando, seu instinto será o de dar atenção ao problema e procurar resolvê-lo.)

Relacionar-se com seu corpo exige as mesmas atitudes básicas de um relacionamento íntimo. Cultivá-las diariamente mantém o relacionamento saudável.

> *Confiança*
>
> *Consideração*
>
> *Honestidade*
>
> *Cooperação mútua*
>
> *Gratidão amorosa*

Todos esses são aspectos da consciência. As pessoas focam demais nas exigências físicas do corpo — se é necessário tomar vitaminas, que quantidade de calorias ingerir, quanto exercício. Na ausência da consciência, essas considerações tornam-se inúteis. Seu corpo sabe quando você o teme; rebela-se ao ser disciplinado como uma criança desobediente; ser ignorado o faz crescer embotado e moroso. O propósito geral de se relacionar conscientemente com seu corpo é proporcionar o tipo de fundação verdadeiramente necessária. Depois disso, você poderá tomar quaisquer medidas físicas com o espírito correto, e isso lhe trará os melhores resultados.

Confiança. Uma sólida confiança está implícita. Ela não depende de mudanças de humor. Não precisa ser testada ou provada. A maioria das pessoas só confia em seus corpos até aqui. Elas anteveem uma época em que o corpo produzirá dor e o temor do envelhecimento. Se você vive sobressaltado com o que pode vir a dar errado fisicamente, estará estabelecendo um relacionamento baseado na desconfiança, o oposto do que é necessário para a existência. Portanto, reenquadre a situação. Pense nos milhões de processos que ocorrem com absoluta perfeição em bilhões de células a cada segundo. Comparado a esse funcionamento estável, confiável e perfeitamente coordenado, as poucas vezes que o corpo passa por alguma situação difícil ou perigosa são mínimas. É muito mais realista confiar em seu corpo do que desconfiar dele. Afinal, você confia em sua mente mesmo quando ela ocasionalmente explode em reações irracionais, além de ser suscetível aos humores de depressão e ansiedade. Seu corpo está sempre de prontidão sem pedir recompensa, e a estabilidade dele excede em muito os sopros de mudança da mente.

Consideração. Seu corpo não exige consideração, mas o recompensará amplamente se você demonstrar um pouco. É aconselhável evitar situações estressantes. O estresse exerce uma enorme pressão sobre os mecanismos de defesa, além de barulho, ambientes de trabalho congestionados, excessivas exigências físicas e distúrbios emocionais. Você pode considerar como recreação correr uma maratona, por exemplo, mas deveria também analisar pelo ponto de vista do seu corpo antes de exigir dele que obedeça ao seu desejo. Outros fatores básicos são o descanso e a manutenção regular dos ritmos diários. Em vez de esforçar-se até a exaustão, providencie descanso para seu corpo várias vezes ao dia — só leva alguns minutos para permanecer serenamente sentado de olhos fechados. Também é aconselhável manter uma rotina diária saudável em alimentos e exercícios. Caso você esteja acostumado com hábitos irregulares, pode ser aborrecido mudá-los, mas se persistir ao menos por uma semana, irá notar uma resposta positiva de seu corpo. Ficará mais relaxado e ao mesmo tempo encontrará mais disposição e energia. Mesmo um exercício leve como levantar-se de sua escrivaninha e fazer um alongamento a cada duas horas converge um pouco de atenção para o corpo. Tenha sempre em mente que sua atenção é um nutriente básico de que o corpo necessita.

Honestidade. Nos relacionamentos pessoais, torna-se um peso cada vez maior o esforço para se manter uma falsa aparência e o mesmo acontece com o corpo. Em ambos os casos, a falsidade geralmente se revela na autoimagem. Você olha seu corpo e quer que ele se enquadre ao desejo do ego de ter boa aparência aos olhos dos outros. As pessoas gastam milhares de horas nas academias, menos em benefício do corpo do que para satisfazer o ideal egoísta de beleza, vaidade, força e segurança e para se encaixar dentro das expectativas de um outro alguém. A imagem do corpo é um enorme peso para muitas pessoas e, tradicionalmente, as mulheres são as mais angustiadas a esse respeito. Você pode rever todo o problema comparando seu corpo ao da pessoa a quem mais ama no mundo. Você realmente se importa com como essa pessoa está aparecendo no espelho? Você a denigre por não se encaixar na imagem de uma supermodelo, não estar no peso ideal, não possuir os bíceps perfeitos ou seios grandes o suficiente? O envelhecimento diminui o valor de uma pessoa a seus olhos?

A razão pela qual essas considerações não importam é que você está se relacionando com uma pessoa e não com um objeto que precisa adequar-se a uma imagem ideal. Agora, pense em seu corpo como uma pessoa que também tem um forte grau de intimidade com você. Nem é preciso chamar essa pessoa de "eu". Sob qualquer nome, seu corpo tem se relacionado com você como o mais fiel dos amigos e, uma vez que passe a considerá-lo dessa forma, a imagem do ego torna-se irrelevante. Em poucas palavras, aprenda a personificar seu corpo: assim você não ficará tão tentado a tratá-lo como objeto.

Cooperação mútua. Você não pode esperar que seu corpo colabore se não lhe oferecer nada com que trabalhar. O corpo de um executivo de meia-idade não tem a intenção de sabotá-lo quando ele decide retirar com uma pá meio metro de neve da entrada de sua garagem. Mas se ele passou anos ignorando os anseios de seu coração, existe risco em um esforço como esse, talvez até fatal. A chave para se confiar no corpo está na cooperação: peça apenas o quanto você já foi capaz de dar. Comparado a outros relacionamentos íntimos, seu corpo pede apenas por uma fração do que pretende dar em retorno. Essa é outra área em que é útil personificar seu corpo ao contrário de torná-lo um objeto. Pense em seu corpo como um trabalhador empolgado que só espera por um salário magro, mas que não pode sobreviver sem nada. O salário que ele pede é pago em atenção pessoal. Se você quer realmente cooperar com seu corpo, dedicar-lhe um pouco de atenção torna fácil a adoção de uma dieta adequada, a prática de exercícios e o descanso — você estará providenciando essas coisas, porque deseja que seu dedicado trabalhador sinta-se feliz no emprego.

Gratidão amorosa. Seu corpo irá servi-lo e sustentar seus interesses por toda uma vida. Não é mais do que justo agradecer-lhe pelo serviço e, se possível, com genuína afeição. A maioria das pessoas está longe disso. Em vez disso, elas enxergam seus corpos como carros velhos que precisarão de mais reparos e causarão mais problemas com o uso. Isso causa um sério rompimento. O que querem da vida — um futuro cada vez mais confortável e próspero — é incompatível com um corpo que vai se tornando cada vez mais desconfortável e frustrante. No entanto a incompatibilidade não é culpa do corpo; é o produto de convicções e conjecturas criadas na mente. Todos nós nos relacionamos com pessoas amadas que envelhecem e, se tivermos sorte, o relacionamento melhora à medida que o tempo passa. Familiaridade gera afeição nesse caso, e a estima flui com maior naturalidade.

O mesmo deveria se aplicar a seu corpo. Sendo uma companhia familiar, você pode aumentar com o tempo seu afeto por ele. Vocês dois estabeleceram uma vida compartilhada, sabendo de coisas um do outro que ninguém mais tem condições de saber. Se soa como um casamento, é exatamente isso o que acontece. O objetivo mais elevado da vida é o casamento entre mente e alma e, desde que o corpo é quem une os dois, ele merece fazer parte da mais perfeita união à medida que os anos passam. Não se trata de uma fantasia para compensar o avanço do envelhecimento físico. É, isso sim, um modo realista de alcançar a própria consciência. Se pretende ser mais consciente, sábio e pleno no futuro, convide seu corpo a juntar-se a esse futuro como parceiro de igual para igual. Quando corpo, mente e alma estão unidos, o resultado é extremamente diferente de quando estão alienados um do outro.

7º Passo: abrace cada dia como um novo mundo

Para se sair vitorioso na vida é preciso vencer muitas batalhas pequenas ao longo do caminho, que são encenadas na insípida paisagem da vida cotidiana. Nós vemos as mesmas pessoas todos os dias, de um modo geral, e esperamos as mesmas coisas delas. Funcionamos de acordo com uma rotina que se torna uma segunda natureza. Lapsos de tédio, indiferença e inércia podem acontecer a qualquer momento. Mas por trás dessa aparente uniformidade, a vida renova-se constantemente. Suas células nunca estão entediadas, distraídas, inertes ou isoladas. Estão totalmente empenhadas em estar vivas. Parece, pois, haver uma lacuna entre mente e corpo. Tendo em vista que a mente é que determina a agenda do corpo, se você perde as pequenas batalhas contra a rotina, a inércia e o tédio, essa lacuna aumentará. O fluxo da renovação sofrerá uma reviravolta. O avanço irá gradualmente estacionar. Entretanto, se puder fechar essa lacuna, ocorre o oposto. Cada dia será uma renovação.

Existem duas extremidades em cada lacuna. O modelo disso é a sinapse, a lacuna microscópica que separa os terminais ramificados das células cerebrais. Para que qualquer atividade cerebral se processe, mensagens químicas precisam saltar por sobre a sinapse. De um lado está o emissor, do outro o receptor. Ambos devem estar preparados para executar suas funções de forma impecável. Quando a sinapse para de funcionar, o cérebro começa a apresentar defeitos, o que significa que você passa a funcionar de forma defeituosa. Toda sua noção de identidade depende do que acontece na lacuna. Pesquisadores descobriram, por exemplo, que a depressão está relacionada à quantidade de serotonina, uma molécula mensageira específica, que é enviada sobre a sinapse e depois retorna para abrir caminho à manifestação seguinte. Em um cérebro normal, a quantidade certa de serotonina atravessa a lacuna e somente o suficiente é reabsorvido para conservar emissor e receptor prontos para novas mensagens. No cérebro de uma pessoa deprimida é muito grande a quantidade de serotonina reabsorvida e com o suprimento esgotado, não há reserva suficiente para enviar corretamente a mensagem seguinte. Certos receptores ficam obstruídos e outros vazios. Sem o balanço correto, você não consegue manter um humor satisfatório, estável e seguro.

Essa é uma imagem simplificada, porém bastante esclarecedora quanto à forma como você encara um novo dia. Sua alma envia energia e consciência, as quais você está preparado para receber. Se seu cérebro estiver ocupado remoendo velhas e ultrapassadas experiências, você só consegue receber uma fração das novas energias e da consciência que estão sendo enviadas. Todos nós sabemos exatamente como é isso. Enquanto recupera-se de um relacionamento fracassado, por exemplo, você não consegue pensar em outro. Você não se encontra receptivo em nível algum, começando pelos receptores de suas células cerebrais e estendendo-se a toda sua identidade: o que você espera do amor, como você concebe as outras pessoas, como lida com a decepção e daí por diante. Seria por demais imaturo pensar apenas em termos de moléculas atravessando uma lacuna. Todo o seu ser vai e vem saltando sobre essa lacuna, e os receptores dos quais sua vida depende são receptores de experiência através de todo o âmbito da mente e do corpo.

Quando você acordou esta manhã, estava diante de um dia inteiramente novo. Cada dia é um novo mundo. Seu cérebro foi construído para receber bilhões de partículas com informações novas. Nada o obriga a prender-se a velhas experiências, que obstruem os mecanismos receptores. É preciso que se construa uma nova identidade. No que se refere à sua vontade de unir o passado ao presente por meio do antigo eu, a renovação fica bloqueada da mesma forma como se você tentasse preencher um receptor cerebral depois que ele já estivesse cheio. Através do microscópio, pode-se ver os receptores bloqueados, e em uma imagem de ressonância magnética, um neurologista consegue apontar as áreas do cérebro que não estão tão ativas quanto deveriam. Porém, não devemos cair na armadilha de que a matéria controla o ser. Seu cérebro não preencherá nenhum receptor que você queira manter aberto. Se você reinventar a si próprio a cada dia, experimentará um novo dia a cada nascer do sol.

Afirmar uma coisa dessas é como erguer uma bandeira vermelha na sociedade materialista. Estamos dizendo que pacientes deprimidos causam o próprio desequilíbrio nos níveis de serotonina? Teriam recebido pouco do prazer e felicidade que suas almas quiseram lhes proporcionar? Infelizmente, a melhor resposta é ambígua. O cérebro exerce um controle dual. Ele controla a si próprio automaticamente, o que significa que desequilíbrios químicos podem ocorrer independentemente e padrões distorcidos de atividade cerebral tendem a apresentar uma cinética própria. Uma vez alocados, eles ocorrem periodicamente sem intervenção externa. Portanto seria injusto e falso, segundo uma perspectiva médica, alegar que o paciente deprimido é responsável por causar sua condição. Por outro lado, as pessoas contribuem para a própria depressão. Em um amplo espectro, a atividade cerebral é voluntária. Se você bebe excessivamente, envolve-se com tóxicos ou faltam-lhe habilidades para enfrentar os períodos de estresse, o resultado será uma função cerebral deprimida. A zona turva entre o voluntário e o involuntário é muito difícil de ser definida. No fim, todos nós vivemos em ambas as áreas e devemos navegar por elas da melhor forma que pudermos.

Felizmente, a maior parte do controle está pessoalmente com você. Você pode dizer "Eu quero me renovar hoje", e 90% do trabalho estará feito. O segredo é dizer "Eu quero me renovar hoje" o mais claramente possível e com a máxima determinação para que a mensagem possa ser assimilada sem nenhum engano. Duas células cerebrais, uma diante da outra e separadas por uma sinapse, podem dar a impressão de duas entidades separadas, mas na realidade fazem parte de um único cérebro. E o cérebro é parte de um complexo maior — você. Faz toda a diferença o fato de ser você o emissor e receptor de cada mensagem. A maioria das pessoas não percebe esse fato crucial; elas construíram um mundo de "eu" e "não eu." A partir do momento que assumem essa postura, todos os tipos de mensagens os bombardeiam do exterior, já que o "não eu" inclui outras pessoas, o mundo como um todo e a própria natureza.

Porém se todas as coisas forem eu, então todas as mensagens são enviadas de um aspecto do ser para outro. O novo dia para o qual você acordou esta manhã é você mesmo disfarçado. Suas novas oportunidades vêm de um nível do ser que é invisível e imaterial; portanto vestir o disfarce do mundo externo demonstra bastante eficácia. Quando você ouve o telefone tocar e o atende, escuta uma voz que é "não eu". O que poderia ser mais convincente? Mas não se convença tão facilmente. Toda experiência trazida por este dia foi subjetiva; ela foi recebida, processada, julgada e absorvida por sua consciência. Consequentemente, este dia transcorreu em consciência e em nenhum outro estado; e você *é* consciência.

Não há duas pessoas que experimentem o dia da mesma maneira. Nem sequer um minuto pode ser experimentado da mesma forma. Por você experimentar um mundo exclusivo, é você quem decide como receber, processar, julgar e absorver cada momento. O eu realiza essas funções, e a qualidade do eu determina o que você recebe da vida a cada momento. Em um nível superficial, há uma outra pessoa falando com você ao telefone — um não eu —, mas, no nível da alma, um aspecto da consciência está enviando uma mensagem para um outro aspecto.

O momento presente é o único em que uma renovação é possível, tendo em vista que nós recebemos todas as mensagens agora. Além do mais, não há nenhuma mágica especial no agora. Se um excelente chef de cozinha colocar uma tentadora refeição à sua frente, a experiência de comê-la independe da presença no agora. Tudo o que conta é a qualidade do eu no momento da experiência. Uma pessoa distraída mal sentirá o gosto da comida, uma pessoa deprimida achará a comida repulsiva; mas alguém que esteja amando dirá que a mesma comida está divina. Portanto o agora é como um receptor cerebral aberto, aguardando pelo dar e receber da próxima mensagem.

Se você estiver completamente aberto, sua consciência alerta e expandida, sua mente livre do antigo condicionamento, então o agora lhe parecerá mágico. Na verdade, você supre a magia. Uma vez que se dê conta do papel central que executa, passará naturalmente a abraçar cada dia como um novo mundo. Todas as coisas que fazem tudo parecer como o mesmo velho mundo de sempre residem em você e, ao concentrar-se em sua evolução pessoal, você pode livrar-se delas. A neblina que esconde o novo mundo continuará a se dissipar até chegar a hora em que a renovação se dá sem esforço e espontaneamente. Esse é o momento exato em que emissor e receptor se encontram em uma união inquebrantável.

8º Passo: deixe que o atemporal cuide do tempo

Dizem que o tempo deve ser usado com sabedoria, mas o que significa isso na prática? Para a maioria das pessoas, resume-se a um gerenciamento do tempo. Existem apenas tantas horas no dia e se houver um desperdício grande de tempo, o dia se vai sem que você realize metade das coisas que tinha para fazer. Porém sua alma não considera o tempo dessa maneira. A referência da alma é o infinito. Consequentemente, usar o tempo com sabedoria significa usá-lo de modo atemporal. Se você já ouviu alguém dizer, "Minha vida é infinita", você pode tê-la considerado uma pessoa profundamente religiosa, e "vida infinita" como uma forma de aproximar-se de Deus. Ou que ela vive em um lugar como um deserto, onde o tempo parece ter parado. Existem outras possibilidades. A pessoa poderia ser uma praticante de meditação — um budista, por exemplo, tentando escapar da prisão do tempo para alcançar o Nirvana. Como se pode ver, a palavra *atemporal* carrega uma aura mística que pode torná-la confusa e impraticável: se você for realista, seu tempo é gasto melhor tentando superlotar o seu dia com tudo aquilo que quer ver resolvido.

É muito importante tornar praticável o atemporal. Se você der as costas e esquecer que o atemporal existe, estará se desconectando de sua alma, que não pode ser superlotada por um esquema diário. Então, será possível fazer o contrário e expandir a vida em um esquema atemporal? Para abordar essa questão, pense sobre as várias maneiras em que o tempo pode dar errado. Podemos usar um exemplo para ilustrar a armadilha oculta que o tempo prepara. Você decide ter as férias de seus sonhos, uma viagem para as Bahamas que será como uma segunda lua de mel. Você e seu cônjuge concordam que ambos merecem uma longa pausa e, longe do resto da família, esperam reativar o relacionamento. Infelizmente, as coisas não saem conforme o esperado. Planejar a viagem rouba o pouco tempo que lhe sobra e você começa a se ressentir de que seu cônjuge não está fazendo a parte que lhe cabe. O voo para o Caribe é cancelado, alongando por mais um dia a espera no aeroporto. Você finalmente chega sentindo-se exausto(a), incapaz de relaxar praticamente até o dia do voo de volta para casa. Ainda por cima, passa a maior parte do tempo preocupado(a) com as crianças que ficaram em casa em vez de aproveitar para reatar-se intimamente com seu cônjuge. É um alívio quando chega o fim das férias e, um mês depois, toda a ideia de uma segunda lua de mel parece uma memória distante.

A diferença entre passar por bons ou maus momentos na verdade depende do próprio tempo. Nesse exemplo, os seguintes fatores deram errado:

> O tempo ficou muito curto e apertado.
>
> O tempo produziu tensão psicológica.
>
> Sob a pressão do tempo, as experiências revelaram-se superficiais e vazias.
>
> O tempo não acomodou o que você realmente queria que acontecesse.

Se a atemporalidade puder resolver essas questões, vai mostrar-se eminentemente prática, porque os mesmos males afligem a cada um de nós todos os dias. Para começar, tomemos a queixa fundamental que todas as pessoas têm: o tempo é muito curto. Sofrendo a pressão de prazos de entrega, sobrecarregados pelas exigências de nossos tempos, o dia a dia torna-se uma corrida com muitas linhas de chegada que recuam à medida que você avança. O gerenciamento do tempo procura resolver esse problema, mas o máximo que consegue é só aliviar um pouco. O trabalho preencherá qualquer tempo que você der a ele. A solução é viver a partir de um ponto atemporal. Somente quando o tempo desaparece é que passa a haver o suficiente. Esse conceito parece um paradoxo, mas aqui está o raciocínio mais coeso:

O tempo não está separado de você; ele é parte do seu ser. Em seu âmago, todos os eventos ocorrem no tempo exato. O começo conhece o fim. É distribuído tempo suficiente para que você não só alcance tudo o que é necessário, como também a experiência de se mover de A para B será realizada. Em outras palavras, o desdobramento do tempo é na verdade o desdobramento do ser. O tempo não pode aprisionar o ser, no sentido do eu real.

Pense em seu corpo quando você estava no útero. Uma gravidez normal leva nove meses apenas por uma razão: a formação total de uma criança recém-nascida encaixa-se perfeitamente nesse espaço de tempo. Se o embrião precisar de mais ou menos tempo, a hora de nascer ajusta-se de acordo. Não existe pressão impondo que nove meses seja um prazo final. Com essa mesma flexibilidade, tudo o que você quer alcançar depende de um modo de operação particular. O tempo submete-se ao seu desejo, e não o contrário. Se duas pessoas lerem o mesmo livro, o que importa é quem o aproveita melhor e não quem termina de ler primeiro.

Depois que compreende que o tempo é completamente subjetivo, ajustado ao que você quer da vida, toda a noção de pressão exercida pelo tempo desaparece. (A escritora britânica Doris Lessing, vencedora do prêmio Nobel de Literatura em 2007, deixou a escola, na Rodésia, com a idade de 14 anos para nunca mais voltar. Certa vez declarou em uma entrevista que isso lhe tinha sido grandemente vantajoso, porque, em vez de ler os livros que eram determinados por consenso no colégio e em universidades, ela era livre para escolher qualquer livro somente quando a interessava. Dessa forma, pôde extrair o máximo de tudo o que leu e sua vida desdobrou-se em sintonia com os livros que a absorviam.) Se você estiver amarrado a um sentido externo de tempo, deixe passar o ponto fundamental da existência, que não depende de prazos finais.

O atemporal sabe como usar o tempo de modo muito mais eficiente do que a mente humana pode calcular. Não somos apenas capazes de organizar os ritmos biológicos básicos do corpo, que são tão complexos e interligados que devem ser deixados inteiramente aos cuidados da natureza. Porém a mente é bem capaz de atrapalhar esses ritmos. O mesmo aplica-se ao tempo em geral. A mente pode arbitrariamente decidir que não há mais tempo, que o tempo está se esgotando, que as coisas precisam ser feitas em tempo determinado, mas, na verdade, o atemporal toma conta do tempo. Imagine que você gaste uma hora despreocupadamente preparando o jantar, lendo um artigo de uma revista e fazendo algum serviço doméstico leve. Cada uma dessas coisas não tem tempo certo. Você tem uma sensação vaga de querer ter a comida na mesa a uma certa hora e, por outro lado, arrumar tudo não dá trabalho nenhum. Dá tempo até para pensar no que leu e talvez alimentar um sonho ou um projeto para um futuro que ainda esteja em processo de gestação.

Agora, considere a mesma situação, mas inclua um telefonema em que seu cônjuge o avisa que está levando o chefe para jantar em casa. O tempo não mudou, mas sua relação psicológica com o tempo, sim. Agora você está pressionado, e o que era fácil de realizar agora é executado ansiosamente. Não há tempo para ler a revista, muito menos para refletir, sonhar ou planejar um projeto futuro. Você perdeu um elemento do atemporal, cuja primeira qualidade é a de cuidar do tempo. Quando a tarefa de gerenciar o tempo é deixada com a mente, a ordem que ela procura impor é grosseira e insatisfatória comparada à organização espontânea do atemporal.

Para ser pleno, você deve deixar o atemporal mesclar-se ao tempo. Isso não é uma questão unicamente de mudar nossas atitudes. Você precisa cultivar uma consciência profunda, porque, na superfície, a consciência muda constantemente à medida que uma coisa após outra atrai sua atenção. Um rio corre rápido na superfície, mas quase não se move no fundo. Aborde sua mente dessa forma, encontrando as profundezas serenas e silenciosas que se abrem por meio da meditação. Como um rio, as profundezas serenas da mente não estão isoladas da atividade na superfície. Cada nível do rio é feito da mesma água e move-se na mesma direção. Mas a jornada torna-se bem mais confortável quando você não é jogado de lá para cá como uma folha ao vento.

Não há nada de místico no fato de um rio poder estar parado e em movimento ao mesmo tempo. Também não há razão para se procurar misticismo na habilidade da mente em estar serena e agitada ao menso tempo. O atemporal se mescla ao tempo tão facilmente como a água se mescla à própria água. Isso você pode experimentar pessoalmente. Quando descobre que a serenidade interior remove a pressão do tempo, é inevitável que você alcance o próximo passo, percebendo que, quando se permite que o atemporal tome conta do tempo, você nunca fica sem tempo ou amarrado a um prazo final. O atemporal traz liberdade, uma qualidade que se infiltra no tempo e o torna livre nesse exato instante.

9º Passo: sinta o mundo em vez de tentar entendê-lo

Você não pode pensar em seu caminho para a plenitude, mas pode senti-lo. Leonardo da Vinci gastou centenas de horas ao fim de sua vida tentando compreender os padrões formadores de redemoinhos na água enquanto ela corria rio abaixo, mas nunca conseguiu. Um fluxo recusa-se a ser analisado e o mesmo é verdadeiro para o fluxo da vida. No entanto você foi projetado com consciência, que vai muito além do pensamento. Você pode entrar em uma sala e sentir se há tensão no ar. Pode sentir se alguém o ama ou não. A um nível mais sutil, pode sentir se é bem-vindo ou se está em segurança. Esses aspectos sutis da consciência guiam a vida de forma bem mais presente, que a maioria das pessoas supõem. É principalmente na ausência deles, que a pessoa percebe o quão prejudicial pode ser não sentir o mundo.

Estou pensando em um jovem que conheço, que se apaixonou por uma mulher e em pouco tempo passou a viver com ela. Ela também estava muito apaixonada, mas logo um estranho impulso de insegurança surgiu. Sempre que o jovem ia para o outro quarto, ela o seguia. Quando ele pegava um livro para ler, não demorava muito para ela perguntar, "Em que você está pensando?". No início, ele não deu importância e respondia, "Nada em particular. Por quê?". Porém a situação foi piorando. A cada cinco minutos, ela perguntava, "No que você está pensando?", e resposta alguma a satisfazia. O jovem rapaz não tinha ideia de onde vinha essa obsessão, que mais tarde acabou provocando o fim do relacionamento. Somente depois ele foi perceber que a mulher era incapaz de sentir-se amada. Toda vez que o jovem ficava quieto — enquanto lia, trabalhava no computador ou simplesmente ficava sem fazer nada —, ela era dominada por um sentimento de pânico de que ele não a amava. Quando perguntava "No que está pensando?", a única resposta que a satisfaria seria "Estou pensando em você, querida", e mesmo que ele respondesse o mais afetuosamente possível, o pânico voltava em menos de cinco minutos.

Esse é um exemplo de uma pessoa que não conseguia se sentir amada, o que se tornou uma inaptidão incapacitante. Se de início você se considera incapaz de ser amado, não terá condições de sentir que outra pessoa o ama. Uma ideia fixa bloqueia sua consciência. Do mesmo modo, pessoas que não se sentem seguras não conseguem sentir segurança em nenhum tipo de proteção externa. Pessoas que se consideram sem valor não conseguem obter autoestima por meio de realização alguma. Se você analisar mais atentamente, todos esses casos ilustram um rompimento entre o ser e o mundo. Nós projetamos o que sentimos no mundo exterior. Se você se sente desamado, o mundo parece desprovido de amor. Se se sente inseguro, o mundo parece perigoso. Mas não é o mundo um lugar perigoso? Não estamos cercados por atividades sem amor algum e uma indiferença generalizada? Sim, mas essas não são a maioria. Às vezes o mundo é perigoso, mas na maioria das vezes, não. O amor está ausente em muitas situações, mas em momentos inesperados ele brilha através das situações mais obscuras. Em vez de tentar entender o mundo em interminável mutação, você pode sentir seu caminho e confiar nesses sentimentos. Somente então saberá o que está se revelando ao seu redor.

Ser pleno requer um sentimento bastante específico: *eu me basto*. Quando sentir isso, o mundo se bastará também. Entretanto, se sentir que "eu não sou suficiente", o mundo terá sempre pouco a oferecer. Você irá abrigar um sentimento vago de que lhe falta algum ingrediente essencial para alcançar a plenitude, e não importa o quanto você procure entender, a parte que falta nunca será encontrada. Muitas vezes afirmei nessas páginas que seu corpo está mais próximo de sua alma do que você imagina e essa não é uma exceção. Seu corpo sabe que se basta. Células não são inseguras ou ficam preocupadas. Se pudessem falar, certamente diriam o seguinte:

Eu sou autossuficiente.
Eu estou em segurança.
Eu sei exatamente como viver.
A vida sacia minhas necessidades.
Eu tenho meu lugar.

As células vivem essa verdade, que não podem colocar em palavras, sendo constantemente autossuficientes, combinando-se perfeitamente com quaisquer outras células, executando sua função no corpo de forma impecável. Tendo o corpo como base, você pode sentir seu caminho com a certeza de que se basta. Talvez você tenha visto um vídeo de grande circulação mostrando um adolescente cego, com câncer no olho e que inventou um tipo próprio de sonar.

Assim como um golfinho, esse rapaz emite uma série de cliques diversas vezes por segundo e escuta os ecos dos sons refletidos nos objetos. Dessa forma, ele se movimenta com uma estranha graça através de um mundo escuro. O rapaz anda de bicicleta sozinho, joga basquete e executa alguns trabalhos domésticos. Quando está andando na calçada e sente algum objeto bloqueando o caminho, ele foca seus cliques e consegue "ver" que o obstáculo é uma lata de lixo, da qual pode então se desviar. Existe, na literatura médica, um bom número de outros pacientes sem visão que tiveram esse tipo de adaptação. Aparentemente o autoproduzido sonar os permite formar quadros mentais feitos de som.

Há somente um detalhe aqui. O sonar usado pelos golfinhos — tecnicamente conhecido como "ecolocação" — requer pulsações incrivelmente rápidas, da ordem de 1.750 cliques por segundo. Uma pessoa cega consegue emitir no máximo cinco cliques por segundo, muito pouco para se formar uma imagem mental de objetos próximos. Como pode então uma pessoa sem visão enxergar? Uma das respostas é que o corpo possui olhos que não são olhos, áreas primitivas do cérebro logo acima da coluna cervical, na base do crânio. Sem uma conexão com o córtex visual e um par de olhos, essas células "veem" percebendo o mundo exterior diretamente, da mesma forma como os primitivos animais unicelulares são atraídos para a luz. Pouco se sabe sobre "visão autoscópica", como foi classificada, mas isso pode explicar a noção popular de ter olhos atrás da cabeça — você literalmente tem. (Experiências confiáveis demonstraram que pessoas são capazes de sentir quando alguém as está olhando pelas costas, por exemplo.) Os exemplos mais estranhos são de pessoas que veem seus próprios corpos diante delas. Neurologistas gravaram diversos elementos com esse tipo de visão. Quando alguém tem uma experiência de quase-morte e relata que se sentiu no ar observando o próprio corpo morto, talvez a causa seja algum tipo de visão autoscópica.

Esses exemplos não explicam satisfatoriamente experiências de quase-morte ou de pessoas cegas que podem ver; eles mostram, por outro lado, que a consciência estende-se bem além do que geralmente imaginamos. O corpo é capacitado para estar consciente acima e além dos cinco sentidos. Se você não acredita que isso seja verdade, sua atitude mental pode bloquear a consciência sutil que deveria conduzi-lo. Por outro lado, você pode aceitar que a consciência sutil seja real e, a partir daí, sentir seu caminho através do mundo torna-se parte essencial da jornada espiritual. Voltando à mulher que não parava de perguntar "No que você está pensando?", se ela possuísse autoconsciência, sentiria o pânico contido em sua obsessiva pergunta. Sintonizando-se nesse sentimento de pânico, se tornaria consciente de que se sentia desamada e então avaliaria esse sentimento e concluiria que no fundo se sentia não merecedora de amor. Aqui ela se depara com uma escolha. Ela precisa decidir. Ou a incapacidade para ser merecedora de amor é um fato que o mundo continua cruelmente reforçando ou é algo que ela pode curar em si mesma. A cura está em reconectar-se com sua consciência mais profunda — sua alma —, que é a fonte de a pessoa sentir-se passível de ser amada.

Esse "eu não sou merecedor de amor", pode ser substituído por "não me sinto seguro", "não estou satisfeito", ou "não tenho um propósito". Qualquer sentimento de falta pode ser causado por um rompimento da fonte. Assim, você pode sentir o caminho de volta e curar a fissura. Toda a existência da alma depende da certeza de que ela se basta. Sendo plena, nada pode existir fora dela. Ao se reconectar com sua alma, sentindo seu caminho passo a passo, sua consciência irá mudar. Você passa a sentir quem você realmente é. "Eu me basto" é a meta de toda busca espiritual. A boa notícia é que por ser seu estado natural, sua busca pela plenitude — se você se dedicar a ela — está destinada ao sucesso.

10º Passo: busque o seu próprio mistério

A plenitude é sua, se você a quiser. As pessoas querem empregos, carros, casas, dinheiro e família. Elas conseguem essas coisas porque vão atrás delas, e a sociedade funciona para tornar isso possível. Porém a sociedade não foi elaborada para alcançar plenitude. Todo assunto de caráter espiritual foi colocado em um recipiente à parte da vida material. É verdade que algumas pessoas têm fortes convicções religiosas ao ponto de seguirem uma vida cristã, judia ou muçulmana sob todos os aspectos. A vantagem de seguir uma religião é que ela já oferece um caminho pronto, juntamente com um grande grupo de apoio. O problema de seguir uma religião é que ela exige conformismo, e mesmo que você se conforme tão bem a ponto de transformar-se em um perfeito cristão, muçulmano ou judeu, não há garantia de tornar-se pleno.

Não há como escapar a dois fatos: você precisa querer a plenitude tão ardentemente como quer um emprego, casa, carro ou família e deve estar disposto a seguir o caminho sozinho. Fiquei fortemente impressionado quando foram publicadas as cartas pessoais de Madre Teresa, anos após sua morte, em que a "Madre de Calcutá" revelava que nunca havia experimentado Deus.

Apesar das décadas de devotados serviços para os pobres e indo contra sua imagem pública de santa perfeita, Madre Teresa não alcançou o que queria — conhecimento pessoal do divino. Para muitos, essa foi uma revelação estarrecedora. Se uma santa não conseguia atingir suas metas espirituais, como poderíamos nós? Gostaria de sugerir que a resposta está na busca de seu próprio mistério e não no de outra pessoa, transmitido a você por quem quer que seja. Os budistas expressam essa verdade ao dizer: "Se você encontrar o Buda no caminho, mate-o". O que isso significa é que se estiver querendo se conformar com um ideal pré-arranjado, arranque essa ideia da cabeça.

O mistério da vida é o seu mistério, que você tem de resolver. A cada passo do caminho, você deve agir sem preconceitos. É um engano manter a paixão sem um objetivo fixo em vista. É muito mais fácil dizer para si mesmo, "Um dia serei perfeito", ou "Um dia encontrarei Deus e Ele me amará". Se você persegue um objetivo fixo, no entanto, você será como um trem com suas rodas sempre presas aos trilhos, incapazes de ir para a esquerda ou direita por vontade própria. A habilidade de mover-se em qualquer direção e a qualquer momento é essencial. A vida não chega a nós sobre trilhos. Ela nos vem de todas as direções e por isso precisamos de total liberdade de movimento, o que implica em completa liberdade de escolha. Se você tem uma paixão pela liberdade, isso lhe será bastante positivo a cada estágio da jornada espiritual.

Tudo isso foi vividamente ilustrado em recentes experiências com ratos para descobrir como era experimentada a felicidade. Os pesquisadores definiram a felicidade nos ratos como uma resposta cerebral. Quando um rato está comendo, certas áreas do cérebro acendem-se, indicando contentamento e satisfação. Mais tarde, basta que o rato seja relembrado da comida — por meio de um cheiro, por exemplo — para que as mesmas áreas se acendam. A situação é parecida com seres humanos. Quando nos são passados sinais que nos lembram momentos felizes (não apenas o cheiro de uma comida mas também fotos de pessoas queridas ou filmes de uma bela praia tropical), as áreas de felicidade em nossos cérebros se acendem.

No entanto surge aqui um mistério. Quando um rato se lembra da felicidade, ele procura aumentar essa resposta; o cheiro da comida o deixa faminto e ele quer comer. Seres humanos não buscam a felicidade de forma tão previsível e linear. Em termos do cérebro, a perversidade não faz sentido. Se existe uma resposta de felicidade, o mais natural seria procurar acendê-la tantas vezes quanto possível. Pombos presos em gaiolas prosseguirão na mesma tarefa mil vezes se forem recompensados com uma tigela de comida. Os seres humanos, por sua vez, ficam sem comer porque podemos superar a biologia. Uma mãe pobre desiste de seu jantar para que sua criança tenha o que comer. Um idealista político como Gandhi faz greve de fome para sensibilizar a consciência dos opressores britânicos em sua nação. Uma supermodelo sobrevive de biscoitos e limão para manter a forma que lhe garante o emprego. Em todos esses casos, a palavra *obstinação* pode vir à mente de um pesquisador do cérebro observando a situação, porém a palavra melhor é *transcendência*.

Nós superamos a biologia para chegar mais longe, para obter uma felicidade almejada que transcende a felicidade que possuímos hoje. Comer é uma necessidade biológica, mas transcender é uma necessidade humana. Para nós, a felicidade aumenta quando ela tem maior significado, propósito, intensidade e plenitude. Para milhões de pessoas, essas coisas são supridas por seus empregos, casas, carros, dinheiro e família. Mas se você acha que ficará perfeitamente satisfeito assim que tiver tudo isso, uma surpresa o aguarda. No instante em que você atingir qualquer platô de satisfação, um novo horizonte se abrirá, e seu desejo de chegar àquele horizonte será tão forte quanto qualquer outro desejo que você já tenha tido.

Este, em última análise, é o mistério. Seres humanos nunca se contentam com satisfação limitada. Somos feitos para transcender. Por mais que queira ignorar o anseio dentro de você, ele não pode ser reprimido. Você procurará um tipo melhor de felicidade e, ao fazê-lo, estará buscando seu próprio mistério. É esse mistério que é compartilhado por toda a humanidade. Ele o eleva ao nível de Buda e Jesus e os faz descer a seu nível. A mesma ânsia por transcender une você, sua alma e todas as almas. Por isso, nunca terá de inflamar sua paixão para tornar-se pleno. A paixão já está em você. É seu direito nato.

CONCLUSÃO

"QUEM ME FEZ?"

A vida segue pedindo as respostas certas. A primeira pergunta que me lembro de ter feito (e que meus filhos também me fizeram) foi: "Quem me fez?". Crianças são naturalmente curiosas a respeito de onde vieram. Elas tomam a criação de forma pessoal, da forma como deveriam. Porém, em sua inocência, são guiadas na direção errada. Ouvem dizer que foram feitas por Deus ou que os pais as fizeram, sem que a verdade seja revelada, que é a de que nenhum de nós sabe realmente quem nos fez. Tomamos um dos mais profundos mistérios e o transformamos em clichês. Sacudimos os ombros e passamos adiante a resposta que recebemos de nossos pais.

A verdade só pode ser encontrada ao explorar quem você é. Afinal de contas, "quem me fez?" é a mais íntima e pessoal das perguntas. Você não pode saber qual o seu lugar no mundo a menos que saiba de onde veio. Se acredita na resposta da religião, que Deus o criou, você terá uma certeza, porém nenhum conhecimento prático; o mistério da vida ficou por conta do Gênesis e o livro está concluído. Essa é a razão pela qual as pessoas que querem conhecimento prático voltaram-se para a ciência. A ciência sustenta que a criação é aleatória, uma questão de gases rodopiantes explodindo na hora do Big Bang. Esse conceito ao menos nos dá uma criação dinâmica. Energia e matéria continuarão a produzir novas formas por bilhões de anos, até que um universo exausto perca toda a energia. Porém um preço alto demais é pago na escolha pelo conhecimento científico. Você deixa de ter um Criador amoroso e afetivo. Como qualquer outro objeto, seu corpo não passa de um produto acidental de poeira cósmica flutuante que poderia, da mesma forma, ter sido facilmente tragado por um buraco negro. Não existe significado definitivo para a vida e nenhum propósito exceto aqueles que inventamos e pelos quais lutamos.

Jamais fui capaz de aceitar nenhuma das duas respostas e minha dúvida trouxe-me a essas páginas, nas quais ofereço uma terceira proposta. Procurei valorizar a natureza sagrada do corpo, que é como um milagre esquecido em sua refinada ordem e inteligência, suprindo ao mesmo tempo o conhecimento prático do tipo que a ciência procura encontrar. Para trazer à tona esse conhecimento, tivemos de atravessar o território do invisível em que o materialismo fica desconfortável. Mas embora a consciência, inteligência, criatividade e a alma não possam ser vistas, não devemos nos enganar e desqualificá-las como irreais. Elas são reais para nós como humanos e no fim é isso o que conta, porque o mistério que queremos desvendar é o nosso próprio mistério.

Espero que os argumentos que coloquei para reinventar o corpo em termos de energia e consciência pareçam-lhe dignos de credibilidade. Pessoalmente, acredito neles fervorosamente, da mesma forma como acredito ser possível trazer a alma de volta à vida cotidiana. Mas em algum lugar no fundo de minha mente, ouço-me perguntando, como quando tinha 4 anos de idade: "Quem me fez?".

É com esta, a mais simples, porém mais profunda das perguntas, que um adágio espiritual torna-se verdade: *a jornada é a resposta*. Para encontrar seu criador, você precisa explorar o universo até que ele (ou ela) apareça. Na Índia antiga, acreditava-se que toda a criação era comprimida em um ser humano; portanto, para explorar o universo, você só precisava explorar a si mesmo. Mas se você for um objetivista, pode seguir o outro caminho e explorar o mundo exterior. Seguindo cada indicação, você será finalmente guiado à última fronteira da criação, onde será então esmagado pelo espanto. Albert Einstein declarou que nenhuma grande descoberta científica foi jamais realizada exceto por aqueles que ajoelham-se deslumbrados ante o mistério da criação. O deslumbramento é um sentimento subjetivo. Mesmo que você procure fora, acaba confrontando-se consigo mesmo — uma galáxia cintilante é deslumbrante somente porque olhos humanos a fitam e a necessidade de compreender nosso deslumbramento é uma necessidade humana.

Citei anteriormente um velho guru que dissera que a melhor maneira de encontrar Deus é admirando sua criação tão intensamente, que o Criador sai de seu esconderijo para encontrá-lo. É o mesmo que um artista que fica sabendo de alguém que adora seus quadros com entusiasmo ilimitado. Que artista poderia resistir a conhecer tal admirador? Existe uma certa malícia nessa fábula simples, é claro, porque qualquer um que já tenha explorado a criação ao ponto de ir além da sombra e da luz, do bem e do mal, do interior e exterior, já estabeleceu uma conexão com Deus. Nesse ponto, você e seu criador dividem o mesmo amor. Então a única resposta à pergunta "Quem me fez?" é "Eu fiz a mim mesmo".

Podemos tolerar as acusações de injúria daqueles que interpretam como blasfêmia a ideia de que os seres humanos criaram a si próprios. Ninguém está querendo, porém, usurpar os privilégios de Deus. O nível em que criamos a nós mesmos é o nível da alma. A alma é nosso corpo sagrado. Ela é o ponto de junção entre o infinito e o mundo relativo. Por esse aspecto, eu discordo de Einstein. Não concordo que a consciência humana deva ajoelhar-se espantada ante o infinito. A mente pensante pode ser forçada a agir dessa forma, mas onde o pensamento se detém, a consciência é livre para prosseguir. O pensamento nunca inventou o amor, o desejo, a arte, a música, a ternura, o altruísmo, a intuição, a sabedoria, a paixão — na verdade, todas as coisas que fazem a vida valer a pena. Se a mente pensante se detém espantada ante a criação de Deus, é porque ainda faltam anos-luz para o amor chegar; o desejo ainda busca por mais. O processo de reinventar o corpo e ressuscitar a alma é uma jornada, e a jornada não acaba nunca.

AGRADECIMENTOS

Neste livro eu quis fazer com que o leitor compreendesse que a vida é um processo. Essa verdade vai se infiltrando quando um livro está sendo produzido. O processo precisa de um astuto e solidário editor como Peter Guzzardi, que sabe como reconduzir capítulos errantes à trilha certa. De muitas formas, ele é o autor silencioso do manuscrito final. Foi crucial para este livro o ambiente de apoio na editora, proporcionado por Shaye Areheart e Jenny Frost. Sem a convicção delas na palavra impressa, meus escritos jamais se permitiriam servir a um objetivo maior. Assim como o pessoal que se dedica aos detalhes da produção e tornam a vida de um escritor mais fácil no dia a dia — neste caso, Tara Gilbride, Kira Walton e Julia Pastore.

Grato a todos vocês e, como sempre, a Carolyn Rangel, o braço direito de confiança, que sempre sabe o que o braço esquerdo está fazendo.

ÍNDICE

A

abundância, 162
ação
    ação bruta, 28–36
    ação sutil, 28–36, 120
acupressão, 45
acupuntura, 45
adaptação, 96
agorafóbico, 159
alma, 2, 15
    alma abstrata, 135
    alma ilimitada, 174
    alma individual, 240
    almas desconectadas, 254
    alma universal, 240
amor, 3, 26
amor incondicional, 155
ansiedade residual, 124
arquétipo, 243
ashramas, 240
assinaturas sonoras, 106
atemporal, 100, 262
atman darshan, 137
ausência de sintonia, 84
autoimagem, 35
autoimagem distorcida, 188
autojulgamento, 160
avidya, 234

B

barreiras internas, 170
bosquímanos, 175
Brain Port, 80
budismo, 26–36, 129

C

caminho autodestrutivo, 179
caminho da alma, 198
célula, 12
    célula cerebral, 115
    células-tronco, 115
cérebro, 13, 25
cérebro compassivo, 117
chacra, 186
    chacra coronário, 186
chi, 42
ciência, 2, 8, 111
código genético, 95
compaixão, 119
comportamento, 59
    comportamento automático, 66
condicionamento, 60
    condicionamentos, 59
conexão
    conexão cerebral, 116
    conexão mente-corpo, 13–36
    conexões, 13
conflito interior, 149
consciência, 32, 55, 127
    consciência congelada, 158
    consciência elevada, 166, 191
    consciência expandida, 154
    consciência fragmentada, 249
    consciência maleável, 70
    consciência pura, 174
    consciência superior, 127
contemplação, 61
convicção
    convicção negativa, 150
    convicções poderosas, 158
corpo espiritual, 111
córtex
    córtex motor, 26–36
    córtex órbitofrontal, 48
    córtex pré-frontal, 26–36
    córtex visual, 80
crescimento pessoal, 126
cristianismo, 119
cura, 4, 17, 69
    curar, 34

D

Dalai Lama, 26–36
darshan, 38
depressão, 48

desamparo adquirido, 215
desejo compulsivo, 146
desenvolvimento, 14
desequilíbrio energético, 47
desordem obsessivo-compulsiva, 145
devata, 241
Devi, 38
disciplina espiritual, 191
distorção de energia, 112
DNA, 12
doença, 3
doenças, 7
dogma, 124
dogma teológico, 124
dor, 85

E

ego, 31
emoção, 16
    emoção caótica, 249
    emoção negativa, 49
    emoção oculta, 171
emoções, 2, 9
energia, 7
    energia distorcida, 48, 205
    energia doentia, 46

energia estagnada, 61, 63
energia oculta, 152
energia potencial, 153
energia pura, 37
energia saudável, 46
energias sombrias, 178
energia sutil, 42
energia vital, 45, 104
entropia, 92, 234, 240
envelhecimento, 91
epigenes, 83
escassez, 162
espírito, 4, 21, 84
espiritual, 116
estado
    estado de graça, 211
    estado emocional, 43
    estado energético, 43
    estados de consciência, 191
estresse, 49
Estudo de Helsinki, 56
eu
    eu fraudulento, 199
    eu real, 203
    eu superior, 204
    eu verdadeiro, 201

evolução, 14, 92
evolução física, 8-36
existência independente real, 189
expansão, 158
expansão da consciência, 171
expectativa frustrada, 164
experiência divina, 26-36

F

fé, 26, 124, 204
fluxo
    fluxo da vida, 226
    fluxo multidimensional, 226
    fluxo vital da alma, 129
foco
    foco denso, 70
    foco maleável, 71
    Foco maleável, 72
força
    força fundamental, 39
    força ilusória, 35-36
    forças invisíveis, 31
    força vital básica, 42
força invisível, 111

G

genes, 8, 76
gene-único, 78
glia, 115
graça, 194
guia interior, 125

H

hábito
    hábito condicionado, 60
    hábitos mecânicos, 63
    hábitos rígidos, 73
Hatha Yoga, 81
hipotálamo, 29-36

I

ideia fixa, 146
imortalidade funcional, 100
impulso
    impulso de julgar, 150
    impulso ilícito, 150
    impulsos autodestrutivos, 218
    impulsos negativos, 68
inesperado, 165

inspiração, 3
instinto nato, 121
intenção, 28

J

jyoti, 238

K

kinesiologia, 44

L

limitação da mente, 112
limites, 158
livre arbítrio, 114
longevidade, 8-36, 9, 46
luz interior, 123

M

Madame Antoine Meilland, 217
manifestação divina, 139
materialistas espirituais, 250
medicina, 3, 9
    medicina chinesa, 44
medicina holística, 19
medicina oriental, 18-36
meditação, 61

medo, 11
medo oculto crônico, 170
memória, 78, 93
mensagem consciente, 255
mente, 14, 66
mente contemplativa, 63
minirruptura, 143
mito, 243
monges budistas tibetanos, 117
mudança, 17
    mudança consciente, 73
    mudança de consciência, 78
mundo
    mundo invisível, 37
    mundo visível, 37
mundo visível, 89

N

natureza, 8
necessidade primária, 151
neurônios, 13
neurônios-espelho, 137
nível
    nível energético, 39
    nível genético, 77
    nível quântico, 44
Novo Testamento, 137

O

onda gama, 26-36

orientação sutil, 125

P

padrão, 48
    padrão colérico, 47
    padrão de comportamento, 34-36
    padrão de energia, 41
    padrão energético do corpo, 41
    padrão neural, 32
    padrões distorcidos do passado, 191

paz, 38

pensamento, 48
    pensamento negativo, 48
    pensamento positivo, 48

pensamentos, 9

pensamentos negativos, 70

plano
    plano cósmico, 213
    plano divino, 213

presença de Deus, 153

processo holístico, 12-36

projeções, 246

psique, 56

Q

qi, 42
    qigong, 42

R

reação condicionada, 184

recuperação emocional, 46

rede neural, 26-36

reflexão, 61

reino espiritual, 114

reinvenção do corpo, 1

relacionamento pleno, 250

religião, 3, 111

resposta galvânica, 161

resultado externo, 170

retablos, 155

ritual social, 218

S

sabedoria divina, 191

sensações, 89

sentido, 2

sentimento, 33

sentimento oculto, 170

sincronismo, 122

sintonia, 89

sistema

    sistema de codependência, 215

    sistema imunológico, 9–36, 30–36

    sistema límbico, 117

substituição sensorial, 80

swami, 38

T

tempo, 91

teoria da evolução, 93

TOC, 48

tradição espiritual, 110

tradição iogue, 250

transcendência, 66, 271

transformação pessoal, 135

transtorno obsessivo-compulsivo, 48

tumo, 29–36

U

universo, 7

upaguru, 126

V

valores, 3

Velho Testamento, 135

verdade, 3

viagem espiritual, 116

vidya, 234

vulnerabilidade

    vulnerável, 34

Projetos corporativos e edições personalizadas
dentro da sua estratégia de negócio. Já pensou nisso?

Coordenação de Eventos
Viviane Paiva
viviane@altabooks.com.br

Assistente Comercial
Fillipe Amorim
vendas.corporativas@altabooks.com.br

A Alta Books tem criado experiências incríveis no meio corporativo. Com a crescente implementação da educação corporativa nas empresas, o livro entra como uma importante fonte de conhecimento. Com atendimento personalizado, conseguimos identificar as principais necessidades, e criar uma seleção de livros que podem ser utilizados de diversas maneiras, como por exemplo, para fortalecer relacionamento com suas equipes/ seus clientes. Você já utilizou o livro para alguma ação estratégica na sua empresa?

Entre em contato com nosso time para entender melhor as possibilidades de personalização e incentivo ao desenvolvimento pessoal e profissional.

PUBLIQUE SEU LIVRO

Publique seu livro com a Alta Books.
Para mais informações envie um e-mail para: autoria@altabooks.com.br

/altabooks /alta-books /altabooks /altabooks

CONHEÇA OUTROS LIVROS DA ALTA LIFE

Todas as imagens são meramente ilustrativas.

Projetos corporativos e edições personalizadas
dentro da sua estratégia de negócio. Já pensou nisso?

Coordenação de Eventos
Viviane Paiva
viviane@altabooks.com.br

Assistente Comercial
Fillipe Amorim
vendas.corporativas@altabooks.com.br

A Alta Books tem criado experiências incríveis no meio corporativo. Com a crescente implementação da educação corporativa nas empresas, o livro entra como uma importante fonte de conhecimento. Com atendimento personalizado, conseguimos identificar as principais necessidades, e criar uma seleção de livros que podem ser utilizados de diversas maneiras, como por exemplo, para fortalecer relacionamento com suas equipes/ seus clientes. Você já utilizou o livro para alguma ação estratégica na sua empresa?

Entre em contato com nosso time para entender melhor as possibilidades de personalização e incentivo ao desenvolvimento pessoal e profissional.

PUBLIQUE SEU LIVRO

Publique seu livro com a Alta Books.
Para mais informações envie um e-mail para: autoria@altabooks.com.br

CONHEÇA OUTROS LIVROS DA **ALTA BOOKS**

Todas as imagens são meramente ilustrativas.

/altabooks   /alta-books   /altabooks   /altabooks

ROTAPLAN
GRÁFICA E EDITORA LTDA
Rua Álvaro Seixas, 165
Engenho Novo - Rio de Janeiro
Tels.: (21) 2201-2089 / 8898
E-mail: rotaplanrio@gmail.com